中证中小投资者服务中心
CHINA SECURITIES
INVESTOR SERVICES CENTER

投资者

INVESTOR

第13辑
（2021年2月）

郭文英　主编

法律出版社
LAW PRESS·CHINA

投资者

INVESTOR

卷首语

新的一年,《投资者》第 13 辑如期与读者见面,本辑共设 4 个栏目,收录专家学者、市场实务人士等的 14 篇文章,与读者共享。

【理论探究】收录 7 篇文章

崔香梅、李新放的《证券群体性纠纷多元化解决机制研究——以证券特别代表人诉讼制度和示范判决机制的联动为视角》一文认为,由于投资者保护机构资源有限,特别代表人诉讼制度主要用于解决个别的典型重大案件,加之普通代表人诉讼制度难以发挥实效,因此,绝大多数的证券群体性纠纷依旧面临司法救济匮乏的困境。鉴于示范判决机制以高效、批量解决群体性纠纷为目标导向,具有与特别代表人诉讼制度分工配合、并列运行的必要性和可行性,应构建示范判决机制与特别代表人诉讼制度互为补充的证券群体性纠纷化解机制,从而兼顾司法资源有限性与投资者权益保护。

香港中文大学课题组的《我国证券市场投资者权益行为研究》一文认为,从权益救济行为的实现途径来看,中证中小投资者服务中心是投资者权益行为制度创新的有益探索。一方面,中证中小投资者服务中心以机构投资者身份积极参与上市公司治理。另一方面,中证中小投资者服务中心依据其独特的民事“私主体”的法律地位,消弭了民事诉讼制度对证券纠纷案件诉讼主体适格性的限制,降低了证券投资者维护其合法权益的成本,有效提升了我国证券监管的整体效能。

国浩律师(上海)事务所课题组的《内幕交易民事损害赔偿诉讼研究》一文认为,在构建并追究内幕交易行为主体民事损害赔偿责任的路径中,基于立法规制内幕交易行为的目的,应主动拟制且推定因果关系的成立,但拟制须设定条件,只有同时与内幕交易行为反向进行交易的投资者才可向内幕交易行为主体主张损害赔偿。对于符合条件的投资者,内幕交易行为主体应承担损害赔偿责任。但基于拟制的属性,为防止责任过大,应以内幕交易行为所获利益或所规避的损失为基础,对赔偿金额进行一定的限制。

马雪程的《证券期货行业仲裁机制研究——以完善证券期货纠纷多元化解机制为视角》一文从完善证券期货纠纷多元化解机制的角度出发,阐释了引入证券期货行业仲裁机制的重要意义,并针对各方争议比较大的可行性问题进行了论证。结论为证券期货纠纷可通过仲裁方式加以解决。之后,文章介绍了美国金融业监管局的仲裁机制实践经验。最后,文章提出进一步推动仲调对接、支持证券期货行业协会和仲裁机构深度合作开展试点工作等建议。

张诗伟的《向前一步:中国资本市场差异化表决权制度完善的若干意见》一文认为,差异化表决权架构相对于同股同权架构的传统公司,系股东从形式平等到实质平等的体现,也为相关市场参与者提供了同股同权架构之外的其他可能性,更增加了公司股权基本制度和资本市场的包容性。如果说相对无限责任,有限责任特权的树立是公司法历史上在承认和限制其缺陷基础上第一次伟大的妥协,那么也可以说,差异化表决权的引入是公司法发展历史上第二次伟大的妥协,当然同样也是在承认和限制的基础上。

张未的《〈证券法〉修订视野下的上市公司董事、监事及高级管理人员责任保险若干法律问题刍议——以保险条款为视角》一文认为,随着《证券法》的修订、注册制的推行以及瑞幸咖啡财务造假事件的持续性影响,原本小众的上市公司董事、监事及高级管理人员责任保险成为资本市场的焦点,相关保险条款的约定将直接关系能否理赔进而弥补投资者的损失以及发生保险事件时提升被保险人的抗辩能力,充分发挥其经营潜能,进而实现对公司价值提升、公司治理、投资者保护及社会责任的积极作用。

梁晨颖的《〈证券法〉第82条第4款董监高“拒绝保证声明”的法律效力——动态解释论的视角》一文认为,新《证券法》第82条第4款中董监高“拒绝保证声明”的法律效力不可一概而论,发布“拒绝保证声明”的同时,陈述理由并投票反对披露的董监高,原则上可免除责任。发布“拒绝保证声明”并弃权表决的情境则较为复杂,需进一步结合董监高职务、专业知识等因素,从而作出动态化认定。最后,对仅具有限管理权并因合理信赖直接管理人员之汇报而赞成披露的董监高,保证责任的免除不以作出“拒绝保证声明”为条件。

【市场实务】收录3篇文章

刘磊、魏亭玮的《投保机构诉讼费用交纳问题探讨》一文认为，新《证券法》增设“投资者保护”专章，赋予投保机构可依职权发起、参与四种形式的民事诉讼——支持诉讼、股东代位诉讼、普通代表人诉讼、特别代表人诉讼。以建立证券民事公益诉讼制度为目标，应积极发挥诉讼费用的杠杆作用，对投保机构发起、参与的证券公益性质诉讼采取特别的诉讼收费制度，鼓励投保机构积极履行投资者保护职能，推动资本市场健康良性发展。

李海龙、江利杰的《人数不确定的代表人诉讼制度——基于证券群体性纠纷解决的视角》一文认为，作为应对证券群体性纠纷的中国方案，“休眠”已久的人数不确定的代表人诉讼制度在证券领域得到“激活”，并实现了从“纸上法”到“现实法”的跨越。在为该制度得到运用感到欣喜的同时，也应当注意该制度尚不完善的现实情况。从实践来看，该制度目前在投资者的救济、上诉改判情形下法院的适用以及与其他纠纷化解机制之间的“有机衔接”等问题上仍存在困惑，尚需理论与实务界的深入探究，以促进制度之完善。

上海金融法院课题组的《资本市场公益诉讼制度理论与实践研究》一文认为，2020年《证券法》中新增投资者保护机构作为代表人且以“退出制”为基础的集体诉讼制度，是民事公益诉讼制度在证券市场探索所迈出的一大步。该文在研究美国集团诉讼、我国台湾地区证券团体诉讼及我国大陆消费民事公益诉讼制度的基础上，对证券民事公益诉讼制度的具体构建提出了立法建议。

【投教园地】收录3篇文章

郭文龙的《关于投教基地建设运营监管工作的思考》一文认为，近年来，证监会根据国务院及国务院办公厅的文件精神，大力推动搭建证券期货投资者投教基地，相继出台系列规范性文件，持续开展投教基地的申报命名工作，旨在为广大投资者尤其是中小投资者提供“全方位”“一站式”证券期货知识服务的平台。投教基地具有公益性、专业性和灵活性等特点，其在开展投资者教育宣传、推动投教纳入国民教育、普及证券期货知识以及提高投资者维护合法权益意识等方面发挥了重要作用。

赵露露的《关于如何充分发挥证券期货投教基地功能作用的思考——以安徽辖区投教基地为例》一文认为，投教基地在投资者教育工作中发挥着明显的示范带头作用，成为投教工作中坚力量，在为投资者带来较大获得感的同时，也为企业塑造了良好的社会形象。但是，较快的发展也产生了定位不够清晰、结构不尽合理等问题，需要在基地建设与监督管理上进一步改进和完善,以充分发挥投教基地的应有功能,促进投教基地可持续发展。

刘洋的《从优化营商环境的视角分析中小投资者权益保护制度的完善》一文从相关不足之处入手,分析问题成因,总结世界银行报告发布一年来我国在优化营商环境方面作出的努力和获得的成果,并探求完善我国中小投资者权益保护制度的方向。

【域外视野】收录 1 篇文章

章鲁涛的《证券虚假陈述董事勤勉尽责抗辩的适用》一文认为,在我国实践中,董事存在几类常见的抗辩理由,但法定抗辩体系及判断标准的缺位致使抗辩制度形同虚设。在 2020 年《证券法》大幅增加责任强度的情况下,如何精准细致地认定责任,同时保障董事的抗辩权利,则显得尤为重要。对此,美国《1933 年证券法》下确立的董事勤勉尽责抗辩体系可资参考。

目　　录

理论探究

证券群体性纠纷多元化解决机制研究
——以证券特别代表人诉讼制度和示范判决机制的联动为视角　崔香梅　李新放　003

我国证券市场投资者权益行为研究　香港中文大学课题组　017

内幕交易民事损害赔偿诉讼研究　国浩律师(上海)事务所课题组　038

证券期货行业仲裁机制研究
——以完善证券期货纠纷多元化解机制为视角　马雪程　051

向前一步：中国资本市场差异化表决权制度完善的若干意见　张诗伟　062

《证券法》修订视野下的上市公司董事、监事及高级管理人员责任保险若干法律问题刍议
——以保险条款为视角　张　未　081

《证券法》第 82 条第 4 款董监高“拒绝保证声明”的法律效力
——动态解释论的视角　梁晨颖　096

市场实务

投保机构诉讼费用交纳问题探讨　刘　磊　魏亭玮　111

人数不确定的代表人诉讼制度
——基于证券群体性纠纷解决的视角　李海龙　江利杰　119

资本市场公益诉讼制度理论与实践研究　上海金融法院课题组　128

投教园地

关于投教基地建设运营监管工作的思考 郭文龙 143

关于如何充分发挥证券期货投教基地功能作用的思考

——以安徽辖区投教基地为例 赵露露 155

从优化营商环境的视角分析中小投资者权益保护制度的完善 刘 洋 166

域外视野

证券虚假陈述董事勤勉尽责抗辩的适用 章鲁涛 191

征稿启事 205

编辑体例 207

CONTENTS

Theoretical Exploration

Research on the Diversified Settlement Mechanism of Securities Group Disputes—From the Perspective of the Connection Between the Securities Special Representative Litigation System and the Model Judgment Mechanisms Cui Xiangmei Li Xinfang 003

Research on Investors' Rights and Interests Behavior in China's Securities Market Research Group of the Chinese University of Hong Kong 017

Research on Civil Damages Litigation of Insider Trading Research Group of Grandall Law Firm 038

About the Significance and Feasibility of Introducing Industry Arbitration Mechanism into China's Securities and Futures Field, and the Practical Experience of FINRA—From the Perspective of Building the Diversified Resolution Mechanism of Securities and Futures Disputes Ma Xuecheng 051

One Step Forward: Some Suggestions for the Improvement of the Differentiated Voting Rights System in China Capital Market Zhang Shiwei 062

Discussion on Some Legal Issues of Liability Insurance of Directors Supervisors and Senior Executives of Listed Companies Under the View of the Revised Securities Law—From the Perspective of Insurance Clauses Zhang Wei 081

Legal Effects of the "Statement of Denying Warranty Liability" in Article 82 (4) of the Security Law—With the Perspective of Flexible Legal Interpretation — Liang Chenying 096

Market Practice

Discussion on Payment of Litigation Fees in Investor Protection Institutions — Liu Lei Wei Tingwei 111

The Representative Litigation System with an Uncertain Number of Representatives—Based on the Perspective of the Settlement of Securities Group Disputes — Li Hailong Jiang Lijie 119

Research on Theory and Practice of Public Interest Litigation System in Capital Market — Research Group of Shanghai Financial Court 128

Investor Education

Thoughts on the Supervision of the Construction and Operation of Investors Education Bases — Guo Wenlong 143

Thoughts on how to Give Full Play to the Function of the Securities and Futures Investors Education Bases: Taking the Investors Education Base of Anhui Jurisdiction as an Example — Zhao Lulu 155

Research on Improving the Protection System of the Rights and Interests of Minority Investors from the Perspective of Improving the Business Environment — Liu Yang 166

Overseas Observation

The Application of Directors' Due Diligence Defense in Misstatements — Zhang Lutao 191

Contributions Invited 205

Edit Style 207

I 理论探究

INVESTOR

证券群体性纠纷多元化解决机制研究

——以证券特别代表人诉讼制度和示范判决机制的联动为视角

崔香梅*　李新放**

摘　要:《证券法》第95条规定了普通代表人诉讼和特别代表人诉讼制度,后者以“退出制”为亮点,赋予了投资者保护机构具有唯一的诉讼代表人地位。然而,由于投资者保护机构资源有限,特别代表人诉讼制度主要用于解决个别的典型重大案件,加之普通代表人诉讼制度难以发挥实效,因此,绝大多数的证券群体性纠纷依旧面临司法救济匮乏的困境。鉴于示范判决机制以高效、批量解决群体性纠纷为目标导向,具有与特别代表人诉讼制度分工配合、并列运行的必要性和可行性,故建议构建示范判决机制与特别代表人诉讼制度互为补充的证券群体性纠纷化解机制,从而兼顾司法资源有限性与投资者权益保护。

关键词:证券群体性纠纷　投资者保护　代表人诉讼　示范判决

一、问题的提出

庞大的中小投资者是我国资本市场投资者群体的重要组成部分。然而,由于中小股东持股比例低,难以对公司决策产生足够影响,且具有信息不对称、维权能力弱等先天劣势,因此,上市公司大股东或实际控制人滥用控制权侵害中小股东权益的事件屡见不鲜。根据“中国裁判文书网”关于证券纠纷的案例数据,证券欺诈责任纠纷案件数量最多,为41,513件左右,其中以证券虚假陈述责任纠纷案件为主,为41,176件左右,占比99.2%。在发展趋势方面,虽然近年证券虚假陈述责任纠纷的数量持续

---

*　上海交通大学凯原法学院副教授。

**　上海交通大学凯原法学院硕士研究生。

增加,[①]但我国证券纠纷起诉率依旧偏低。究其原因,一是以“小额多数、分布分散”为特点的中小投资者维权能力弱,容易陷入“集体行动的困境”,从而怠于起诉;二是为了维护社会稳定,避免群体性纠纷演变为群体性事件,司法机关大多采取“单独立案,合并处理”或“单独立案,单独处理”的方式,[②]从而导致中小投资者依旧“各自为战”,怠于起诉。

2020年3月1日施行的《证券法》设立“投资者保护”专章,并且通过第95条对代表人诉讼制度进行了创新和完善,尤其是该条第3款,赋予了投资者保护机构在特别代表人诉讼中具有唯一的代表人地位,并采取“默示加入,明示退出”方式确定诉讼成员范围。其后,《最高人民法院关于证券纠纷代表人诉讼若干问题的规定》(以下简称《代表人诉讼规定》)、中国证监会《关于做好投资者保护机构参加证券纠纷特别代表人诉讼相关工作的通知》(以下简称《特别代表人诉讼通知》)、中证中小投资者服务中心《特别代表人诉讼业务规则(试行)》(以下简称《投服中心业务规则》)陆续出台并实施,对证券纠纷代表人诉讼的制度内容进一步细化。

与此同时,示范判决机制也逐步在我国落地。2016年5月25日,最高人民法院、中国证监会《关于在全国部分地区开展证券期货纠纷多元化解机制试点工作的通知》提出,在北京、上海、深圳等36个城市开展示范判决机制试点。试点期满后,2018年11月13日,最高人民法院、中国证监会《关于全面推进证券期货纠纷多元化解机制建设的意见》提出建立示范判决机制。2019年1月,全国首个证券纠纷示范判决机制规定——《上海金融法院关于证券纠纷示范判决机制的规定(试行)》发布。此后,杭州、厦门等城市的中级人民法院也陆续发布示范判决机制的工作规则。

随着我国注册制改革的深入推进和投资者保护制度的不断完善,面对持续增加的证券群体性纠纷,在完善制度供给、降低投资者维权成本和有力威慑资本市场违法行为方面,[③]《证券法》下的代表人诉讼制度能否发挥预期的作用?其与示范判决机制是否需要分工配合?值得进一步思考。

---

① 截至2021年1月5日,在“中国裁判文书网”搜索“民事案件”,案由为“证券欺诈责任纠纷”的数量为41,513件,案由为“证券虚假陈述责任纠纷”的数量为41,176件。2015年以前,证券虚假陈述责任纠纷的案件总量不足1500件,但2016年有1596件,2017年、2018年、2019年分别为5626件、7650件、14,172件,2020年也已突破10,000件。

② 参见吴英姿:《代表人诉讼制度设计缺陷》,载《法学家》2009年第2期。

③ 参见刘婧:《保护投资者合法权益　维护资本市场健康发展:相关负责人就〈最高人民法院关于证券纠纷代表人诉讼若干问题的规定〉答记者问》,载中国法院网2020年7月31日,https://www.chinacourt.org/index.php/article/detail/2020/07/id/5387105.shtml。

二、证券代表人诉讼制度在解决证券群体性纠纷中的定位

《证券法》第95条规定的证券代表人诉讼制度，①以我国《民事诉讼法》第53条、第54条规定的代表人诉讼制度为基础，同时考虑证券民事赔偿纠纷群体性的特点，参考域外制度经验，创新地引入了由投资者保护机构担任诉讼代表人的特别代表人诉讼制度，在诉讼代表人的主体、起诉条件、诉讼程序等方面均对原有的代表人诉讼制度进行了适度突破。

具体而言，证券代表人诉讼分为普通代表人诉讼与特别代表人诉讼。② 普通代表人诉讼又分为当事人一方在起诉时人数确定的代表人诉讼和以"加入制"为核心的人数不确定的代表人诉讼两种。《证券法》第95条第3款是关于特别代表人诉讼制度的规定，即由投资者保护机构作为诉讼代表人参与诉讼，并采用"默示加入，明示退出"制度，这在一定程度上突破了《民事诉讼法》的规定。在操作层面上，《代表人诉讼规定》《特别代表人诉讼通知》《投服中心业务规则》对普通代表人诉讼和特别代表人诉讼，从立案与权利登记、代表人选定、代表人权限、诉讼审理、判决与执行、专业支持等方面进行了细致的程序性规定，为诉讼所涉各方提供了行动指南。

《证券法》在2020年3月1日施行及《代表人诉讼规定》等出台后，证券纠纷普通代表人诉讼制度是否摆脱了以往《民事诉讼法》下代表人诉讼制度的适用困境；在投资者保护机构资源有限、供给不足的制约下，如何最大化地发挥特别代表人诉讼制度的功能，是当下亟待解决的课题。

（一）普通代表人诉讼制度在适用中依旧面临困境

在《证券法》2020年3月1日施行之前，我国证券群体性纠纷适用普通代表人诉

---

① 《证券法》第95条第1款规定："投资者提起虚假陈述等证券民事赔偿诉讼时，诉讼标的是同一种类，且当事人一方人数众多的，可以依法推选代表人进行诉讼。"第2款规定："对按照前款规定提起的诉讼，可能存在有相同诉讼请求的其他众多投资者的，人民法院可以发出公告，说明该诉讼请求的案件情况，通知投资者在一定期间向人民法院登记。人民法院作出的判决、裁定，对参加登记的投资者发生效力。"第3款规定："投资者保护机构受五十名以上投资者委托，可以作为代表人参加诉讼，并为经证券登记结算机构确认的权利人依照前款规定向人民法院登记，但投资者明确表示不愿意参加该诉讼的除外。"

② 《代表人诉讼规定》第1条第1款规定："本规定所指证券纠纷代表人诉讼包括因证券市场虚假陈述、内幕交易、操纵市场等行为引发的普通代表人诉讼和特别代表人诉讼。"第2款规定："普通代表人诉讼是依据民事诉讼法第五十三条、第五十四条、证券法第九十五条第一款、第二款规定提起的诉讼；特别代表人诉讼是依据证券法第九十五条第三款规定提起的诉讼。"

讼的法律依据主要是《民事诉讼法》第53条、[①]第54条[②]及其司法解释,[③]整体来看,法律规定较笼统,缺乏可操作性,导致《民事诉讼法》相关条文长久以来未实际发挥作用。

为改善证券民事赔偿救济乏力的现状,推动证券纠纷适用普通代表人诉讼,《证券法》第95条第1款和第2款,明确了证券群体性纠纷可以适用代表人诉讼制度,且包含人数确定和不确定的普通代表人诉讼两种情形。与之配套的《代表人诉讼规定》对普通代表人诉讼的代表人选择、权利登记、调解、赔偿金额核算、上诉、财产分配等环节予以了细化。尽管普通代表人诉讼制度的可操作性有所加强,但由于《证券法》下的普通代表人诉讼系对《民事诉讼法》第53条、第54条的沿袭,在诉讼文化、司法体制、评价体系等制度环境缺乏质变的情况下,其适用困境将依旧存在,并主要体现在以下三个方面。

第一,我国代表人诉讼中诉权对审判权的制约功能较低。首先,我国司法实务界未能完全树立与群体纠纷相适应的群体诉讼理念,这一定程度上造成普通代表人诉讼启动困难。[④] 例如,原告在接受司法机关采取的"单独立案,合并处理"或"单独立案,单独处理"的方式时,[⑤]可能会使维权能力本来就弱的中小投资者依旧"各自为战",诉讼成本大幅增加。其次,证券民事赔偿纠纷的受理仍受到前置条件约束。虽然2015年我国便已推行立案登记制改革,[⑥]但是在2018年最高人民法院在审理"熊

① 《民事诉讼法》第53条规定:"当事人一方人数众多的共同诉讼,可以由当事人推选代表人进行诉讼。代表人的诉讼行为对其所代表的当事人发生效力,但代表人变更、放弃诉讼请求或者承认对方当事人的诉讼请求,进行和解,必须经被代表的当事人同意。"

② 《民事诉讼法》第54条第1款规定:"诉讼标的是同一种类、当事人一方人数众多在起诉时人数尚未确定的,人民法院可以发出公告,说明案件情况和诉讼请求,通知权利人在一定期间向人民法院登记。"第2款规定:"向人民法院登记的权利人可以推选代表人进行诉讼;推选不出代表人的,人民法院可以与参加登记的权利人商定代表人。"第3款规定:"代表人的诉讼行为对其所代表的当事人发生效力,但代表人变更、放弃诉讼请求或者承认对方当事人的诉讼请求,进行和解,必须经被代表的当事人同意。"第4款规定:"人民法院作出的判决、裁定,对参加登记的全体权利人发生效力。未参加登记的权利人在诉讼时效期间提起诉讼的,适用该判决、裁定。"

③ 《最高人民法院关于适用〈中华人民共和国民事诉讼法〉的解释》(2020年修正)第75条至第80条。

④ 参见王福华:《代表人诉讼之替代改革》,载《上海交通大学学报(哲学社会科学版)》2006年第5期。

⑤ 参见吴英姿:《代表人诉讼制度设计缺陷》,载《法学家》2009年第2期。

⑥ 2015年12月发布的《最高人民法院关于当前商事审判工作中的若干具体问题》明确指出,根据立案登记司法解释规定,因虚假陈述、内幕交易和市场操纵行为引发的民事赔偿案件,立案受理时不再以监管部门的行政处罚和生效的刑事判决认定为前置条件。

某诉广东某公司证券虚假陈述纠纷案”[①]时,仍然将提交有关行政处罚决定或刑事裁判文书作为当事人提起证券虚假陈述诉讼的前置条件,否则不予受理。虽然新出台的《代表人诉讼规定》第5条[②]关于适用普通代表人诉讼程序进行审理的初步证据范围,相较2003年发布的《最高人民法院关于审理证券市场因虚假陈述引发的民事赔偿案件的若干规定》(以下简称《虚假陈述若干规定》)第6条[③]的案件受理证据要求有所放宽,但是,如果原告起诉时无法提供《代表人诉讼规定》第5条列举的相关初步证据,能否立案仍不明确。因此,审判权对诉权的影响依旧很大。[④]

第二,有限的司法资源将阻碍普通代表人诉讼制度的运作。“案多人少”是近年来我国司法机关面临的难题,因此,能否提升司法资源利用效率是评估一项诉讼制度可行性和采用率的重要考量。然而相较普通代表人诉讼,示范判决、证券支持诉讼、调解等纠纷解决方式更能够降低司法机关的诉讼成本和审判压力。因为,在示范判决中,可以通过对个别示范案件的精细化审理,批量处理大量同类案件;在证券支持诉讼中,由具有公益属性及专业能力的投资者保护机构支持投资者进行诉讼;至于调

① 参见最高人民法院(2018)最高法民申337号民事裁定书:“对于熊某的起诉是否符合法定受理条件,应当按照证券虚假陈述责任纠纷案由进行审查。对于当事人以自己受到虚假陈述侵害为由提起民事赔偿诉讼的受理条件及提起诉讼时应向人民法院提交的证据材料,《证券市场虚假陈述民事赔偿若干规定》第六条作了特别规定。……据此,当事人在提起证券市场虚假陈述诉讼时,应当以有关机关的行政处罚决定或者人民法院的刑事裁判文书,证明证券虚假陈述事实的存在,此为当事人提起证券市场虚假陈述诉讼并为人民法院受理的前提条件。不符合上述前提条件的,人民法院不予受理。虽然诚如熊某所言,《证券市场虚假陈述民事赔偿若干规定》已施行十几年时间,较之制定该司法解释时而言,目前证券市场等相关情况已发生一定变化,但该司法解释目前仍然有效,在其未被废止或修订之前,原审法院继续适用并无错误。”

② 《代表人诉讼规定》第5条规定:“符合以下条件的,人民法院应当适用普通代表人诉讼程序进行审理:(一)原告一方人数十人以上,起诉符合民事诉讼法第一百一十九条规定和共同诉讼条件;(二)起诉书中确定二至五名拟任代表人且符合本规定第十二条规定的代表人条件;(三)原告提交有关行政处罚决定、刑事裁判文书、被告自认材料、证券交易所和国务院批准的其他全国性证券交易场所等给予的纪律处分或者采取的自律管理措施等证明证券侵权事实的初步证据。不符合前款规定的,人民法院应当适用非代表人诉讼程序进行审理。”

③ 《虚假陈述若干规定》第6条规定:“投资人以自己受到虚假陈述侵害为由,依据有关机关的行政处罚决定或者人民法院的刑事裁判文书,对虚假陈述行为人提起的民事赔偿诉讼,符合民事诉讼法第一百零八条规定的,人民法院应当受理。投资人提起虚假陈述证券民事赔偿诉讼,除提交行政处罚决定或者公告,或者人民法院的刑事裁判文书以外,还须提交以下证据:(一)自然人、法人或者其他组织的身份证明文件,不能提供原件的,应当提交经公证证明的复印件;(二)进行交易的凭证等投资损失证据材料。”

④ 另外,值得注意的是,在《虚假陈述若干规定》第14条中,将不特定人数代表人诉讼排除在外,不当限缩普通代表人诉讼的适用范围。由于在诉讼实践中,多数中小投资者难以意识到自身权利受到侵害,因此,在提起证券民事赔偿诉讼时难以确定受害投资者人数。如果排除不特定人数的代表人诉讼,无法解决证券群体性纠纷。参见罗培新、丁勇:《赋予投服中心特殊权利的法理基础及制度设计》,载郭文英主编:《投资者》第6辑,法律出版社2019年版,第107页。参见李激汉:《我国证券民事赔偿诉讼方式改革的路径选择》,载黄江元、卢文道主编:《证券法苑》第23卷,法律出版社2017年版,第473~474页。《虚假陈述若干规定》第14条规定:“共同诉讼的原告人数应当在开庭审理前确定。原告人数众多的可以推选二至五名诉讼代表人,每名诉讼代表人可以委托一至二名诉讼代理人。”

解,则具有灵活便捷、节约司法资源的天然属性。[①] 因此,从诉讼效率的角度考量,有限的司法资源难以支撑普通代表人诉讼的广泛应用。

第三,“高成本、低收益”将导致中小投资者和原告律师缺乏参与普通代表人诉讼的动力。首先,根据《代表人诉讼规定》第5条的规定,适用普通代表人诉讼需要10名以上原告申请,且起诉书中需确定2~5名拟任代表人,但对于“小额多数”的中小投资者来说,单个投资者的损失金额并不大,而且相互之间可能互不认识,在沟通不顺畅的情况下推选出二至五名拟任代表人,无疑会给原告带来许多负担,产生与收益不成比例的“诉累”。其次,《代表人诉讼规定》并未就原告律师的费用收取细节予以明确规定,而且证券纠纷的复杂性和司法机关对解决群体性纠纷的保守态度,使原告律师不仅难以获得预期收益,还可能因参与代理群体性纠纷案件而面临执业风险。因此,普通代表人诉讼的“高成本、低收益”现状,难免会打击中小投资者和原告律师参与普通代表人诉讼的积极性。

总之,在我国司法消极主义、重视社会效果的文化和司法资源有限的现状下,《证券法》的普通代表人诉讼制度在证券群体性纠纷化解方面难以发挥实效。

(二)特别代表人诉讼只能适用于极少数案件

特别代表人诉讼制度的特别之处在于:(1)唯有投资者保护机构具有诉讼代表人地位;(2)以“默示加入,明示退出”确定诉讼成员的范围;(3)程序启动须满足受50名以上投资者委托的门槛。“默示加入,明示退出”的特别代表人诉讼,被视作我国对美国的集团诉讼制度的有益尝试,有利于通过高额民事赔偿增加证券违法成本,切实保护中小投资者合法权益。然而,特别代表人诉讼制度能否达到预期效果,需要实践的检验。

集团诉讼系指一个有相同利害关系的群体,由于人数众多无法全部参与诉讼,在集团中由一人或数人作为当事人的代表,就共同的法律或事实问题参与诉讼,诉讼结果及于全部当事人。1853年美国联邦最高法院通过判例确立了集团诉讼制度,[②] 1938年美国《联邦民事诉讼规则》第23条将集团诉讼(Class Actions)引入普通法救

① 《最高人民法院关于人民法院民事调解工作若干问题的规定》规定,为了保证人民法院正确调解民事案件,及时解决纠纷,保障和方便当事人依法行使诉讼权利,节约司法资源……制定本规定。此外,《代表人诉讼规定》第3条第1款规定:“人民法院应当充分发挥多元解纷机制的功能,按照自愿、合法原则,引导和鼓励当事人通过行政调解、行业调解、专业调解等非诉讼方式解决证券纠纷。”第2款规定:“当事人选择通过诉讼方式解决纠纷的,人民法院应当及时立案。案件审理过程中应当着重调解。”

② See Smith v. Swormastedt, 57 U. S. (16 How.) 288 (1853).

济领域,成为规范美国集团诉讼的核心程序条款。① 1966年,该条文增设“声明退出”(opt-out)规则,即经有效通知后,未明确表示退出集团诉讼的当事人将自动成为集团成员,受诉讼结果的约束。至此,美国现代版的集团诉讼终告成型,②“声明退出”规则也将美国集团诉讼与其他国家的群体性诉讼真正区分开来。③ 在具体操作上,无论胜负,原被告双方须自行负担律师费,且广泛采用律师胜诉酬金(风险代理)方式。胜诉酬金激励律师勇于尝试,“声明退出”则助力确保集团规模,增加律师与被告谈判的筹码,可以说这种酬金激励是美国集团诉讼盛行的重要原因之一。因此,美国有不少律师善于发动集团诉讼,主动甚至违法征集受害人,以求担任集团律师获利。④ 集团诉讼的优势可以概括为3点:其一,提高诉讼效率,节约诉讼成本;其二,针对同一情形,能够做到法律适用统一;其三,尽可能克服“集体行动的困境”,为以“小额多数”为特征的受害者提供诉讼激励,减少对“搭便车”的顾忌。⑤ 然而,集团诉讼也存在明显弊端,其最大的制度成本是律师与受害人之间的代理成本,律师追求代理费用最大化与受害人追求赔偿金最大化并不完全契合。此外,“集体行动的困境”依旧存在,集团诉讼成员缺乏动力去监督和约束集团代表和律师,集团律师通过主导和解谈判谋取私利的情况时常发生,为谋取高额代理费还滋生了滥诉风险。

我国的特别代表人诉讼制度具有如下特点。

第一,我国特别代表人诉讼是由投资者保护机构作为唯一代表人所主导,其优点在于:一是能够保证诉讼代表人更专业地履行职能,减轻中小投资者维权成本,二是有效防止滥诉风险。但不足之处也十分明显,主要体现在两个方面:一方面,在案件数量方面,从2014年12月成立到2019年12月的5年间,中证中小投资者服务中心(以下简称投服中心)共提起支持诉讼案件24件,平均每年5件左右。⑥ 由此可见,投服中心在专业资源有限⑦的情况下,每年能够处理的案件十分有限。《投服中心业务规则》第16条明确规定了投服中心参加特别代表人诉讼的3个条件:(1)有关机关作出行政处罚或刑事裁判等;(2)案件典型重大、社会影响恶劣、具有示范意义;(3)被

---

① 参见李响、陆文婷:《美国集团诉讼制度与文化》,武汉大学出版社2005年版,第22~26页。

② 该条后又经1987年、1998年、2003年等多次修订,至今仍为规范美国集团诉讼的核心程序条款。

③ 参见杜要忠:《美国证券集团诉讼程序规则及借鉴》,载《证券市场导报》2002年第7期。

④ 参见郭雳:《美国证券集团诉讼的制度反思》,载《北大法律评论》2009年第2期。

⑤ See Amchem Prods., Inc. v. Windsor, 521 U.S. 591, 617 (1997).

⑥ 参见《新证券法提高投资者保护水平 代表人诉讼制度成司法救济新渠道》,载新华网,http://www.xinhuanet.com/finance/2019-12/30/c_1125404249.htm。

⑦ 根据其2019年企业年报,投服中心参保人数为121人,业务部门工作人员总数大约为100人。此外,根据投服中心2020年5月公布的公益律师名单,与投服中心合作的律师共173人。

告具有一定偿付能力。[①] 此外,《投服中心业务规则》规定,案件的筛选采用预研和重大案件评估机制。这对亟须法律援助的中小投资者来说,意味着首先要在案件筛选层面竞争,结果的不确定性无疑再次增加了维权成本,产生内耗。因此,投服中心资源的有限性从根本上决定了"好钢要用在刀刃上",即极少数典型案件。另一方面,在诉讼激励层面,基于其组织管理、[②]资金来源和股东结构[③]等情况,投服中心被普遍认为具有"准官方色彩"。而且,在现行特别代表人诉讼制度下,投资者保护机构垄断了代表人资格,缺乏充分的市场竞争。但是,目前投服中心参与的特别代表人诉讼案件极为有限,且参与的往往是社会舆论关注度高、具有示范意义的重大典型案件。因此,面临社会舆论和业绩压力,投服中心及其工作人员并不缺乏勤勉尽责的激励,但建议完善考评指标以进一步提升其工作效率。

第二,《证券法》以"默示加入,明示退出"确定特别代表人诉讼中的成员范围,是对《民事诉讼法》代表人诉讼制度的突破。然而,在代表人资格单一,只能提起极个别案件的制约下,"退出制"的适用范围有限。对此,根本的解决之策在于放宽代表人资格的范围,如增设投保机构。短期内,可以考虑扩增投服中心合作公益律师的人数,以此提升投服中心的承载能力,促使"退出制"适用于更多案件,发挥更大实效。

第三,特别代表人诉讼的程序启动须满足投服中心受50名以上投资者委托的条件。我国特别代表人诉讼制度中的"代表性原告"为不具有法律上利害关系的投服中心,故需要设定由投资者委托的前置程序予以授权。至于50名以上的标准设定,虽然遭受门槛过高的批评,但是考虑我国中小投资者群体具有发达国家资本市场所无法比拟的庞大数量,以及投服中心专业资源有限,只能聚焦于个别的重大典型案件,设定较高的门槛则有助于高效筛选符合要求的目标案件,就效率角度而言具有其合理性。

总之,我国《证券法》下的特别代表人诉讼制度,尽管采取了"退出制",但"代表性原告"的唯一性及其专业资源的有限性决定了特别代表人诉讼不可能被大量发起,

---

① 《投服中心业务规则》第16条规定:"对法院根据《民事诉讼法》第五十四条第一款、《证券法》第九十五条第二款的规定发布登记公告,且符合下列情形的案件,投服中心可以参加特别代表人诉讼:(一)有关机关作出行政处罚或刑事裁判等;(二)案件典型重大、社会影响恶劣、具有示范意义;(三)被告具有一定偿付能力;(四)投服中心认为必要的其他情形。"

② 投服中心是于2014年12月成立的证券金融类公益机构,归属中国证监会直接管理。参见投服中心官网,http://www.isc.com.cn/html/gywm/。

③ 截至2020年10月10日,经国家企业信用信息公示系统检索,投服中心股东为:上海期货交易所、上海证券交易所、深圳证券交易所、中国金融期货交易所股份有限公司、中国证券登记结算有限责任公司。

使亟须投服中心法律援助的广大中小投资者无法都享受特别代表人诉讼的制度红利。

（三）证券特别代表人诉讼制度与示范判决机制联动的意义

《证券法》第95条规定的证券代表人诉讼制度，寄托着弥补证券民事赔偿救济乏力的基础制度“短板”、保障中小投资者得到公平、高效赔偿等效果期待，从而更加有力地保护中小投资者合法权益。然而在实践中，一方面，普通代表人诉讼制度仍面临难以发挥实效的困境；另一方面，特别代表人诉讼制度则因代表人资格的唯一性和投资者保护机构专业资源的有限性，无法提供普适性和常态性的司法救济，其发挥的功能更多的是对证券违法行为形成强大的震慑力。

鉴于日益增长的证券群体性纠纷和紧张的司法审判资源，对投服中心无力顾及的普通证券群体性纠纷案件，应充分发挥已有的其他证券群体纠纷解决机制的功能，构建一个能够与特别代表人诉讼制度分工配合、相互联动，且以高效解决群体性纠纷为目标的证券纠纷多元化解机制变得尤为重要。对此，现有法律框架内，在我国试点多年并逐步完善的示范判决机制是化解该难题的最佳选择。示范判决机制的运行逻辑在于：对于主要事实相同的群体性证券纠纷，先行挑选并审判个别示范案件，然后参照示范案件对其他同类案件予以批量处理。目前示范判决机制具有较充分的实践和制度基础，但也存在一定的不足。

下文将从特别代表人诉讼制度与示范判决机制联动的视角，分析示范判决机制的优势与不足，指出完善示范判决机制的路径。

三、证券群体性纠纷化解机制中示范判决机制的功能发挥及改进

通过特别代表人诉讼制度与示范判决机制联动，将特别代表人诉讼制度定位于：解决个别的、社会舆论关注度高、具有示范意义的重大典型案件，充分发挥投服中心的专业能力和公益属性，更好兼顾典型案件的司法效果与社会效果；将示范判决机制定位于：解决投服中心无力顾及的、绝大多数的一般普通案件，作为高效经济的常态化维权手段，构建起示范判决机制与特别代表人诉讼制度优势互补的证券群体性纠纷化解机制。

（一）我国示范判决机制的建立及其进展

纠纷多元化解机制改革是党的十八届四中全会确定的一项重要改革任务。《中

共中央关于全面推进依法治国若干重大问题的决定》以及中共中央办公厅、国务院办公厅《关于完善矛盾纠纷多元化解机制的意见》均明确提出,我国要推进和完善矛盾纠纷多元化解机制。对此,2016年5月,最高人民法院、中国证监会发布的《关于在全国部分地区开展证券期货纠纷多元化解机制试点工作的通知》提出,在北京、上海、深圳等36个城市开展示范判决机制试点。①

试点期满后,2018年11月,最高人民法院、中国证监会发布的《关于全面推进证券期货纠纷多元化解机制建设的意见》提出,建立示范判决机制,并对该机制的内涵予以阐述。② 示范判决机制是指,对于虚假陈述、内幕交易、操纵市场等违法行为引发的民事赔偿群体性纠纷,需要人民法院通过司法判决宣示法律规则、统一法律适用的,受诉人民法院可选取在事实认定、法律适用上具有代表性的若干个案作为示范案件,先行审理并及时作出判决;通过示范判决所确立的事实认定和法律适用标准,引导其他当事人通过证券期货纠纷多元化解机制解决纠纷,降低投资者维权成本,提高矛盾化解效率。

此后,多地法院陆续发布具体的示范判决机制工作规则。2019年1月作为全国首个证券纠纷示范判决机制规定,《上海金融法院关于证券纠纷示范判决机制的规定(试行)》(以下简称《上海金融法院规定》)发布。2019年5月深圳市中级人民法院出台《关于依法妥善处理证券期货纠纷加强中小投资者合法权益保护的意见》,提出建立涉众型证券期货纠纷示范判决机制。2019年10月《杭州市中级人民法院关于证券期货纠纷示范判决机制的指导意见(试行)》出台。2020年7月在厦门证监局和厦门市中级人民法院共同推动下,厦门金融司法协同中心发布《关于建立证券纠纷示范机制的规定(试行)》。此外,北京、南京、广州等多数城市的中级人民法院均已在审判实践中施行示范判决机制,但未公开相关文件。

---

① 《最高人民法院、中国证监会关于在全国部分地区开展证券期货纠纷多元化解机制试点工作的通知》第13条规定:"建立示范判决机制。证券期货监管机构在清理处置大规模群体性纠纷的过程中,可以将涉及投资者权利保护的相关事宜委托试点调解组织进行集中调解。对因虚假陈述、内幕交易、操纵市场等行为所引发的民事赔偿纠纷,需要人民法院通过司法判决宣示法律规则、统一法律适用的,人民法院应当及时作出判决。"

② 《最高人民法院、中国证监会关于全面推进证券期货纠纷多元化解机制建设的意见》第13条规定:"建立示范判决机制。证券期货监管机构在清理处置大规模群体性纠纷的过程中,可以将涉及投资者权利保护的相关事宜委托调解组织进行集中调解。对虚假陈述、内幕交易、操纵市场等违法行为引发的民事赔偿群体性纠纷,需要人民法院通过司法判决宣示法律规则、统一法律适用的,受诉人民法院可选取在事实认定、法律适用上具有代表性的若干个案作为示范案件,先行审理并及时作出判决;通过示范判决所确立的事实认定和法律适用标准,引导其他当事人通过证券期货纠纷多元化解机制解决纠纷,降低投资者维权成本,提高矛盾化解效率。"

(二)上海金融法院的示范判决机制发挥的作用及局限性

由于上海作为国际金融中心的城市定位和上海金融法院独特的管辖权限,①上海金融法院在证券群体性纠纷方面的审判实践和理论储备更为丰富。下面以《上海金融法院规定》为例,并结合其他地区的相关规定,对我国现行示范判决机制展开评析。

上海金融法院建立证券纠纷示范判决机制有诸多原因。首先,传统的共同诉讼方式无法满足此类案件审理的需求,这是由证券群体性纠纷的特点所决定的,即受害者呈现"小额多数、分布分散"的局面,且因诉讼能力弱导致维权成本高,同类案件的事实和法律适用也亟待统一。其次,相对代表人诉讼,示范判决机制更具灵活性,摆脱了当事人与代表人之间的代理成本,尤其在权利登记、当事人查明、诉讼通知、意见表达等配套制度不完善的情况下。最后,通过示范案件的先行审理与判决,引导其他当事人树立合理的诉讼预期,具有促进法律适用统一,提升审判效率,降低诉讼成本的优势。②

由此可见,示范判决机制是一种以"效率"为目标,针对群体性纠纷而创设的纠纷解决机制,其并不依赖于投保机构等特定的发起主体,而是通过先行审理个别示范案件,为平行案件的事实认定和法律适用提供统一标准,从而快速、批量解决同类群体性纠纷。由此,可以极大缓解普通证券群体性纠纷在司法救济方面的窘迫局面,满足中小投资者保护的现实需求并节约司法资源。这也正是在司法资源有限、普通代表人诉讼制度难以发挥实效以及特别代表人诉讼制度只处理个别案件的背景下,我国建立和完善示范判决机制的必要性之所在。

根据《上海金融法院规定》,法院在处理因证券市场虚假陈述、内幕交易、操纵市场等行为引发的民事赔偿群体性纠纷时,选取具有共通性的事实争点和法律争点的代表性案件作为示范案件先行"精细化"审理,其他平行案件中止审理。在示范案件审理中,重点围绕与其他平行案件共通的普遍问题展开,然后作出判决。在示范判决生效后,已被示范判决认定的共通事实,平行案件的当事人无须另行举证;已为示范判决所认定的共通法律适用标准,平行案件的原告可以主张直接适用,从而可以引导

---

① 根据《最高人民法院关于上海金融法院案件管辖的规定》,上海金融法院管辖范围为上海市辖区内应由中级人民法院受理的第一审证券、期货、信托等金融民商事纠纷,以金融机构为债务人的破产纠纷,以上海市辖区内金融监管机构为被告的涉金融行政案件等。审理对上海市基层人民法院作出的第一审金融民商事案件和涉金融行政案件判决裁定提起上诉的案件。

② 参见林晓镍、单素华、黄佩蕾:《上海金融法院证券纠纷示范判决机制的构建》,载《人民司法》2019年第22期。

平行案件以调解、和解或者简化审理的方式多元地化解纠纷。

目前,我国示范判决机制仍处于探索阶段,除缺乏上位法的明确规定外,在具体操作层也略显粗疏。比如,缺乏对示范案件在诉讼中达成和解,以及和解协议效力的规定,即现有制度局限于司法判决的示范性,而未建构起系统的示范判决机制;而且,在示范案件选定后和示范判决生效前,具有共通事实但因客观原因而未能及时立案的投资者缺乏权利登记的渠道;此外,缺乏对示范判决上诉权的规定,就诉权角度而言,只有示范判决的当事人有权提起上诉,平行案件当事人尽管在实体上与示范判决存在重大利害关系,却并不享有上诉权,因此,如何在诉讼效率和保护平行案件当事人的合理诉求之间寻找平衡不容忽视。①

(三)德国示范判决的参考意义

考察德国示范诉讼机制的发展史,可以发现其证实了前文所述的示范判决机制的"效率"属性。2002年,德国"电信虚假陈述案"事发,约17,000件案件涌入法兰克福地区法院,诉请总额超8000万欧元。由于诉讼规模巨大,审理程序一度陷入停滞。面对证券市场大规模侵权纠纷的空前压力,德国于2005年制定了《投资者示范诉讼法》,②以平衡中小投资者的司法救济和有限的司法审判资源。③ 德国于2012年修订的《投资者示范诉讼法》的程序构造比较完善,主要分为申请、审理、示范决定的效力三个部分。德国示范判决可以为我国示范诉讼制度的完善提供一定参考。

第一,完善请求权登记制度。审理法院应对选定的示范案件进行公告,并且设定合理期限,允许尚未起诉的其他受损害投资者以书面方式或电子方式在法院平台登记,但已经提起诉讼的除外。登记内容必须包括登记人信息、申请登记的请求权说明、请求权所指向的被告以及金额。此外,基于诉讼平等原则,登记内容也应送达案涉被告。

第二,明确示范案件原告选定标准。应发挥公益机构在诉讼能力和自我约束等方面的优势。德国的示范诉讼实践暴露了以下弊端:一是示范诉讼原告为中小投资者,面对实力雄厚的被告,较大的诉讼能力差距容易导致不公正的诉讼结果;二是在

---

① 参见陈冲:《中国示范诉讼机制的法律构建——以证券欺诈民事纠纷案件为视角》,载郭文英、徐明主编:《投资者》第1辑,法律出版社2018年版,第69~71页。

② 德国立法者将其视为"一种应对证券群体性纠纷的有益尝试",并设定5年有效期。期满当年,鉴于德国电信案的示范诉讼程序仍在进行,该法有效期延长2年。德国《投资者示范诉讼法》于2012年11月生效,在请求权登记、当事人和解等内容方面进行较大调整,并设定为期8年的有效期,将于2020年11月1日失效。参见黄佩蕾:《德国投资者示范诉讼研究》,载《中国审判》2019年第13期。

③ 须注意的是,德国法下的"示范诉讼""示范决定"分别指代我国的"示范案件""示范判决"。

缺乏自律和外界监督的情况下,示范诉讼原告可能同被告利益交换,形成不利于其他受害者的示范决定或和解协议等。虽然,德国《民事诉讼法》第六编关于保护消费者利益的示范确认程序具有借鉴意义,但其第 606 条①规定只有合格机构才可以提起示范确认诉讼,且不可推翻地推定主要由公共财政资助的消费者保护中心属于“合格机构”,而德国《投资者示范诉讼法》却没有关于保护金融消费投资者的公益机构规定。对此,上海市金融法院、厦门市中级人民法院等均已明确规定,由依法设立的公益性组织支持诉讼的证券群体性纠纷,符合示范案件选定条件的,优先选定。② 此外,在没有公益机构参与的情况下,应综合考虑拟选定的示范案件原告能否公平兼顾各投资者利益、是否得到受损投资者的大部分同意、与确证目的相关的索赔金额等。对于未被选为示范案件原告的受损投资者,则列为诉讼参加人。可见,我国的示范判决机制在实践中已经探索出了新的解决路径,未来可以从理论方面进一步探究,时机成熟时通过上位法形式明确下来。

第三,尝试引入既判力扩张契约理论,在平行案件原告同意的情况下,实现平行案件以不开庭方式彻底快捷处理,该做法亦符合我国高效、彻底解决证券群体性纠纷的现实需求。换言之,在示范判决生效的情况下,平行案件基本可以做到随立随调,调解不成即可径行裁判的效果。毕竟,在共通事实具有既判力后,主要工作便是计算损失金额,在投服中心计算软件的支持下,基本上可以迅速无误完成。但不可忽视的是,与既判力扩张相配套的是更为完善和充分的程序保障,即保证具有范本意义的示范案件应当得到审慎审理和充分辩论。此外,在当下示范判决机制下,平行案件原告很可能难以获得足够的程序参与机会,所以建议采用预决效力单向扩张的方式,即示范判决的事实认定只对平行案件原告具有免除举证的预决效力,不免除平行案件被告对共通事实的举证责任,从而最大限度地保护平行案件原告的程序权利,实现实质正义。③

第四,将和解程序嵌入示范判决机制。目前,我国相关法规和试点规则均缺乏对

---

① 《德国民事诉讼法》第六编(第 606 ~ 614 条)经 2018 年 7 月 12 日的法律(《联邦法律公报》Ⅰ,第 1151 页)重新编排,2018 年 11 月 1 日生效。其中,第 606 条规定了“示范确认诉讼”,该条第 1 款第 1 句规定:通过示范确认诉讼合格的机构可以请求确认消费者与企业之间的请求权或者法律关系的事实要件和法律要件是否存在(确认目的)。第 4 句规定:不可推翻地推定主要由公共财政资助的消费者保护中心以及其他消费者协会满足第 2 句规定的要件。

② 《上海金融法院关于证券纠纷示范判决机制的规定(试行)》和《厦门金融司法协同中心关于建立证券纠纷示范机制的规定(试行)》均规定:“群体性证券纠纷中由国家机关或依法设立的公益性组织机构支持诉讼且符合示范案件选定条件的,优先选定作为示范案件。”

③ 参见叶林、王湘淳:《我国证券示范判决机制的生成路径》,载《扬州大学学报(人文社会科学版)》2020 年第 2 期。

和解程序的规定。德国《投资者示范诉讼法》规定,除示范决定外,原、被告也可通过提交书面和解申请或接受法院的和解建议,以和解方式终结示范诉讼程序。和解协议须经法院确认,并应送达各诉讼参加人。诉讼参加人可在送达之日起一个月内以书面方式向法庭声明退出和解,当声明退出和解的诉讼参加人少于30%的,和解协议即生效,效力及于没有声明退出的当事人。建议我国可以立法形式确定如下规则:和解可由示范案件原告与被告达成,抑或接受法院提出的和解建议,平行案件原告应当有权发表意见;和解协议最终需要由平行案件原告人数"绝对多数"以上同意,且由法院依职权确认后生效,生效之后不得撤回。

第五,示范案件的上诉权利人应为示范案件原告。如果平行案件原告对示范案件的判决结果有异议,示范案件原告应当汇总所有异议,并提出上诉。但是,为贯彻示范判决机制的"效率"属性,只有该上诉理由可能足以改变示范案件判决结果时,司法机关方可二审。

四、结　　语

2020年3月1日施行的《证券法》构建了新的证券代表人诉讼制度。其中,普通代表人诉讼制度的适用困境依旧存在;对于特别代表人诉讼制度,因"代表性原告"的唯一性及其专业资源的有限性,从根本上决定了该制度无法具有普适性,难以成为常态化的维权手段,故绝大多数证券群体性纠纷仍旧缺乏司法救济。

为此,构建示范判决机制与特别代表人诉讼制度优势互补、相互联动的证券群体性纠纷解决机制,既可以降低诉讼成本,又可以充实司法救济供给,在司法资源有限性与投资者权益保护之间实现平衡。具体而言,特别代表人诉讼制度专注解决极个别、社会舆论关注度高、具有示范意义的重大典型案件,充分发挥投服中心的专业能力和公益属性;示范判决机制专注解决绝大多数的一般普通案件,作为高效经济、常态化的维权手段。为此,应进一步完善示范判决机制,尤其是在请求权登记、示范案件原告确定、平行案件原告诉权保障、既判力扩张、嵌入和解程序等方面,待时机成熟,适时提高示范判决机制的法律位阶。

我国证券市场投资者权益行为研究*

香港中文大学课题组

摘　要:本文对股东权益行使行为(特别是股东大会出席行为和表决行为)进行了大数据实证分析,指出所有权性质、股权集中度、盈利能力、企业规模等因素对投资者股东大会出席行为或表决行为具有显著影响。本文的案例研究进一步表明,表决权回避制度和外部长期投资者股东均有利于发挥投资者权益行使行为的作用。从权益救济行为的实现途径来看,投服中心是投资者权益行为制度创新的有益探索。一方面,投服中心以机构投资者身份积极参与上市公司治理。另一方面,中证中小投资者服务中心依据其独特的民事"私主体"的法律地位,消弭了民事诉讼制度对证券纠纷案件诉讼主体适格性的限制,降低了证券投资者维护其合法权益的成本,有效提升了我国证券监管的整体效能。

关键词:投资者保护　股东权利　中国证券市场　股东大会　股东诉讼　证券法

一、投资者权益行为的概念问题

2017 年召开的全国金融工作会议指出,要形成融资功能完备、基础制度扎实、市场监管有效、投资者合法权益得到有效保护的多层次资本市场体系。投资者是多层次资本市场体系的重要参与主体,其权益行为关系着整个资本市场体系的发展方向。在展开研究之前,有必要厘清"投资者权益行为"这一概念,以明确我们的研究对象、研究内容和研究范围。

* 本课题承接方为香港中文大学,报告撰写者:习超,香港中文大学法律学院教授、副院长;韩斯睿,香港中文大学法律学院博士后研究员;曹宁,香港中文大学法律学院副研究员;龚浩川,《当代法学》编辑。

本文认为,投资者权益行为是指投资者旨在满足和实现投资权益而实施的行为。

(一)投资者权益行为的主体

本文采用较为狭义的证券市场投资者概念,即以股票投资者权益行为作为主要分析对象。股票投资者权益行为的主体是股东。股东是组成公司并在其中享有股东权利的人。

以成为股东的动机和目的为标准,可将股东分为两类:投资性股东和经营性股东。[①] 投资性股东取得上市公司股份的主要目的在于获得股利和股票差价等收益。经营性股东获得和持有上市公司股份的主要目的是控制和经营企业的权利,当然并不排除其营利目的。本文以投资性股东的权益行为为主要研究对象。

上述分类关注以获取自身经济收益为动机的私益股东,却没有关注以保护和提升股东整体利益为行权目的的股东。例如,我国的中证中小投资者服务中心(以下简称投服中心),就是通过持有上市公司的股票,以维护股东合法权益为目的,积极行使股东权利。[②]

(二)投资者权益的概念界定

界定"股东权益"可以通过分析"股东权益"与其他相近概念的关系来实现,其中,最主要的是将其与"股东权利"和"股东利益"进行区分。

首先,股东利益应该为三者中外延最宽泛的概念。股东对于公司或者其他股东可能有各种不同的利益。"股东权益"是在"股东利益"外延之内的概念。

其次,股东权利是三个概念中外延最小的概念。对于"权利"的认识有很多学说,其中,耶林等法学家所提出的"利益说"主张把"权利"理解为法律所承认和保障的利益。[③] 因此,股东权利也将落于股东利益的外延之内,二者最明显的区别则在于股东权利必须是具有法律正当性的。至于股东权益与股东权利之间的区分,就需要借助权利的"法力说"。"法力说"认为权利是法律赋予权利主体的一种用以享有或维护特定利益的力量,或者一个人通过一定行为而改变法律关系的能力,[④]强调权利背后法律的强制力保障。"股东权益"在受到法律保护的力度上明显弱于"法律权利"。

---

① 股东亦可采用三元分类法:投资股东、经营股东和投机股东。参见赵旭东主编:《公司法学》,高等教育出版社2012年版,第283页。本研究不特别区分投资股东和投机股东。

② 中证中小投资者服务中心对"行权"业务的介绍为:公益性持有股票、基金、债券和期货等品种,以投资者身份,行使表决、提案、建议、质询等权利;推动各类市场主体参与持股行权和维权。

③ 参见张文显主编:《法理学》,高等教育出版社、北京大学出版社2011年版,第93页。

④ 同上。

因此,“股东权益”在外延上介于“股东权利”和“股东利益”之间,三者的关系如图 1 所示。股东权益也可理解为股东权利以及基于股东权利衍生的合理利益。

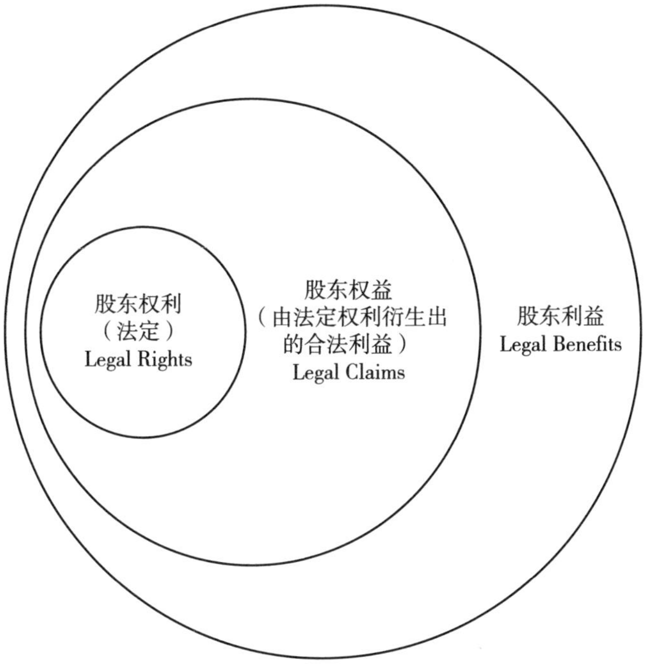

图 1 “股东权利”、“股东权益”及“股东利益”三项概念的关系

(三)投资者权益行为的类型

1. 权益行使行为和权益救济行为

从权益行为发生诱因看,可以将投资者权益行为分为权益行使行为和权益救济行为。投资者权益行使行为是指投资者实现其依法享有权益内容的行为,如股东行使表决权、提案权。权益行使行为强调的是行为的主动性。

投资者权益救济行为是指投资者权益受到损害或者投资者权益行使行为受到不当阻碍时,投资者在法律允许的范围内通过私力、公力或者替代性救济手段维护自己权益的行为。如请求证券监管机关或者司法机关的介入提供救济。权益救济行为强调的是行为的被动性。

2. 积极权益行为和消极权益行为

从权益行为的主观积极性看,还可以将投资者权益行为分为积极权益行为和消极权益行为。投资者积极权益行为指的是,投资者通过积极行使投资者权利以实现和达致其权益的行为。投资者消极权益行为指的是,投资者消极的不为行使投资者权利,放任损害其自身或全体投资者权益的情形发生,或者股东通过售出其持股消亡其在所投资公司的股东身份。

3. 正式权益行为和非正式权益行为

从权益行为的外观形式看,还可以将投资者权益行为分为正式权益行为和非正式权益行为。投资者正式权益行为指的是,投资者通过正式方式、途径或者机制实现权益的行为。非正式权益行为指的是,投资者通过非正式的方式、途径或者机制实现权益的行为。

4. 本人权益行为和委托第三人的权益行为

从是否由本人行使权益,投资者权益行为可以分为本人权益行为和委托第三人的权益行为。在我国,股东通过第三人行使表决权主要是通过表决权委托的方式,授权他人在股东大会上行使表决权。

二、投资者权益行使行为定量实证分析

本部分和第三部分重点研究投资者权益行使行为。本部分研究的权益行使行为,重点是积极权益行为。也就是,投资者通过积极行使投资者权利以实现其权益的行为。

行使共益权的行为类型和种类丰富,包括股东参与股东大会的行为、行使提案权的行为、行使表决权的行为、行使质询权的行为等,不一而足。究其根本,投资性股东权益行使行为最重要的场所和途径是股东大会。股东大会是股东获取上市公司信息,参与上市公司重大决策,参与上市公司董事、监事和高级管理人员任免的主要方式。因此,本章将以上市公司股东大会作为研究的立足点和着眼点,利用成熟的数据挖掘技术,使用跨学科的实证定量研究方法,基于对中国资本市场主板上市公司2018年股东大会大数据的深入剖析,对投资者的积极权益行使行为进行研究。

(一)投资者出席股东大会行为分析

本文对股东大会的出席数据进行详细分析,以期全面立体展现当前我国投资者出席股东大会行为的情况。

在资本市场实践中,股东大会全体股东出席率的定义如下公式所示:

$$\text{全体股东出席率}=\frac{\text{出席股东大会的股东所持股份数总和}}{\text{上市公司总股本}}$$

全体股东出席率的定义,深刻地反映了股份有限公司资合的本质特征。出席率

的计算并非基于出席股东的人数，而是基于出席股东所持股份的占比，体现了出席股东对应的股东权益大小。

值得注意的是，只关注上市公司全体股东出席率不足以全面地呈现中小投资者权益行为，本文特别针对中小股东股东大会出席行为进行整理分析。中小股东出席率的定义如下：

$$中小股东出席率=\frac{出席股东大会的中小股东所持股份数总和}{上市公司总股本}$$

本文整理了 A 股主板上市公司一共 6235 次股东大会，涉及 A 股主板上市公司共 1894 家。

1. 全体股东出席率

图 2 是上市公司股东大会全体股东出席率分布散点图。[①] 本文的数据显示，股东大会的平均出席率为 49.12%，中位数为 49.32%。就国际资本市场而言，我国上市公司的股东大会全体股东出席率偏低。根据西方学者的统计，欧洲市场 2014 年的上市公司股东大会全体股东出席率的平均值，英国为 71.1%，荷兰为 68.3%，法国为 66.3%，德国为 57.9%。[②]

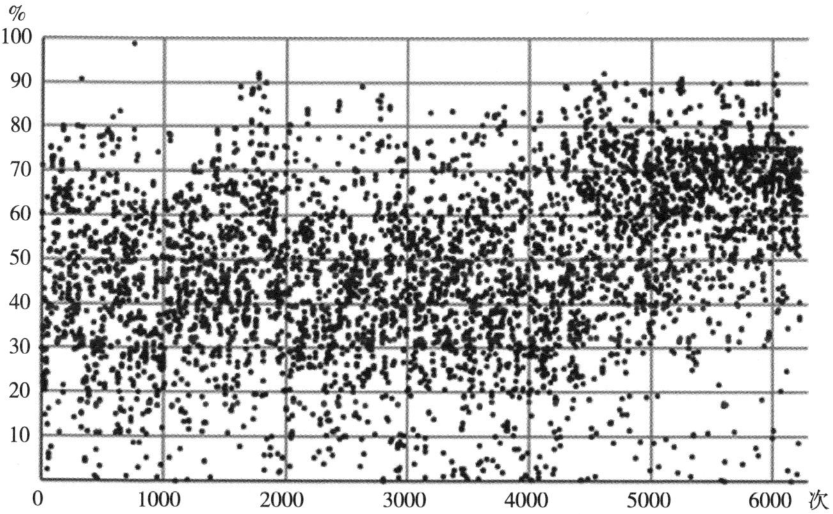

图 2　股东大会全体股东出席率分布

图 3 反映了各区间出席率占比的分布情况。可以清晰地看出，全体股东出席率落在（40%，50%）的占比最大，占全样本的 18.87%，其次为落在（50%，60%），占比

① 本章散点分布图均是按股票代码排序。

② See Anne Lafarre, *The AGM in Europe*, Emerald Publishing Limited, 2017, p. 109.

为17.17%。出席率落在(0%,10%)的占比为2.31%,落在(10%,20%)的占比为4.22%,相对较低,这也表明我国投资者出席股东大会行为整体偏少的情况。

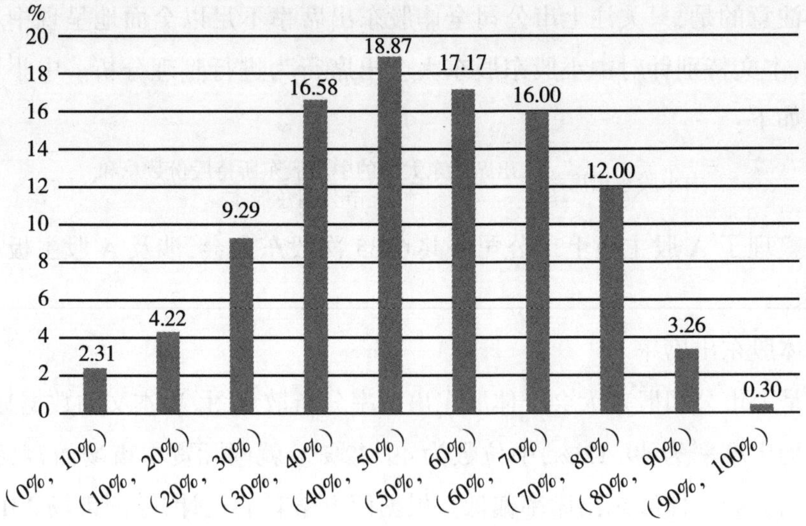

图3 各区间出席率占比分布

2. 中小股东出席率

图4是中小股东出席率的散点图。数据统计显示,中小股东出席率的平均值为4.14%,中位数为2.30%。而国际资本市场2014年的数据显示,英国中小股东出席率为63.7%,荷兰为52.7%,法国为52.3%,德国为41.7%。①

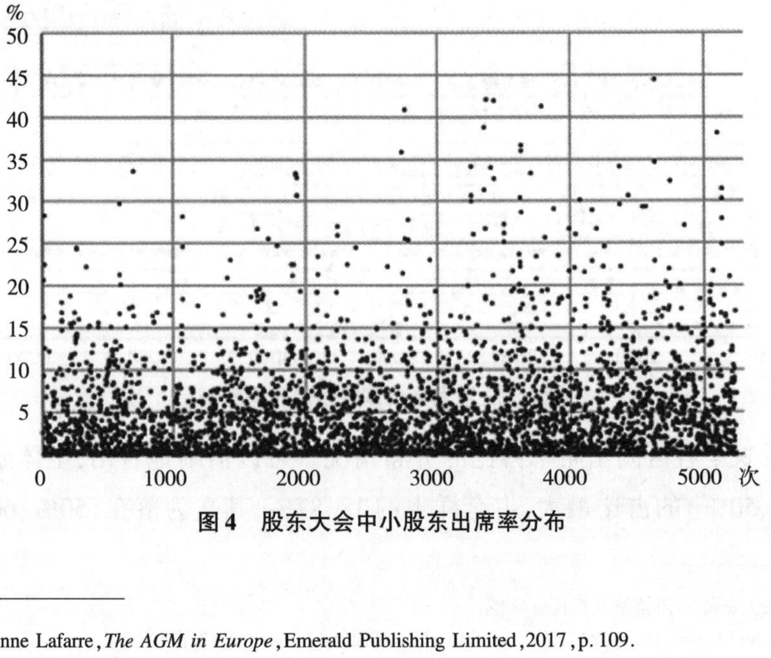

图4 股东大会中小股东出席率分布

① See Anne Lafarre, *The AGM in Europe*, Emerald Publishing Limited, 2017, p. 109.

图5反映了各区间中小股东出席率的分布情况。该图清晰显示,中小股东出席率低于5%的占比是最大的,占到了总样本的71.45%。其次是出席率落在(5%,10%)的占比,为18.23%。中小股东出席率介于10%~20%的股东大会数量占比为9.33%。中小股东出席率超过20%的股东大会则为极少数。

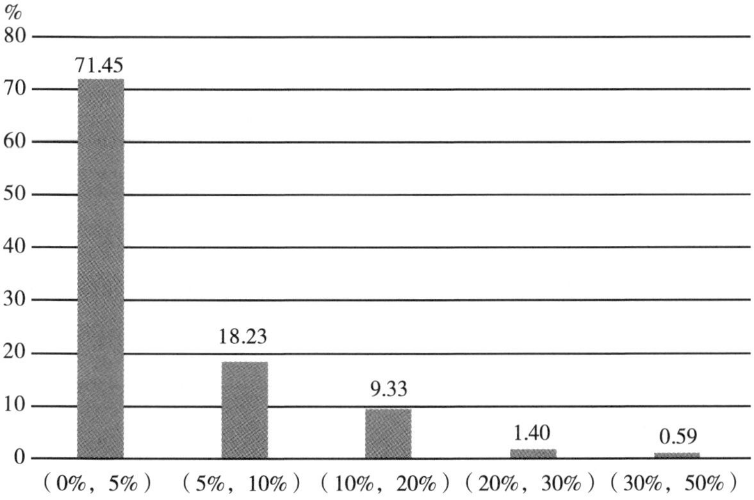

图5　各区间中小股东出席率分布

(二)投资者出席股东大会行为建模分析

1.回归模型

本文以多元线性回归模型为基础,以股东大会出席率为研究目标,关注究竟有哪些因素会影响股东大会的出席情况。模型和变量定义(见表1)分别如下所示。

(1) $turnout_i = \alpha + \beta_1 state\_owned_i + \beta_2 control\_right_i + \beta_3 revenue_i + \beta_4 roa_i + \beta_5 independence_i + \beta_6 share\_class_i + \sum \theta_k industry_{ki} + \varepsilon_i$

(2) $minority\_turnout_i = \beta_1 state\_owned_i + \beta_2 control\_right_i + \beta_3 revenue_i + \beta_4 roa_i + \beta_5 independence_i + \beta_6 share\_class_i + \sum \theta_k industry_{ki} + \varepsilon_i$

表1　变量定义

变量名	定义
turnout	股东大会全体股东出席率
minority_turnout	股东大会中小股东出席率
state_owned	国有企业指示变量
central_owned	央企指示变量

续表

变量名	定义
local_owned	地方国企指示变量
control_right	控制权比例
revenue	总收入的自然对数
roa	资产回报率
independence	独立董事占比
share_class	包含其他类别股份(H股、B股)的指示变量
industry_A-industry_S	对应证监会《上市公司行业分类指引》(2012年修订)中的行业A~行业S

2. 实证结果

回归结果如表2和表3所示,可得到如下结论:(1)国有企业的全体股东出席率显著低于非国有企业。但中小股东出席率,国有企业与非国有企业无显著差异。(2)控股股东控制权比例越高,全体股东出席率越高,中小股东出席率越低。(3)上市公司盈利能力越好,全体股东出席率越高,中小股东出席率也越高。(4)规模越大,全体股东出席率越高,中小股东出席率也越高。(5)包含其他类别股份的上市公司全体股东出席率更高,但中小股东出席率无显著差异。(6)董事会独立性对于全体股东出席率和中小股东出席率均无显著影响。综上,以议案出席率为视角,投资者出席股东大会的积极权益行使行为受到较多因素的影响。

表2　全体股东出席率回归结果

项目	(1) 股东大会全体股东出席率	(2) 股东大会全体股东出席率
国有企业指示变量	-6.429***	—
—	(-8.36)	—
央企指示变量	—	-5.250***
—	—	(-5.51)
地方国企指示变量	—	-6.988***
—	—	(-8.09)
控制权比例	0.704***	0.702***
—	(26.18)	(26.05)
总收入的自然对数	0.610***	0.576**
—	(2.63)	(2.46)

续表

项目	(1) 股东大会全体股东出席率	(2) 股东大会全体股东出席率
资产回报率	15.316 * * *	15.389 * * *
—	(3.99)	(3.99)
独立董事占比	5.497	5.454
—	(1.06)	(1.05)
包含其他类别股份 (H股、B股的指示变量)	3.121 * *	3.095 * *
—	(2.15)	(2.12)
行业A	1.147	0.973
—	(0.32)	(0.27)
行业B	3.498	3.487
—	(1.17)	(1.16)
行业C	3.236	3.123
—	(1.29)	(1.23)
行业D	5.223 *	5.128 *
—	(1.69)	(1.65)
行业E	0.568	0.378
—	(0.17)	(0.11)
行业F	1.298	1.404
—	(0.48)	(0.51)
行业G	7.158 * *	7.251 * *
—	(2.45)	(2.46)
行业H	11.842 * * *	12.354 * * *
—	(3.37)	(3.47)
行业I	3.419	3.220
—	(1.08)	(1.01)
行业K	0.114	0.218
—	(0.04)	(0.08)
行业L	3.102	3.206
—	(0.91)	(0.93)

续表

项目	(1) 股东大会全体股东出席率	(2) 股东大会全体股东出席率
行业 M	3.531	3.271
—	(0.66)	(0.62)
行业 N	4.929	5.013
—	(1.33)	(1.36)
行业 P	11.285	10.285
—	(1.13)	(1.04)
行业 Q	5.111	4.998
—	(0.67)	(0.65)
行业 R	9.744 * * *	9.906 * * *
—	(2.99)	(3.01)
常数项	6.004	6.929
—	(1.12)	(1.28)
样本量	1704	1704
调整 R^2	0.388	0.389

* * * 代表在 1% 的显著性水平下显著,* * 代表在 5% 的显著性水平下显著,* 代表在 10% 的显著性水平下显著。

表 3　中小股东出席率回归结果

项目	(1) 股东大会中小股东出席率	(2) 股东大会中小股东出席率
国有企业指示变量	-0.332	—
—	(-1.23)	—
央企指示变量	—	-0.279
—	—	(-0.81)
地方国企指示变量	—	-0.358
—	—	(-1.16)
控制权比例	-0.039 * * *	-0.039 * * *
—	(-4.78)	(-4.80)
总收入的自然对数	0.472 * * *	0.470 * * *
—	(4.62)	(4.62)

续表

项目	(1) 股东大会中小股东出席率	(2) 股东大会中小股东出席率
资产回报率	1.833 * *	1.834 * *
—	(2.13)	(2.13)
独立董事占比	-1.677	-1.677
—	(-1.13)	(-1.13)
包含其他类别股份 (H股、B股的指示变量)	0.263	0.261
—	(0.37)	(0.36)
行业 A	-2.653 *	-2.659 *
—	(-1.67)	(-1.68)
行业 B	-0.975	-0.975
—	(-0.61)	(-0.61)
行业 C	-1.124	-1.129
—	(-0.76)	(-0.76)
行业 D	-1.578	-1.583
—	(-1.02)	(-1.02)
行业 E	-1.550	-1.562
—	(-0.97)	(-0.98)
行业 F	-2.005	-2.000
—	(-1.32)	(-1.31)
行业 G	-1.623	-1.620
—	(-1.04)	(-1.03)
行业 H	0.934	0.957
—	(0.45)	(0.45)
行业 I	-0.177	-0.186
—	(-0.11)	(-0.11)
行业 K	-0.900	-0.896
—	(-0.57)	(-0.57)
行业 L	-0.394	-0.389
—	(-0.22)	(-0.22)

续表

项目	(1) 股东大会中小股东出席率	(2) 股东大会中小股东出席率
行业M	0.380	0.365
—	(0.15)	(0.14)
行业N	-0.225	-0.220
—	(-0.13)	(-0.13)
行业P	-0.989	-1.031
—	(-0.49)	(-0.50)
行业Q	-0.483	-0.488
—	(-0.18)	(-0.18)
行业R	-0.569	-0.562
—	(-0.34)	(-0.34)
常数项	-3.100	-3.059
—	(-1.15)	(-1.14)
样本量	1437	1437
调整 R^2	0.031	0.031

***代表在1%的显著性水平下显著,**代表在5%的显著性水平下显著,*代表在10%的显著性水平下显著。

三、投资者权益行使行为案例分析

为使研究更加全面立体,本章运用定性研究方法,以案例为基础,仍主要以股东大会为视角,研究投资者积极权益行使行为的效果和当前所面临的挑战及局限性。本章研究涉及投资者行使表决权、提案权、知情权和分红权的权益行为。

(一)案例简介

1."西藏发展案"

2018年6月,西藏发展的公告中显示其涉嫌违规为控股股东"天易隆兴"提供担保且已进入诉讼程序,该事项导致公司经营困难,也引发了上市公司的控制权争夺。在2018年第二次临时股东大会上,自然人股东马某某提名的董事候选人当选,而"天易隆兴"提名的候选人则落选。控制权争夺愈演愈烈,导致2018年第三次临时股东大会上出现第三大股东因身份证明文件不足最终被剔除票数的"投票无效案"。

2.“博汇纸业案”

2017年博汇纸业计划扩张产能,年底发布了向控股股东在内的10名特定投资者的定增预案。提交股东大会审议前,行业发生较大改变,股价下跌近20%。在2018年6月上市公司召开的股东大会上该议案被否决。因为该定增预案涉及关联交易,控股股东回避表决。参与表决的股份数很少,仅占总股本的0.97%,且投反对票的均为非现场参与股东。①

3.“神马股份案”

神马股份在2014年承诺在未来两年内完成对河南神马尼龙化工有限责任公司的收购,但是上市公司却没有按时履行该承诺,这引发了中小股东的强烈不满。在2016~2017年的股东大会上日常关联交易事项屡遭中小股东否决,2018年相关事项也仅低票通过。2019年上市公司及控股股东终决定履行承诺。

4.“慧球科技案”

2017年1月慧球科技向上海证券交易所报送了有1001项议案的股东大会会议通知并申请进行披露。上海证券交易所当天即下发《监管工作函》,未批准披露,但该公司仍在其他网站披露上述文件。慧球科技所披露信息存在内容超出法定范围、披露大量无事实可能性、无法律基础的虚假信息、发布大量矛盾信息、披露议案时存在重大遗漏等违法情形,导致股东难以对公司相关事项进行准确的判断,严重损害投资者知情权,也挑战了法律和监管的权威。

5.“浪莎股份案”

浪莎股份虽长期处于盈利状态,却以“母公司未分配利润为负”为由10余年未分红。面对此种情况,监管机构于2017年多次警示。2018年2月上海证券交易所发出《监管工作函》,要求其说明原因并提出具备能力后相应的现金分红计划。2018年4月浪莎股份终于披露了2017年年报,公司2017年实现营收为3.43亿元,以及公司拟每10股派发现金0.6元(含税)。

(二)案例分析

投资者的权益行为仍面临着一些制度障碍,话语权小、参与股东大会意愿低等现象仍然普遍存在。本文通过对上述案例的剖析,发现目前我国投资者行权存在以下促进和制约因素。

---

① 参见董鹏:《中小股东否决定增预案　博汇纸业产能扩张暂受阻》,载《21世纪经济报道》2018年6月20日,第13版。

1. 促进投资者权益行使行为的因素

(1)表决权回避制度是权益行使行为的助推器和倍增器

当涉及上市公司与控股股东的关联交易时,特别是在非关联股东股权结构较为分散的情况下,表决权回避制度通过提升中小股东对于议案结果的影响力,实现了对中小股东权益行使行为的促进作用。

(2)长期持股外部股东积极行使权益行为

西藏发展等案例体现了表决权和提案权使得外部股东、中小股东能够参与上市公司的治理,并对控股股东、管理层进行制衡,可以在一定程度上避免上市公司内部人控制问题。

2. 遏制投资者权益行使行为的因素

本文案例研究揭示了以下因素制约了中小股东行权的有效性。

(1)股东大会决议的效力偏低

按照法律规定股东大会决议对公司董事会和管理层均具有约束力。但在实践过程中,股东大会决议没有被实质执行的现象却多有发生。例如,在"神马股份案"中,虽然日常关联交易议案屡被否决,但并没有影响上市公司对相关交易的执行。这体现出当前我国上市公司股东大会决议的执行无法得到有效保障,不利于中小股东权益的保护。

(2)表决权行使流程未得到有效保障

在实践中,仍存在投资者表决权无法得到有效保障的情况,这主要来自现场投票的情形。例如,在"西藏发展案"中,第三大股东在行使表决权后其票数便遭到了删除,这体现了当前我国股东表决权仍无法得到足够的保障。

四、投资者权益救济行为理论分析

本部分重点研究投资者权益救济行为。从证券投资者权益的属性来看,投资性投资者通过诉讼程序维护其合法权益在理论上属于投资者权益救济行为、积极权益行为、本人权益行为以及正式权益行为类型,诉讼是投资者权益救济行为的代表形态。因此,研究股东权益救济行为,就必须以证券市场投资者诉讼维权作为研究的主要切入点进行理论分析。

(一)证券投资者诉讼维权方式

从证券投资者权益救济制度的理论意义来看,完善的证券投资者权益救济制度也体现了法律和政策对于私权所应给予的尊重,以及对于证券投资者合法权益的保障。① 经典证券法学理论认为,投资者保护可分为公力救济和私力救济两种路径。前者以证券执法为核心,后者以证券民事诉讼为主要表现方式。② 特别地,证券民事诉讼时常与市场监管机构执法一并成为投资者保护以及民事责任追责和求偿的重要机制。③ 一方面,证券民事诉讼制度弥补了公力执法供求的不足;④另一方面,证券集团诉讼和证券公益诉讼允许专业的诉讼支持机构积极参与民事诉讼和求偿程序。⑤

1. 股东直接诉讼

证券投资者作为上市公司的直接利害关系人,可以以其自身名义提起股东直接诉讼。具体而言,股东直接诉讼框架下的股东原告诉权仅基于其自身利益维护、以公司股份所有人的名义提起诉讼时成立。换言之,我国证券投资者的权益救济行为目前仍局限于"股东权利"的救济。上文所提及的作为证券投资者所固有的,但尚未经法律确认的权益,尚不可以通过股东诉讼的方式进行救济。⑥

2. 股东派生诉讼

虽然股东直接诉讼为内部人控制提供了外部的法律救济途径,却无法有效缓解公司内部管理僵局或从根本上制约内部人控制的情形。例如,在"张家港市涤沦长丝厂诉香港大兴工程有限公司案"中,由于港方处于控股股东地位,导致张家港市涤沦长丝厂无法通过内部程序对港方提议的关联交易提出反对。为保护其合法权益,张家港市涤沦长丝厂向法院提起诉讼,但我国当时的公司法律制度尚未对股东侵权之诉的公司内部程序及其救济方式进行规定。在该案中,江苏省高级人民法院依据最高人民法院的个案复函承认了张家港市涤沦长丝厂所具有的原告诉讼地位。⑦ 此案直接催生了我国的股东派生诉讼。

3. 证券集团诉讼的制度障碍

为保护我国证券投资者的合法利益,不少学者提出应当在我国建立证券集团诉讼制度。但是,如果将上述制度移植到我国仍面临着民事诉讼主体适格性等问题。

---

① 参见沈贵明:《证券诉讼的证券法规范》,载《法学论坛》2013 年第 4 期。

② 参见汤欣:《私人诉讼与证券执法》,载《清华法学》2007 年第 3 期。

③ 同上。

④ 汤欣:《论证券集团诉讼的替代性机制:比较法角度的初步考察》,载徐明等主编:《证券法苑》第 4 卷,法律出版社 2011 年版,第 183 页。

⑤ 章武生:《论群体性纠纷的解决机制——美国集团诉讼的分析和借鉴》,载《中国法学》2007 年第 3 期。

⑥ 例如,前文"投资者权益的概念界定"中所讨论的"分红权"。

⑦《最高人民法院关于中外合资经营企业对外发生经济合同纠纷,控制合营企业的外方与卖方有利害关系,合营企业的中方应以谁的名义向人民法院起诉问题的复函》[法经(1994)269 号]。

我国《民事诉讼法》规定,民事诉讼原告必须是与案件有直接利害关系的公民、法人和其他组织。① 在证券侵权诉讼领域,我国尚未存在集团诉讼程序。我国《证券法》规定了股东对于公司治理、决议事项的起诉权。② 因此,若非上市公司证券持有人、具备股东地位及满足《证券法》规定的起诉要件,我国的证券投资者保护机构尚不具备任意诉讼担当的法律地位。

但是,证券集团诉讼制度也非投资者保护的万全之策。首先,从美国和韩国的证券集团诉讼的实践来看,现行的证券集团诉讼制度尚未能有效遏制滥诉之隐忧。③ 其次,证券集团诉讼制度往往以律师为主导,在我国贸然引入该制度恐有代理人利益冲突、二次侵害证券投资者利益之虞。④ 与此同时,我国法律服务市场是否具备足够的专业力量亦是该制度在我国适用的掣肘之一。

(二)证券集团诉讼的替代性机制

1. 证券侵权(示范指引性)裁决

从比较法的角度来看,我国可以参考德国的证券侵权裁决制度,提升证券稽查执法的整体效能。德国通过制度单行法律,选取证券侵权纠纷中的重大案件形成示范性判决;该判决不仅对诉讼的原被告双方具有约束力,还对被通知参加诉讼程序的所有相关主体直接生效。⑤ 目前,我国最高人民法院已经建立了证券侵权纠纷案件的示范案例制度。⑥ 但是,上述示范案例仅具有审判工作指引的作用,对未参加诉讼程序的相关当事人不具有当然的约束效力。

2. 证券争议仲裁与调解

在替代性纠纷解决方式的层面,我国可以建立证券争议的仲裁调解制度,促进证券侵权民事赔偿制度的效用。与民事诉讼制度不同,仲裁和调解制度作为替代化纠纷机制,可以帮助证券投资者以较低的成本快速就争议事项进行裁决或者达成和解。⑦ 但是,由于证券仲裁和调解以当事人合意为前提,证券仲裁和调解制度在我国证券侵权纠纷中的应用很大程度上依赖于是否有现行的法律和机构对当事人之间的

---

① 《民事诉讼法》第119条。

② 例如,公司高管违规短线交易的起诉权。

③ See John C. Coffee Jr., *Class Wars: The Dilemma of the Mass Tort Class Action*, Columbia Law Review 95, 1995, p. 1343.

④ See Samuel Issacharoff, *Class Action Conflicts*, UC Davis Law Review 30, 1996, p. 805.

⑤ 参见沈冠伶:《示范诉讼契约之研究》,载《台大法学论丛》2003年第6期。

⑥ 参见最高人民法院:《证券期货纠纷多元化解十大典型案例》,载最高人民法院网站2018年12月1日, http://www.court.gov.cn/zixun-xiangqing-133471.html。

⑦ 参见沈四宝等:《美国证券仲裁及其启示》,载《证券市场导报》2003年第1期。

争端纠纷解决模式的选择进行疏导。

3. 证券团体(公益)诉讼

此外,从诉讼支持以及代表人诉讼制度的角度来看,我国亦可改良现有的民事诉讼制度,通过修改任意诉讼担当的相关法律制度,建立非营利组织主导的证券诉讼支持制度。① 与此同时,由于金融风险传导机制日益繁复、投资者保护工作日益繁重,我国面临严峻的投保工作任务,并且我国证券侵权执法和民事诉讼等投资者救济方式均受制于资源和法律、制度方面的限制,未能够有效保护中小投资者的合法权益。而证券仲裁等其他新型替代性机制在我国尚未具备成熟的制度土壤。因此,以证券团体为核心的证券公益性诉讼制度在我国投资者保护的实践探索中目前具备最优的现实合理性。

五、投服中心的理论意义

投资者权益行为制度亟须理论和制度创新,以期在现有制度环境中,提升权益行使和救济行为的有效性,维护投资者权益,提振投资者投资信心,促进资本形成和聚集,为支持实体经济服务。投服中心是投资者权益行为制度创新的有益探索,为完善中国证券市场投资者权益行使和救济,提供了有益的、具有开创性的制度创新样本。有必要深入分析投服中心制度创新的实践,提炼投服中心制度创新的经验。

(一)投服中心权益行为的理论意义

1. 证券权益救济的路径创新

着眼于我国证券市场投资者保护的困境,以投服中心作为核心的证券投资者保护工作模式成为我国证券投资者保护制度改良以及革新的创新探索。② 具体而言,投服中心依据其独特的民事“私主体”的法律地位,在我国尚未引入证券公益诉讼以及证券集团诉讼之时,有效回避了民事诉讼法对于诉讼主体等的程序性限制,有效地降低了我国证券投资者通过诉讼程序维护其合法权益的成本。与此同时,以投服中心为代表的投资者保护机构履行投资者保护职能有助于改善上市公司治理质量、优化我国证券市场营商环境。投服中心作为上市公司股东积极参与公司治理的实践在中

① 余凡:《论证券投资者保护机构的职能配置与治理角色——以台湾地区为样本》,载《浙江工业大学学报(社会科学版)》2019 年第 2 期。

② 郭雳:《作为积极股东的投资者保护机构——以投服中心为例的分析》,载《法学》2019 年第 8 期。

国的证券市场法律制度框架内也具备其不可替代的优势。特别地,投服中心通过深入跟踪上市公司治理状况,在投资者教育、投资风险提示以及股东积极参与公司决议等实践中形成了股东积极主义在中国的特有实践。

2. 证券监管理念的变革:证券行政监管的社会参与

证券稽查执法以及证券诉讼困境是各国证券监管部门普遍面临的挑战。传统的证券监管以行政主导模式为核心,辅以司法审判以及市场监督的助力,形成了行政主导与社会监督在证券监管领域的有益互动、共同促进证券监管效能以及上市公司治理质量的提升。从经典证券监管理论来看,证券市场的监督权是行政监管权力的自然延伸,而行政权力也是证券监管的前提。① 社会监督(social stewardship)作为证券监管的有益补充被纳入证券监管的图景,也催生着证券监管理念的变革。从投资者保护的角度,证券监管无疑应当鼓励公私部门的有效配合和通力合作。② 以澳大利亚为例,代表中小证券投资者的机构正在积极参与到澳大利亚公司治理制度改革的历史进程中。③ 虽然投资者保护机构代表证券投资者行使股东权益在各国仍将面临许多制度障碍,但不可否认的是,机构代表行权仍不失为一种有效的证券市场治理模式。④

3. 投服中心权益行为的独特制度优势

首先,与传统证券监管机构相比,投服中心作为商业的股东代理服务机构不需要面对复杂的利益集团所产生的问题。投服中心作为持有所有A股上市公司小额股票的投资者,更能够代表中小投资者的行权和维权诉求,降低投资者服务机构的机构代理成本。赋予投服中心独特的"私主体"地位,而不将其纳入证券执法的行政机构,有助于保持其免受官僚主义的影响,保持其机构独立性,使其作为投资者保护机构为中小投资者行权提供高效的机构服务。因此,以投服中心为代表的投资者保护机构对于中小股东的权益进行积极发声和保护,能够较好地规避传统证券监管的投资者保护工作的机构障碍。与此同时,着眼于我国证券监管资源配置之困境,投服中心的成立和相关制度的发展将属于我国证券监管与社会监督有效交互的重要模式,将在我

---

① 参见高西庆:《论证券监管权——中国证券监管权的依法行使及其机制性制约》,载《中国法学》2002年第5期。

② 参见蔡昌宪:《从公司法第一条修正谈公司治理之内外部机制——兼论企业社会责任的推动模式》,载《成大法学》2018年12月刊。

③ See Bernard Mees and Sherene A. Smith, *Corporate Governance Reform in Australia: A New Institutional Approach*, British Journal of Management 30, 2019, p. 75.

④ See Giovanni Strampelli, *Knocking at the Boardroom Door: A Transatlantic Overview of Director-Institutional Investor Engagement in Law and Practice*, Virginia Law & Business Review 12, 2017, p. 187.

国证券监管整体效能提升的历史进程中扮演重要的角色。

（二）投服中心权益行为的现有制度障碍

1. 证券侵权之诉中作为民事主体的诉讼地位

相对在证券支持诉讼和证券代表人诉讼制度的规定，2020年3月1日施行的《证券法》还在证券侵权之诉程序中对投服中心作为民事诉讼原告的适格性问题作出了进一步规定。此次修法虽尚未突破《民事诉讼法》的现有制度框架，但是，由于该条款修改了《公司法》对于股东起诉资格的限制，在实践层面已经消弭了投服中心通过小额购买上市公司股票而获得民事起诉资格的制度限制。若该条款最终获得全国人大审议通过，将极为有效地解决我国股东诉讼的集体行动困境，促进投服中心持股行权实践的进一步制度化。与此同时，在《证券法》实施过程中，对于投服中心作为民事主体的原告地位仍需要辅以实施层面的指引性规定。学术界也应继续对投服中心所具有的行政色彩及其作为证券集团诉讼替代性机制的动态进行持续的理论关切。

2. "持股行权"的内在制度张力和价值选择

持股行权是证券执法资源配置乏力的无奈之举，也是对于证券集团诉讼制度"市场失灵"导致的"滥诉"等法律风险的规避方式。① 总体而言，持股行权是通过私法手段对投资者保护这一公共服务供求的"政府失灵"问题在中国语境下的有效解决方式。②

就投服中心而言，其作为股东参与公司治理的权利、义务及作为投资者服务机构审查上市公司治理水平的职能限制之间存在制度张力。如何处理上述角色的内在张力，是我国证券投资者保护的政策问题。一方面，政策制定者要防范投服中心作为上市公司股东对于机构投资者保护职能的侵蚀，保证投资者保护机构具有足够的机构激励以使其专注于为投资者合法利益的保障进行持股行权；另一方面，投服中心也需要在商业价值和实现社会公共利益之间取得政策平衡，以保障投资者保护机构制度的长期稳健发展。

---

① 参见郭雳：《作为积极股东的投资者保护机构——以投服中心为例的分析》，载《法学》2019年第8期。

② 参见邓峰：《论投服中心的定位、职能与前景》，载郭文英、徐明主编：《投资者》第2辑，法律出版社2018年版，第89页。

六、立法和政策建议

(一)培养长期投资者和长期投资文化①

理论研究表明,长期投资能显著促进经济发展以及稳定金融市场。培育长期投资者,推动价值投资理念的普及,有利于资本市场发挥支持供给侧改革、服务实体经济发展的重要作用。我们认为,当前我国培育长期投资者的工作可以围绕以下几个方面展开。

第一,改革公募基金等机构投资者的绩效评估机制。当前绩效考核过分看重短期收益,监管机构应将长期持股纳入机构投资者的考评机制,同时推广将基金经理人的薪酬与长期投资绩效挂钩的制度。

第二,改革税收框架。在税收设计中,可以通过减免对长期投资收益征税等手段,激励投资者采取更多的长期投资策略。

第三,鼓励投资者更积极地参与被投资公司的治理活动。应从制度层面鼓励中小投资者通过使用维权基金服务或代理投票公司的方式参与公司治理活动,从而降低行权成本,强化行权效果,推动强化长期投资理念。

第四,促进机构投资者之间发挥联动合作优势。小型机构投资者往往受制于其规模和能力难以形成长期投资策略,监管机构可鼓励其通过表决权征集、联合提案等方式联动合作,产生公司治理的规模效应。

第五,健全金融教育体系,培育长期投资理念。应健全当前投资者教育体系,帮助中小投资者和机构投资者作出符合其长期目标的投资决策。

第六,提升上市公司信息披露质量。应进一步加强制度建设,提升披露信息的质量和有效性,减少投资者长期持股的风险。

在当前全球经济出现下行风险、贸易摩擦风险加剧的背景下,我国应大力推进长期投资理念的普及,促进实体经济的可持续发展,为金融稳定奠定基石。

(二)完善证券纠纷解决机制

2015年启动的《证券法》修订将投服中心纳入我国投资者保护的制度体系,它将成为我国证券执法和诉讼的有效补充。然而,在《证券法》中,投服中心发挥职能仍存

① 习超、曹宁:《六招齐出　培育长期投资理念》,载《中国证券报》2019年11月7日,A03版。

在一定制度障碍,应着力改进。

1. 启动证券公益诉讼制度的立法探索

投服中心在未突破民事诉讼法律制度的主体限制的前提下,通过持股行权保障投资者的合法利益。但是,上述机构职能的发挥将仅限于对于上市公司决策进行程序合规的软审查。[①] 为了使投服中心能在投资者保护中产生硬性震慑力,通过放松《民事诉讼法》诉讼主体限制,允许投服中心为"公益性"以自己之名义提起损害赔偿之诉,值得探索。具体而言,我国立法机关可以通过修改《民事诉讼法》第 119 条和《证券法》第 94 条的相关条款,扩大民事诉讼主体范围,在我国建立证券公益诉讼制度。

2. 推动证券诉讼民事审判指引的出台

《证券法》虽然对投服中心投资者权益救济行为的开展提供了有益的制度设计,但在证券纠纷诉讼程序中,当事人的合法权益是否可以获得实质和充分救济,在很大程度上仍然依赖于具体类别的证券纠纷是否存在完善的民事审判指引制度。[②] 除虚假陈述证券纠纷外,最高人民法院尚未对内幕交易等重大侵害投资者权益的行为制定统一的裁判指引。为了使投服中心更好地持股行权,应当尽早完善证券纠纷解决的底层法律制度。

3. 完善证券纠纷替代性解决方式

《证券法》虽确立了证券纠纷强制调解制度,但该制度仅适用于由中小股东发起的、相对人为证券公司的证券纠纷,不适用于上市公司与中小股东之间虚假陈述、内幕交易等证券纠纷,而后者恰恰是证券纠纷中的主体。另外,投服中心目前已开展证券仲裁工作,但《证券法》却对此着墨不多,相关工作更多的是理论上的支撑。[③] 因此,虽然证券调解制度依据《证券法》获得了发展,但我国证券纠纷多元化解机制的形成和完善仍然任重道远。

---

① 郭雳:《作为积极股东的投资者保护机构——以投服中心为例的分析》,载《法学》2019 年第 8 期。

② 吕成龙:《投保机构在证券民事诉讼中的角色定位》,载《北方法学》2017 年第 6 期。

③ 汤欣:《论证券集团诉讼的替代性机制——比较法角度的初步考察》,载徐明等主编:《证券法苑》第 4 卷,法律出版社 2011 年版,第 174 页。

内幕交易民事损害赔偿诉讼研究

国浩律师(上海)事务所课题组*

摘　要:内幕交易行为不仅严重破坏了证券市场的交易秩序,侵蚀了市场赖以生存的诚信原则,更损害广大市场投资者的合法权益。我国自证券市场建立伊始就非常重视市场的诚信建设,通过科以内幕交易行为主体严苛的法律责任以有效打击、遏制杜绝内幕交易行为的产生,有效维护证券市场交易秩序,维持投资者对证券市场的信心。在构建并追究内幕交易行为主体民事损害赔偿责任的路径中,基于立法规制内幕交易行为的目的,应主动拟制且推定因果关系的成立,但拟制须设定条件,只有与内幕交易行为同时反向进行交易的投资者才可向内幕交易行为主体主张损害赔偿。对于符合条件的投资者,内幕交易行为主体应承担损害赔偿责任,但基于拟制的属性,为防止责任过大,应以内幕交易行为所获利益或所规避的损失为基础,对赔偿金额进行一定的限制。

关键词:内幕交易　因果关系　损害赔偿　举证责任

一、引言:研究的缘起

对内幕交易行为的规制一直以来都是各国资本市场监管工作中的重中之重,盖因该行为不仅直接损害证券市场交易秩序,而且严重损害投资者的投资信心和合法权益。自20世纪80年代股票市场恢复以来,由于各方面的原因,我国的证券市场在相当长的时间内一度被称为“消息市”,此处的“消息”通常情况下指的就是“内幕消

* 课题负责人:朱奕奕,国浩律师(上海)事务所律师,法学博士;课题组成员:吕红兵、黄江东、施蕾、公惟韬。

息”。[①] “消息市”的称呼形象地反映了彼时我国证券市场的发展水平以及存在的问题。随着制度的完善、法治的跟进、理念的更新等各方面因素的发展,我国证券市场的发展也逐步摆脱了“消息市”的束缚,步入了持续、成熟发展的历史阶段。当然,有市场即会有消息,有消息即会有利益,有利益即会有“铤而走险”的行为,因此,无论处于何种历史发展阶段,在证券市场的发展过程中,针对内幕交易行为的规制一直“在路上”,而且越来越完善。

在过去的20余年中,我国证券监管机构关于内幕交易的执法工作取得了显著的进步,并逐步形成了由行政、刑事、民事等各方面“多管齐下”的规制与执法路径。但不可否认的是,由于历史发展等原因,我国对内幕交易的执法工作更多的是由行政主导,在规制路径上,行政责任、刑事责任皆走在前沿,而民事责任则稍逊一筹。当然,这只是一个发展阶段,随着制度的完善,民事责任的规制亦将“堪当大任”,这也是走向成熟发展的必备制度。在比较法上,发达国家也越来越注重在行政和刑事追责机制之外,通过民事诉讼机制的完善来抑制内幕交易行为的发生。[②]

完善规制内幕交易行为的民事责任,这主要是因为民事诉讼的解决机制直接针对的是投资者与内幕交易行为主体之间的纠纷,纠纷的有效化解不仅可以直接保护投资者的合法权益、惩戒内幕交易行为,而且可以通过对投资者权益的保护,让更多的市场参与主体来监督、维护市场的发展秩序。在规制内幕交易行为的进程中,民事责任的探究不可或缺,也必不可少。

民事责任的规制方向虽已清晰,但如何落实规制则成为首要解决的问题。在追究内幕交易行为主体民事责任、赔偿投资者所遭受的损失过程中,法律规制需要厘清并解决以下问题:内幕交易行为的责任基础何在?如何判定内幕交易行为主体的法律责任?构成要件为何?责任边界在哪?请求权主体是谁?这些问题是规制内幕交易民事赔偿责任的基础内容,也是本文的出发点与核心点。

二、立法规制内幕交易行为的目的

众所周知,证券市场的设立发展立足于完善的诚实信用制度,市场的健康发展依

① 参见吕成龙、范良聪:《“触不可及”还是“近在咫尺”?——证监会内幕交易执法的风格与逻辑》,载黄红元总编,蒋锋、卢文道主编:《证券法苑》第26卷,法律出版社2019年版,第274页。

② 参见李寿喜、汤鸯平:《我国内幕交易案件特征与监管缺陷——基于1998至2016年执法案件的思考》,载《上海大学学报(社会科学版)》2018年第1期。

赖于市场各参与主体对诚实信用原则的严守,因此,任何对诚实信用的破坏行为即对证券市场发展建设的破坏,在任何时候、任何阶段都应坚决予以遏制与打击。内幕交易行为的出现即对证券市场赖以生存的诚实信用原则带来了巨大破坏。一方面,内幕交易行为破坏了证券市场的公平性。通常认为,证券市场交易或博弈的前提是各市场参与主体均能平等、充分获取市场的价值因素与供求关系等信息,从而作出交易或博弈的决定,一旦该前提被破坏,则市场公平性就被侵蚀。内幕交易行为即属于破坏该前提的典型,内幕信息获取者与其他不知情投资者在市场进行交易,完全无公平可言。另一方面,内幕交易行为损害了市场各参与主体尤其是广大投资者的合法权益以及对市场发展的信心。内幕交易行为的表现形式是内幕信息获取者利用信息优势获利或规避损失,表面看来是信息优势的"投机胜利",但本质上这是一种严重的"背信"行为,侵害的不仅是广大市场投资者的合法权益,更是对证券市场基础规则的破坏,腐蚀的是"人心""信心"。对此,我国证券监管部门对内幕交易行为的危害性亦有着清醒的认识:"内幕交易行为人利用提前掌握的内幕信息,在其他投资者通过公开渠道获知信息之前,抢先买入或卖出股票等证券非法牟取利益,这种行为直接违反和破坏信息公平原则,本质上是资本市场的'偷窃'。内幕交易对证券市场运行根基造成的破坏是颠覆性的且难以估量,内幕交易泛滥足以摧垮一个国家的资本市场,严重拖累实体经济的发展。"①

关于内幕交易行为,欧盟称为信息的"市场滥用行为",应予以打击与禁止。在欧盟颁布的《禁止内幕交易指令》②中明确提出,鉴于证券市场的稳定运行依赖于投资者对市场充满信心,而投资者信心则源于其平等市场地位的赋予及不受不当使用内幕信息行为的影响;内幕交易仅使特定投资者获利,而对其他普通投资者则极不公平,这必将侵蚀市场信心进而损害其稳定运行,因此应予禁止。美国证券交易委员会亦明确指出,除操纵市场外,没有其他事件比选择性的信息披露和滥用内幕信息更损害投资大众对公司制度和证券市场的信心。③ 日本在 2004 年即引入对内幕交易行为的行政处罚制度,并明确制度的立法目的在于使违法者无法保有该违法所得之利益,

---

① 参见许志峰:《内幕交易颠覆股市根基——证监会副主席刘新华接受本报独家专访》,载《人民日报》2012 年 5 月 25 日,第 10 版。

② See The preamble of Directive 89/592/EEC. 转引自曹理:《证券内幕交易构成要件比较研究》,法律出版社 2016 年版,第 107 页。

③ 参见曹理:《证券内幕交易构成要件比较研究》,法律出版社 2016 年版,第 379 ~ 381 页。

以维护证券市场公平秩序及投资者信心。①

维护证券市场的交易规则，构建市场的诚信交易秩序一直是我国发展并建设证券市场的重心与核心，此点无论是在《证券法》的立法还是各类监管规则的制定过程中均予以了明确，如《证券法》第5条规定："证券的发行、交易活动，必须遵守法律、行政法规；禁止欺诈、内幕交易和操纵证券市场的行为。"显然，内幕交易行为的存在与证券交易市场的建设"格格不入""水火不容"，因此，针对内幕交易行为的遏制与打击成为我国证券市场监管的永恒主题，也是我国建设和完善证券市场法治的重要目标，过去如此，未来更是如此。随着人们对内幕交易违法性的认识越发清晰与理性，针对内幕交易行为的立法目的与归责路径也越来越完善。

在立法目的上，规制内幕交易行为的根本目的在于维护证券市场的诚实信用原则，维护市场交易秩序，保护市场各参与主体尤其是广大投资者的合法权益，维持社会对证券市场发展的信心，以最大限度减轻内幕交易行为的危害性，并对内幕交易行为坚决予以打击与遏制。基于此，无论是立法、执法还是司法，所有关于规制内幕交易行为的制度设计与考量均应围绕上述立法目的而展开。

在规制路径上，应从刑事、行政及民事责任三方面进行全方位的规制。针对内幕交易破坏市场秩序的危害，应主要从行政与刑事责任方面进行规制，加大执法打击力度，完善执法处置程序，从"行政责任+刑事责任"双重角度对内幕交易行为进行实质性打击，以维护秩序，尤其需要恢复投资者对交易市场的信心。与此同时，从民事赔偿责任的角度规制内幕交易行为是市场与监管的共识，也是证券市场法治建设中必不可少的一环。尽管有难度、有争议问题，但围绕解决问题的研究也一直在路上，经过多年的丰富发展，目前也已步入正轨。民事赔偿责任直接规制着内幕交易行为主体与受损投资者之间的关系，对内幕交易行为主体科以民事上的损害赔偿责任有利于直接对投资者所遭受的损失进行赔偿，以遏制内幕交易行为的发生。当然，为实现前述的立法与规制目的，在损害赔偿责任体系的构建上应完善因果关系、损失计算等方面的内容，本文研究即围绕此而展开。

① 参见庄玉友：《日本金融商品交易法信息披露制度研究》，人民出版社2010年版，第160～179页。

三、内幕交易行为的认定

(一)内幕信息的认定

内幕信息具有重大性和未公开性。我国目前对于重大性的认定兼采价格敏感性和理性投资者标准,认定标准已相对较为全面。就内幕信息的确定性,从我国的行政执法实践和域外的认定标准中可见,其与重大性紧密联系。我国无须在立法中将确定性单列为内幕信息的认定要素,而是仍应将其作为重大性的认定因素之一,并参考域外对确定性的认定标准,明确内幕信息的确定性是指该信息具有实现的可能性,并且足够明确,以至于能够得出该信息会对证券价格产生影响的结论,或者能够得出该信息会对理性投资者的投资决策产生影响的结论。

就内幕信息的未公开性,域外的认定分为三种标准:形式公开、实质公开、形式或实质公开兼采。我国法律规定中的认定标准尚不统一,应将兼采形式或实质公开的标准在证券法中予以落实,从而对内幕信息的未公开性作出更为全面的认定。

(二)内幕交易行为的认定

通说认为内幕交易行为本质上属于侵权行为之一种。在内幕交易行为的立法和司法实践中,一般存在交易行为和泄密行为两类。关于侵权行为的基本归责大部分可适用于针对内幕交易行为的责任规制,尤其在泄露内幕信息的泄密行为中。在单纯泄密而无相应交易的情况下,泄密人的行为虽然构成泄露内幕信息行为,但因未引发后续的内幕交易,未导致其他投资者损害结果的产生,故无须就此承担民事赔偿责任。在泄密人故意向交易人泄密,并且交易人利用该信息从事交易时,则泄密人与交易人构成共同侵权,须就内幕交易行为所导致的损失承担连带责任。在泄密人的泄密与交易人进行内幕交易之间不具有共同故意的情况下,则泄密人与交易人就内幕交易行为所导致的损害结果在其过错范围内各自承担相应的责任。

(三)我国证券监管机构的前置认定程序

虽然2015年发布的《最高人民法院关于当前商事审判工作中的若干具体问题》中取消了内幕交易民事赔偿的行政处罚或刑事判决前置程序,域外也未有如此之规定,但我国设置该前置程序是为了提高内幕交易民事赔偿案件的可操作性。客观上,内幕交易行为较隐蔽,若无在先的行政或刑事处罚,投资者可能不知晓内幕交易行为的发生,此外,投资者的举证责任相较证监会和司法机关而言较弱,没有能力提供充分证据证明所涉的内幕交易的发生,但如果已有行政或刑事处罚判决,投资者则可以直接援用,既降低了投资者的举证责任,又提高了司法的办案效率。因此,在立法中应保留内幕交易民事赔偿的前置认定程序。

四、内幕交易因果关系的认定

(一)我国内幕交易民事责任因果关系的认定困境

就内幕交易而言,侵权理论下的因果关系认定方式在内幕交易侵权因果关系认定中是“失灵”的,通常其难以证明内幕交易与投资者的交易行为之间基于信赖的因果关系(事实因果关系)和内幕交易与投资者损失之间的因果关系(损失因果关系)。假如不借助法律拟制手段确立因果关系推定原则,则内幕交易民事赔偿案件恐将依旧会因无法跨越举证难题而被拒于司法大门之外。

(二)内幕交易归责理论

在我国,与内幕交易是否侵害投资者个人利益存在巨大争议不同的是,内幕交易对整个证券市场诚信所造成的危害已经成为普遍共识。我国历来高度重视证券市场的诚信建设,并以此作为禁止内幕交易行为的重要目标。规制并约束内幕交易等证券市场欺诈行为的有效方式之一便是赋予投资者民事赔偿的权利,且在制度上真正保障投资者的民事诉权。

尽管我国立法中未对内幕交易民事案件因果关系的证明方式作出规定,但是推定因果关系的举措在我国的司法实践中已初见端倪。例如,《最高人民法院关于审理证券市场因虚假陈述引发的民事赔偿案件的若干规定》①这一司法解释中规定了在满足特定条件时应当认定虚假陈述与损害结果之间存在因果关系,这实际上在虚假陈述民事赔偿案件中建立了因果关系的推定原则。

虚假陈述与投资者损失之间的因果关系逻辑认定更清晰,也更具通常意义上的法理基础,即便如此,基于实现保护中小投资者的政策考量,我国依然在虚假陈述民事赔偿案件中建立起了推定因果关系成立的原则。为了保护中小投资者,内幕交易

---

① 《最高人民法院关于审理证券市场因虚假陈述引发的民事赔偿案件的若干规定》(2003年1月9日法释〔2003〕2号)第18条:“投资人具有以下情形的,人民法院应当认定虚假陈述与损害结果之间存在因果关系:(一)投资人所投资的是与虚假陈述直接关联的证券;(二)投资人在虚假陈述实施日及以后,至揭露日或者更正日之前买入该证券;(三)投资人在虚假陈述揭露日或者更正日及以后,因卖出该证券发生亏损,或者因持续持有该证券而产生亏损。”

与投资者行为与损失之间的因果关系也应通过拟制的方式予以确立。在光大证券案中主审法院也采用了推定因果关系认定方式,其在因果关系认定上的态度为今后司法机关处理类似案件起到了引领示范作用。

(三)因果关系认定标准的判断

基于保护投资者、建立诚信有效的证券市场等政策考虑,美国司法界率先放弃直接证明内幕交易与投资者损害之间因果关系的存在,转而为推定因果关系寻找理由,通过法律拟制的方式确立内幕交易中因果关系的存在,并通过一系列的判例和立法逐步确立了推定因果关系的原则。

(四)因果关系认定中举证责任的分配

从举证责任分配上看,《最高人民法院关于审理证券市场因虚假陈述引发的民事赔偿案件的若干规定》出台后,基本上克服了中小投资者举证难的问题,积极推动了我国证券市场民事赔偿责任制度的发展与完善。内幕交易案件中亦存在因果关系颇不明晰、受损投资者举证极为困难的情形。在"光大证券案"中,主审法院也采用了推定因果关系认定方式,降低了投资者的举证责任。

既然司法已经先试先行,我们建议最高人民法院尽快出台关于内幕交易民事赔偿的司法解释,明确内幕交易民事赔偿案适用因果关系推定原则,即推定内幕交易行为与同时反向交易投资者的损害之间存在因果关系,而无须投资者对因果关系进行证明。当然,也应允许被告有反证抗辩权利,来证明原告的亏损与内幕交易无关,比如,被告证明原告属于恶意投资、操纵证券价格的,则原告的损失与被告的内幕交易之间不存在因果关系,被告可不承担赔偿责任。即便内幕交易民事赔偿适用因果关系推定原则,也不能无视内幕交易者的合法权益,规则制定者需要公平公正保护各方合法利益。

五、投资者损害的认定

(一)投资者请求资格的认定

我国的现行法律法规未对投资者的请求资格作出规定。域外对于适格投资者的认定存在"实际交易相对人"与"同时反向交易人"的认定标准。前者要求投资者证明与内幕交易人之间存在直接的证券交易,强调原告必须是基于对内幕交易行为的信赖而进行交易的投资者;后者只需要投资者证明在指定期间内就特定证券类型进行了反向交易,大大降低了投资者的举证责任,相比之下更侧重于对投资者权益的保护。从“光大证券案”中可见,我国司法实践中目前采纳的是“同时反向交易人”的认定标准。

以“同时反向交易人”认定适格原告的法理在于:内幕交易人进行内幕交易时,该时间段内的所有反向交易者都有可能成为内幕交易的对手,即都存在这样的风险和概率;而且反向交易者如果知道对手中存在内幕交易人,其会改变交易方向或者放弃交易,所以这些反向交易者是可能受害者或最直接的实际受害者。本文建议通过立法将“同时反向交易人”规则确立为内幕交易民事赔偿的投资者资格认定标准,以为法院裁判说理提供明确的法律依据和规范指引。

(二)同时交易的认定

对于“同时交易”的“合理期间”认定会受到证券市场各种因素的影响。为了避免“同案不同判”的隐患,或者适格原告范围过于宽泛而滋生内幕交易领域的“职业诉讼人”,本文认为,原则上应将“同时交易”限于单次内幕交易进行期间发生的交易。法院只需将投资者的交易时段与内幕交易时段进行对比即可判断投资者是否属于“同时交易人”。鉴于内幕交易通常采取实时交易的方式,往往在数分钟至数小时内完成,故“同时交易人”至少是在单次内幕交易当日进行交易的投资者。例外地,考虑个案中的特殊情况,可以内幕信息公开时作为“同时交易”期间的终结点。

(三)投资者损害的计算

1. 损害计算方法

我国内幕交易相关法律尚未就投资者损害的计算等实务中具有争议的关键问题加以明确。美国证券欺诈相关投资者损害计算的司法实践可为我国提供参考。

考虑可操作性和可确定性,美国法院通常根据具体案情进行裁量,选择净差额法、净差额修正法、吐出非法利润法或补正法等计算方法来合理计算投资者损失。① 净差额修正法(expedient out of pocket measure),②即为避免确定证券实际价格的困难,以内幕信息公开后一段“合理期间”内该证券的平均市价(基准价格)来代替实际价格。然而,由于净差额法(pure out of pocket measure)③难以确定原告交易时相关证

---

① See Wang K. S. Wang, *Measuring Insider Trading Damages for A Private Plaintiff*, Social Science Electronic Publishing, 2009, 10.

② See Elkind v. Liggett & Myers, Inc., 472 F. Supp. 123, 129 (S. D. N. Y. 1978), rev'd, 635 F. 2d 156 (2nd Cir. 1980).

③ See Froid v. Berner, 649 F. Supp. 1418, 1423 (D. N. J. 1986).

券的真实价格,在实践适用中具有较大争议;吐出非法利润法(disgorgement of windfall profits)[①]要求被告返还被告从该欺诈行为中所获得的全部额外利益,不宜适用于内幕交易者所获利益小于投资者所受损失的情况;补正法(rescissory measure)[②]通常要求原告证明其与被告之间存在直接的事实交易,更宜适用于大宗的、当面的(face-to-face)的证券期货交易,[③]而不宜用于认定公开集中交易下内幕交易受害人的损失。因此,在美国司法实践中最受认可的是净差额修正法。对于其他计算方法,美国法院会根据个案具体情况,或在考虑当事人提出的计算方法的合理性后决定是否采用其他计算方式。

从我国"光大证券案"的实践中可见,对于内幕交易相关投资者损失的计算,法院采用的是类似净差额修正法的计算方法,即以投资者交易价格减去基准价格再乘以交易数量所得作为损害赔偿数额的方法。

2. 基准价格的确定

我国关于虚假陈述民事赔偿基准日的规定可为内幕交易的基准日和基准价格提供参考。基于"光大证券案"的司法实践,本文认为,在内幕信息公开日到基准日期间的平均价格并不能作为代替相关交易品种实际价格的基准价格,而应以经过市场充分反应后的基准日当日的股票收盘价或股指期货结算价作为基准价格。

3. 损害赔偿范围的确定

有学者指出,内幕交易除给投资者造成损害外,还可能造成其他预期损失,包括相关上市公司因内幕交易而遭受的声誉损失以及由此带来的投资者流失。由于"预期损失"属于合同法范畴内的概念,而内幕交易民事赔偿的请求权基础是侵权关系,从这个意义上来看,预期损失更接近于侵权法体系中学理所称的"纯粹经济损失"。

本文认为,公司因内幕交易遭受的预期损失不应纳入内幕交易损害赔偿范围。第一,从《证券法》第76条的规定来看,内幕交易民事赔偿的请求主体是因内幕交易遭受损失的投资者,上市公司不在请求主体范围内,不能基于《证券法》向内幕交易者请求民事损害赔偿。第二,即便认为内幕交易行为可以视为一般侵权行为,受损害的上市公司享有请求资格,但在投资者损失与内幕交易的因果关系具有拟制性和推定性的情况下,作为间接结果的预期损失与内幕交易的因果关系更加疏离,且证券市场

---

① See Elkind v. Liggett & Myers, Inc., 635F. 2d 156 (2nd Cir. 1980).

② See Ambassador Hotel Co., Ltd. v. Wei-Chuan Inv., 189 F. 3d 1017, 1031 (9th Cir. 1999).

③ See William K. S. Wang, *Stock Market Insider Trading: Victims, Violators and Remedies—Including an Analogy to Fraud in the Sale of a Used Car with a Generic Defect*, 45 VILL. L. REv. 27, 30 – 31 (2000).

受多方面因素的影响,难以判断相关公司的投资者流失是正常的资源配置流动现象还是内幕交易行为的结果。第三,由于内幕交易者主观上不具有诋毁相关公司声誉的故意,客观上内幕交易行为和侮辱、诽谤行为存在实质区别,因此内幕交易对公司声誉的损害难以认定。综上,从构成要件来看,预期损失的赔偿请求缺乏充分的法律依据和法理支撑。

此外,内幕交易与虚假陈述不同,虚假陈述行为会直接影响投资者是否进行投资的判断,故应赔偿投资者的交易成本费用,而内幕交易具有秘密性,投资者无法对他人的内幕交易行为产生信赖,即使内幕交易行为会对交易品种的价格存在影响,也并不必然导致投资者进行交易,故对投资者主张的税费等交易成本费用的损失不应予以支持。

(四)举证责任的分配

原告资格的举证责任分配与民事赔偿请求主体的认定标准息息相关。根据"同时反向交易人"规则,只要原告证明自己是同时反向交易人并因内幕交易受到损害,就推定投资者损失和内幕交易行为之间存在因果关系,即投资者有权向内幕交易人主张民事损害赔偿。同时,由于投资者是内幕交易的受害者,更容易获取损害的证据,故应对其受到损害的事实承担初步证明责任。

在内幕交易民事赔偿数额的计算问题上,原告应就其在内幕交易开始实施时至基准日前所买卖证券的成交价格及相应的交易数量承担举证责任;被告主张投资者损失是由系统风险所造成的,应就风险诱因及该诱因对证券市场的重大作用承担举证责任;原告和被告均有权提出计算实际损失的方法。

(五)内幕交易民事损害赔偿诉讼机制的构想

首先,内幕交易往往涉及的投资者范围广,涉案主体人数众多。为减轻当事人讼累,避免"同案不同判",有必要将人数不确定的代表人诉讼引入内幕交易领域,在内幕交易民事赔偿领域实行共同诉讼。同时,投资者应积极行权诉讼,在相关内幕交易行为人责任达到上限后,对于新发现的内幕交易行为人,适格投资者可依法提起诉讼。

其次,应明确多个内幕交易行为人之间的责任分配。考虑在实践中,多个内幕交易行为往往在时间上是交错开的,几乎不可能同时进行,投资者可以分别针对各个内幕交易人就不同时段的内幕交易提起诉讼,但是,不排除在同一交易时段内多个内幕交易人同时进行内幕交易的可能,在这种情况下,应依据《民法典》第七编"侵权责任”的规定及相关法理,根据行为人之间是否存在意思联络来确定行为人之间的责任分配。

最后,内幕交易行为作为特殊侵权行为,发生于时刻处于变动的证券市场,相关证据因此易于灭失,并且,证券市场的高效有序运行需要各市场主体权利义务状态的相对稳定,因此,内幕交易民事赔偿应适用特殊的诉讼时效。同时,考虑行政前置程序仍有必要作为内幕交易民事赔偿诉讼的前提,可以参考虚假陈述对诉讼时效起算点的规定,以证监会对相关内幕交易行为人的行政处罚决定公布之日作为诉讼时效的起算点,并以两年作为内幕交易民事赔偿的特殊诉讼时效,即投资者应当自证监会对相关内幕交易行为人的行政处罚决定公布之日起两年内,向该行为人提起民事赔偿诉讼。

六、代结论:内幕交易民事损害赔偿责任立法建议(核心条文)

第一条 在证券交易活动中,涉及公司的经营、财务或者对该公司证券的市场价格有重大影响或者对理性投资者的投资决策有重大影响的尚未公开的信息,为内幕信息。

前述尚未公开指的是内幕信息未在中国证监会指定的报刊、网站等媒体披露,或者未在能被一般投资者接触的全国性报刊、网站等媒体披露,或者未能被一般投资者广泛知悉和理解。

第二条 内幕信息知情人或非法获取内幕信息的人,在内幕信息公开前买卖或者建议他人买卖相关证券,或者泄露该信息导致他人买卖相关证券的,应向相关投资者承担损害赔偿责任。

第三条 内幕信息知情人仅泄露内幕信息,并未导致他人买卖相关证券的,投资者主张知情人应承担损害赔偿责任的,法院不予支持。

如果知情人故意泄露内幕信息或建议他人买卖相关证券,他人利用该泄露的内幕信息买卖相关证券的,则知情人与内幕交易行为人构成共同侵权,应当承担连带赔偿责任;如果知情人不知他人利用该泄露的内幕信息买卖相关证券的,则其应在过错范围内承担相应的赔偿责任。

第四条 内幕交易行为人应当对内幕交易期间从事相反证券交易的投资者所遭受的实际损失承担赔偿责任。同一内幕交易行为人承担的赔偿总金额不得超过其违法所得或所规避损失的3倍。

前述所称内幕交易期间，是指单次内幕交易进行期间。如果内幕信息在内幕交易当日内公开，内幕交易开始实施时至信息公开时产生的交易属于同时交易。如果内幕信息在内幕交易当日后公开，内幕交易开始实施时至当日收盘时产生的交易属于同时交易。

第五条 投资者所遭受的实际损失即投资差额损失，是指证券买入或者卖出价格与基准日当日的证券收盘价或股指期货结算价之间的差价损失。

内幕信息属于利空型信息时，如果原告在基准日及以前卖出证券，其实际损失为买入证券总成交额与实际卖出证券总成交额之差。如果原告投资者在基准日之后卖出或者仍持有证券，其实际损失为买入证券总成交额与以基准日价格计算的卖出证券总成交额之差。

内幕信息属于利好型信息时，其实际损失为卖出证券总成交额与以基准日价格计算的卖出证券总成交额之差。

前述所称证券总成交额，以证券价格乘以交易数量计算。

实际损失不包括佣金、税费等交易成本。

第六条 投资差额损失计算的基准日，是指内幕信息公开后，为将投资人应获赔偿限定在内幕交易所造成的实际损失范围内，确定损失计算的合理期间而规定的截止日期。基准日分别按下列情况确定：

（一）内幕信息公开日起，至被内幕交易影响的证券累计成交量达到其可流通部分100%之日。但通过大宗交易协议转让的证券成交量不予计算。

（二）按前项规定在开庭审理前尚不能确定的，对于股票，以内幕信息公开后第五个交易日的收盘价作为基准价格；对于股指期货，以内幕信息公开后第三个交易日作为基准日。

其间存在连续涨跌停板的，以涨跌停板打开后基准日的收盘价或结算价为准。

第七条 内幕交易民事赔偿案件的原告可选择以单独诉讼或者共同诉讼方式提起诉讼。

第八条 多个原告因同一内幕交易事实对相同被告提起的诉讼，既有单独诉讼也有共同诉讼的，人民法院可以通知提起单独诉讼的原告参加共同诉讼。

多个原告因同一内幕交易事实对相同被告同时提起两个以上共同诉讼的，人民法院可以将其合并为一个共同诉讼。

第九条　共同诉讼的原告人数应当在开庭审理前确定。原告人数众多的可以推选二至五名诉讼代表人,每名诉讼代表人可以委托一至二名诉讼代理人。

第十条　诉讼代表人应当经过其所代表的原告特别授权,代表原告参加开庭审理,变更或者放弃诉讼请求、与被告进行和解或者达成调解协议。

第十一条　投资者向内幕交易行为人请求民事损害赔偿的诉讼时效期间为两年。诉讼时效期间自证券监管部门对该内幕交易行为人的行政处罚决定公布之日起计算。

第十二条　如果在同一交易时段内存在多笔同时进行的内幕交易,行为人之间存在意思联络的,各个行为人就投资者损失承担连带赔偿责任。行为人之间不存在意思联络的,各个行为人就投资者损失以各自所获得的收益或规避的损失为标准按比例承担赔偿责任。

第十三条　在针对同一内幕交易行为人的判决赔偿额已经达到违法所得或规避损失的三倍后,投资者对该行为人就同一内幕交易事实提起诉讼的,法院裁定不予受理;就同一内幕交易存在其他内幕交易行为人的,法院应予受理,并追加赔偿额尚未超过前述规定上限的其他行为人作为共同被告。

第十四条　投资人以自己受到内幕交易行为侵害为由,依据有关机关的行政处罚决定或者人民法院的刑事裁判文书,对内幕交易行为人提起的民事赔偿诉讼,符合《中华人民共和国民事诉讼法》第一百零八条规定的,人民法院应当受理。

第十五条　因内幕交易产生的民事赔偿案件,由被告所在的或内幕交易行为发生地所在的省、自治区、直辖市人民政府所在的市、计划单列市和经济特区中级人民法院管辖。

证券期货行业仲裁机制研究

——以完善证券期货纠纷多元化解机制为视角

马雪程*

摘　要：本文从完善证券期货纠纷多元化解机制的角度出发，阐释了引入证券期货行业仲裁机制的重要意义，并针对各方争议比较大的可行性问题进行了论证。结论为证券期货纠纷可以通过仲裁方式加以解决。之后，提出进一步推动仲调对接、支持证券期货行业协会和仲裁机构深度合作开展试点工作等建议。

关键词：证券期货仲裁　调解　多元纠纷化解

一、证券期货纠纷多元化解机制概况

（一）机制建设情况

根据《中共中央办公厅、国务院办公厅关于完善矛盾纠纷多元化解机制的意见》《国务院办公厅关于进一步加强资本市场中小投资者合法权益保护工作的意见》，2016年5月，中国证监会和最高人民法院联合印发《关于在全国部分地区开展证券期货纠纷多元化解机制试点工作的通知》，在全国31个地市或地区开展证券期货纠纷多元化解机制试点工作，确定了8家证券期货试点调解组织。2018年11月，在充分总结试点经验基础上，中国证券监督管理委员会（以下简称中国证监会）和最高人民法院又联合印发《关于全面推进证券期货纠纷多元化解机制建设的意见》，在全国范围内全面推动建立以调解方式为主，诉讼、仲裁等多种方式有机衔接、协调联动、高效便民的证券期货纠纷多元化解机制。

---

* 硕士研究生学历，现任中国证券业协会高级主办。

目前,经中国投资者网向社会公示的证券期货调解组织共35家,[1]受理调解的纠纷类型涵盖证券、期货、基金等资本市场各个业务领域。截至2020年6月,各证券期货调解组织合计聘任调解员1400余名。调解员主要由证券期货经营机构从业人员、金融行业自律组织工作人员、高校金融法律研究工作者、在职律师、监管机构工作人员和退休法官等组成。几年来,累计受理投资者纠纷调解申请约两万件,调解成功率达70%以上。

(二)机制特点

1. 调解组织类型多样

在已经公示的35家证券期货调解组织中,既有全国性证券期货行业协会,也有地方性证券期货行业协会;既有联合地方政府部门组建的证券期货纠纷人民调解委员会,也有地方事业单位性质的调解中心;既有中证中小投资者服务中心、中国证券投资者保护基金公司这样的投资者保护专门机构,也有郑州商品交易所这样的交易场所。

2. 对中小投资者始终坚持免费调解

按照倾斜保护中小投资者的原则,最高人民法院、中国证监会明确要求证券期货调解组织受理中小投资者的纠纷调解申请,不收取费用。[2] 实践中,各证券期货调解组织开展调解工作一致坚持上述原则,从未向中小投资者收取过任何费用。

3. 成立全国性证券期货专业调解组织

为进一步提高调解工作的专业性、权威性,2020年5月证监会批复设立的专业调解组织——中证资本市场法律服务中心在上海自贸区揭牌成立。中证资本市场法律服务中心,由中证中小投资者服务中心设立并承接其纠纷调解工作职能,面向全国范围内的投资者接收调解申请、提供调解服务,调解纠纷的范围覆盖证券、期货、基金等资本市场各个业务领域。

4. 试点开展小额速调机制

中证中小投资者服务中心2017年开始推广"小额速调"机制试点工作,通过与市场机构签订协议或备忘录的方式,约定对于10,000元以下的纠纷,中证中小投资者服务中心可依法给出调解建议。如果投资者不同意调解建议,则调解建议对争议双

① 参见中国投资者网调解组织与调解员名录,载中国投资者网,https://www.investor.org.cn/rights_interests_protection/mediation_service/Mediation_Organ/。

② 参见最高人民法院、中国证监会《关于全面推进证券期货纠纷多元化解机制建设的意见》第8条。

方无约束力,投资者可寻求其他救济途径解决纠纷。如果投资者同意调解建议,则调解建议对市场机构自动产生效力,市场机构需自觉按照调解建议履行义务。截至2019年年底,小额速调机制已推广至35个辖区,签约法人机构203家。[①]

(三)机制不足

1.关于调解结果的强制执行力

无论是普通调解达成的调解协议,还是中证中小投资者服务中心的“小额速调”调解建议,未经司法确认前,均缺乏强制执行力,无法直接向人民法院申请强制执行。

当事人达成的调解协议,本质上是一种社会契约,是一种关于如何解决纠纷的社会契约。我国《人民调解法》对经人民调解达成的调解协议效力有明确规定:“经人民调解委员会调解达成的调解协议,具有法律约束力”,“当事人之间就调解协议的履行或者调解协议的内容发生争议的,一方当事人可以向人民法院提起诉讼”,“人民法院依法确认调解协议有效,一方当事人拒绝履行或未全部履行的,对方当事人可以向人民法院申请强制执行”。[②] 最高人民法院、中国证监会联合印发的《关于全面推进证券期货纠纷多元化解机制建设的意见》也明确指出“经调解组织主持调解达成的调解协议,具有民事合同性质”;“当事人就调解协议的履行或者调解协议的内容发生争议的,可以就调解协议问题向人民法院提起诉讼,人民法院按照合同纠纷进行审理”。[③] 可见,未经司法确认的调解协议,在本质上其效力与一般的合同无异。

“小额速调”虽然在机制设计上,希望通过调解组织和市场经营机构签订备忘录或协议的方式,确定市场经营机构应当履行调解建议的义务、让渡市场经营机构的诉权。但是调解组织和市场经营机构之间签订的备忘录或协议,也仅是双方之间的另一个契约。诉权,是法律赋予当事人的一项基本权利,不能通过合同约定的方式加以放弃或转移。[④] 即使市场经营机构不按照小额速调建议的结果执行,其对调解组织承担的也仅是一种违约责任。如果市场经营机构对调解组织给出的调解建议不予采纳,其仍然可以向人民法院就其与投资者之间的纠纷进行诉讼。

---

① 参见中国证监会:《中国证监会2019年法治政府建设情况》,载中国证监会官网,http://www.csrc.gov.cn/pub/newsite/zjhxwfb/xwdd/202004/t20200417_373995.html。

② 参见《人民调解法》第31条、第32条、第33条。

③ 参见最高人民法院、中国证监会《关于全面推进证券期货纠纷多元化解机制建设的意见》第11条、第19条。

④ 参见吴英姿:《不起诉契约不具有诉讼法上效力——诉权契约原理》,载《烟台大学学报(哲学社会科学版)》2015年第4期。

2. 调解程序缺乏纠纷裁断机制,难以处理分歧较大的复杂纠纷

调解通过疏导当事人情绪、帮助当事人沟通、厘清法律事实和法律关系等方式,促成当事人就矛盾解决达成一致意见并自愿履行达成的解决方案。调解成功的关键点在于使纠纷当事人对于矛盾纠纷的法律责任承担达成比较一致的认识,对于解决方案达成共识。但实践中,一些证券期货纠纷法律责任本身在法律上就存在争议或空白,或是双方主观认定的事实存在较大差异,或是索赔的金额预期差异较大等。上述这些当事人间分歧较大、法律关系和事实存在争议的案件,仅通过调解方式,短时间内很难迅速改变当事人原有的认知水平和其对问题的看法,难以达成调解协议。

3. 工作经费来源有待拓宽

最高人民法院、中国证监会印发的《关于全面推进证券期货纠纷多元化解机制建设的意见》虽然只提出了对中小投资者坚持免费调解的原则,但实践当中,由于缺少相关法律法规依据和收费标准,证券期货调解组织除对中小投资者免费外,对于其他市场主体提出的纠纷调解申请也从未收取过调解费用。长期以来,证券期货纠纷调解工作的经费来源,都是由行业协会、投保专门机构等相关单位的日常办公经费承担。为了把证券期货纠纷调解工作进一步做深、做细,形成可持续开展的工作体系,有必要为证券期货调解组织进一步拓宽工作经费来源。

从上面三个不足来看,以调解方式为主的证券期货纠纷多元化解机制虽然取得了非常显著的社会效果,但仍然需要进一步完善和发展。最理想的解决措施,是设计一种机制以赋予纠纷解决的结果强制执行力,让行业具有裁断复杂纠纷的能力,让调解组织能够扩展长期工作经费来源。

二、建立证券期货纠纷行业仲裁机制的现实意义

本文认为在我国证券期货纠纷化解机制中引入行业仲裁机制,是一种可行的解决方案,它能够有效解决上面提到的问题。

(一)行业仲裁是现有证券期货纠纷多元化解机制的有效补充

为了弥补调解程序缺乏纠纷裁断机制、调解协议缺乏强制执行力等问题,调解组织普遍采用的做法是寻求人民法院对调解结果进行司法确认。但由于法院的职能定位,法院对于调解协议的审查仍然是建立在民事审判的视角和逻辑之上的。有研究者就提出调解和民事审判在制度内涵、解纷逻辑、最终目的、工作理念等很多方面存

在明显差异。① 实践中调解组织千辛万苦促成的调解协议，在经人民法院司法确认审查时，却往往达不到人民法院的司法确认标准，其背后体现的正是审判和调解两种纠纷解决机制理念的分歧。而仲裁则处在调解和诉讼之间，其兼具仲裁结果可申请法院强制执行的公力救济属性，以及由双方当事人达成仲裁协议（合意）启动仲裁程序的私力救济属性。本文认为相较民事审判，仲裁至少在介入依据、准据法适用、救济的性质、结果是否公开四个方面与调解机制都更接近、融洽（详见表1）。仲裁程序具有纠纷裁断机制，能够作出有法律效力和具有强制执行力的仲裁裁决。引入证券期货行业仲裁机制能够进一步完善我国现有以调解方式为主的证券期货纠纷多元化解机制，提升证券期货领域化解矛盾纠纷的能力。

表1　调解、仲裁、民事审判的部分特点比较

比较方面	调解（不包含司法调解和行政调解）	仲裁（不包含劳动仲裁）	民事审判
介入依据	当事人达成调解合意	当事人达成仲裁协议	一方当事人起诉
准据法适用	一切有利于化解纠纷的法律法规、社会规则、行为准则、案例事实	法律法规及司法解释；部门规章；行业规则、惯例；当事人同意适用的规则	法律法规及司法解释。不允许双方当事人自主选择适用的规则
救济的性质	私力救济	私力救济	公力救济
结果是否公开	一般应当保密，经各方当事人同意可以公开	一般应当保密，经各方当事人同意可以公开	除国家秘密、商业秘密、个人隐私、损害第三人合法权益以外，全部公开

（二）行业仲裁能够为我国资本市场不断扩大对外开放提供有力支撑

我国于1987年加入了联合国《承认及执行外国仲裁裁决公约》（以下简称《纽约公约》）。《纽约公约》规定，所有签署公约的成员均承认和执行其他成员的仲裁条款和仲裁裁决。截至2021年4月，《纽约公约》全球已有160个成员，其中包括英国、法国、德国、瑞典、日本、新加坡等众多发达资本市场国家。仲裁裁决具有广泛和有效的域外执行效力。随着我国证券期货行业不断扩大对外开放，更多的外国投资者、市场经营机构也将进入我国资本市场，随之而来的是更多的涉外证券期货纠纷、涉外财产执行等一系列问题。在证券期货领域引入行业仲裁机制，能够不断提升资本市场化

① 参见李浩：《调解归调解，审判归审判：民事审判中的调审分离》，载《中国法学》2013年第3期。

解涉外证券期货纠纷的能力,为我国资本市场进一步扩大对外开放提供有力支撑。

(三)行业仲裁能够适用的裁判规则更宽泛,能够有效缓解证券期货法律法规制度空白

证券期货业务专业性强、创新快、市场复杂,仅靠法律规范调整,难以适应日新月异的金融创新和飞速发展的金融市场要求。相较诉讼,仲裁机制适用的裁判规则范围更为宽泛和灵活,可以将"一行两会"部门规章、行业协会自律规则、行业交易习惯等作为仲裁依据,弥补法律调整的滞后性,对现有法律体系形成有效补充。建立证券期货行业仲裁机制,能够进一步充分发挥证券期货行业、监管机构、法律界、金融界等各方面专家作用,充分发挥行业协会的自律管理作用,能够改变证券期货市场有矛盾找政府、找监管的维权思维定式,可以进一步缓解人民法院、证券期货监管部门面临的投资者维权压力。

(四)利用大额证券期货纠纷的仲裁费收入补充调解工作经费

国务院办公厅印发的《仲裁委员会仲裁收费办法》中明确提出,当事人申请仲裁,应当向仲裁委员会交纳一定的费用。[①] 引入行业仲裁机制,能够通过仲裁收费拓宽现有调解工作的经费来源。对于中小投资者提出的纠纷仲裁申请,本文认为不宜收取仲裁费用。对于中小投资者之外的纠纷仲裁申请,考虑证券期货市场专业投资者和机构之间的纠纷金额普遍较高,如债券纠纷、融资融券纠纷、股权质押纠纷等,动辄都上千万元、上亿元,仅对这一部分纠纷收取仲裁费用,就能够解决调解工作经费来源问题。近年来,已经有很多证券期货公司开始采用向仲裁委员会申请仲裁的方式化解相关纠纷。

三、关于证券期货行业仲裁的可行性问题

(一)证券期货纠纷行业仲裁受理纠纷范围如何界定

要建立证券期货纠纷行业仲裁机制,首先,要明确这一机制受理的纠纷范围如何界定。证券期货纠纷属于金融纠纷,不属于金融纠纷的仲裁申请,如劳动仲裁纠纷、建设工程纠纷、货物买卖纠纷等当然排除在受理范围之外。其次,本文认为还应当考虑两方面因素,以确定是否属于证券期货行业仲裁的受理范围:一是当事人的类型;

① 参见《仲裁委员会仲裁收费办法》第2条。

二是纠纷发生的原因。

从当事人类型上看，证券期货纠纷的当事人应当至少包含以下市场主体中的一个：证券期货市场经营机构、[1]证券期货从业人员、上市公司。我国对证券、期货、公募基金业务实行特许经营制度；[2]对私募基金业务实行中国证券投资基金业协会备案管理制度。[3] 上述提到的证券期货市场经营机构、上市公司、从业人员，分别可以通过中国证监会网站、证券交易所网站、行业协会网站进行查询。如果纠纷当中不包含上述证券期货市场主体、上市公司或从业人员，那么相应的纠纷也不宜由证券期货行业仲裁解决。

从纠纷原因来看，证券期货仲裁受理的纠纷应当是由证券、期货、基金业务引发的纠纷。如果当事人中虽然有证券期货经营机构，但纠纷不是由《证券法》《证券投资基金法》《期货交易管理条例》等法律法规明文规定的证券期货类业务所引发，而是由其他原因所引发，例如，不动产抵押贷款纠纷，则也不属于证券期货纠纷的范围。

（二）证券期货纠纷的可仲裁性

按照纠纷是由合同行为还是侵权行为引发，证券期货纠纷可以分为证券期货合同纠纷和证券期货侵权纠纷两类。我国《仲裁法》规定，仲裁的受理范围限于合同纠纷和其他财产权益纠纷。[4] 证券期货合同纠纷，只要当事人之间通过书面形式订立了仲裁条款，就具有可仲裁性。2004 年证监会和国务院法制办联合印发了《关于依法做好证券、期货合同纠纷仲裁工作的通知》，其中第 1 条明确规定证券期货市场主体之间发生的民商事纠纷，适用仲裁方式解决。比较典型的证券期货合同有融资融券合同、资产管理合同、投资咨询合同、承销保荐合同、股票抵押合同、债券回购合同、期货/期权合约，等等。

证券期货侵权纠纷，是否具有可仲裁性，法律上并无明确规定。有学者提出，侵权责任纠纷是否可以仲裁应当区别对待。对于财产侵权行为，可以进行仲裁；而对于人身侵权纠纷，则不可仲裁。[5] 本文同意这种观点。从类型划分上看，证券期货侵权纠纷绝大多数都是财产侵权行为，最终受到损失的是投资者的财产权利，是可以进行

---

① 证券期货市场经营机构包括：证券公司、证券投资咨询公司、期货公司、期货投资咨询公司、公募基金公司、私募基金公司等按照《证券法》《证券投资基金法》《期货交易管理条例》设立并开展证券期货业务的市场主体。

② 参见《证券法》第 118 条、国务院《期货交易管理条例》第 15 条、《证券投资基金法》第 12 条。

③ 参见《证券投资基金法》第 89 条。

④ 参见《仲裁法》第 2 条。

⑤ 参见陈立峰、王海量：《论我国〈仲裁法〉的管辖范围》，载《北京仲裁》2006 年第 1 期。

仲裁的。

其中,可能存在争议的一种情况是因投资者与上市公司之间的股权关系而产生的纠纷。投资者持有或买入的上市公司股票,体现的是投资者与上市公司之间的股权关系。股权是股东对公司享有的人身和财产权益的综合性权利。有学者认为,投资者与上市公司的证券纠纷属于《仲裁法》中"其他财产权益纠纷",可以接受仲裁。① 这种笼统的判断略显不妥。本文认为,应当对投资者与上市公司的证券纠纷进一步分类分析。基于股权关系发生的纠纷,可以分为因违反《证券法》义务产生的纠纷和因违反《公司法》义务产生的纠纷。

关于违反《证券法》义务产生的纠纷,有学者提出侵权人主要应当承担以下五种责任:发行人擅自发行证券的民事责任、虚假陈述的民事责任、内幕交易的民事责任、操纵市场行为的民事责任、欺诈客户的民事责任。② 出现上述侵权责任中的五类行为,投资者受到的损失都是源于其所持股票的价值受到侵权行为的不利影响,属于财产性纠纷。

关于违反《公司法》义务产生的纠纷,有学者按照《最高人民法院关于修改〈民事案件案由规定〉的决定》将违反《公司法》义务产生的纠纷分为四类:一是基于《公司法》上的"协议"发生的纠纷。二是股东利益责任纠纷、损害公司利益、公司关联交易等典型商事纠纷。三是按照"公司治理与经营活动"产生的纠纷。四是特别程序纠纷,包括公司解散纠纷、申请公司清算纠纷。③ 除了第一类基于公司法上"协议"发生的纠纷,第二、三、四类《公司法》纠纷是否可以仲裁目前在实践和理论中均存在争议。本文认为,上述第二、三、四类《公司法》纠纷实际上是基于股东身份权而产生的纠纷,投资者受到的损失是因股东身份权或身份权派生权利受到侵害而产生,因此不宜纳入证券期货行业仲裁的受理范围。

(三)证券期货纠纷事后仲裁协议的现实可行性

我国《仲裁法》明确规定,纠纷发生后当事人之间达成的仲裁协议有效,可以作为仲裁管辖的法律依据。④ 但有学者提出,在一些非合同类的证券纠纷中,如证券价格操纵侵权纠纷、证券虚假陈述侵权纠纷,侵权人与被侵权人之间没有合同,事后双方碰面的机会很少、分歧较大,难以达成有效的事后仲裁协议。因此,证券纠纷不适宜

---

① 参见孙双秀、王金贵:《投资人与上市公司证券纠纷可仲裁性探讨》,载《仲裁研究》2004年第2期。

② 参见王利明:《我国证券法中民事责任制度的完善》,载《法学研究》2001年第4期。

③ 参见张子学:《公司法纠纷可仲裁性初步研究》,载《中国政法大学学报》2019年第4期。

④ 参见《仲裁法》第16条。

通过仲裁机制解决。[1] 本文不赞同上述观点。

本文认为,对于事前没有约定仲裁协议的合同纠纷或根本就没有合同的证券期货侵权纠纷,事后也完全有可能达成仲裁协议,主要取决于以下几个因素:一是并非所有的证券期货侵权纠纷,当事人都没有接触的机会。二是当事人将纠纷提交行业仲裁的动力在于仲裁机构的公信力和纠纷解决能力。仲裁机制的生命力在于其公信力。只要仲裁机构作出的裁决合乎法律规定、能够让各方当事人信服、解决纠纷,当事人就有将纠纷提交其进行仲裁的动力和可能性,这是证券期货纠纷仲裁的实用性基础。三是解决纠纷的成本与收益相比足够低廉。只有化解纠纷的能力还不足以吸引当事人将纠纷提交仲裁,仲裁还要有相对其他纠纷解决方式更低的纠纷解决成本或其他优势。例如,让当事人付出相较于诉讼更少的时间、精力和金钱,给当事人提供与诉讼同等效力的纠纷解决服务。根据"理性经济人"[2]假设,当事人显然在条件允许的情况下,会更倾向于仲裁解决方式。四是结合证券期货纠纷多元化解机制进行适当的制度设计。诚然,在一些证券期货侵权纠纷中,由于当事人各方矛盾的激烈对立,以及相互间难以直接接触的客观情况,要双方直接协商达成事后仲裁协议是不容易的。但在多元纠纷化解机制框架下,我们可以通过已有的调解组织工作网络代为征求各方当事人的仲裁意愿。通过调解组织出面征求仲裁意愿的方式,避免当事人之间因不信任、对立的情绪而影响达成仲裁协议的可能性。在现有的证券期货调解组织中,一些证券期货行业协会、投资者保护专门机构还承担了一部分行业自律管理职能,其在联系市场主体、征求意见等方面,具有天然的工作优势。

四、建立符合我国国情的证券期货行业仲裁机制

综上所述,本文建议在我国证券期货领域,应进一步加强对仲调对接的探索,可以借鉴国外有益经验,结合我国国情,由行业协会、中证中小投资者服务中心(中证资本市场法律服务中心)、地方司法部门、仲裁委员会共同开展证券期货纠纷行业仲裁机制试点工作。

(一)探索开展仲调对接合作模式

从 2014 年左右起,我国一些地方证券期货行业协会与地方仲裁机构陆续开始探

---

① 参见孙双秀、王金贵:《投资人与上市公司证券纠纷可仲裁性探讨》,载《仲裁研究》2004 年第 2 期。

② 经济学中的一个基本假设,即假定人都是利己的,而且在面临两种以上选择时,总会选择对自己更有利的方案。最早由亚当·斯密(1723~1790 年)在其《国富论》一书中提出。

索仲调对接合作模式。合作模式大体可以分为两种:第一种模式是黑龙江、大连、宁波等地方行业协会采取的“分支机构模式”。仲裁委员会与证券期货行业协会合作设立联合仲裁调解中心。仲裁调解中心作为仲裁委员会的分支机构,由地方行业协会日常管理,纠纷案件的调解工作由行业协会负责,仲裁工作和规则由仲裁委员会负责和制定。对于调解不成的纠纷案件,行业协会根据案件具体情况,会尝试引导当事人达成仲裁协议,进入仲裁程序解决。调解成功的案件,根据具体案件情况和当事人意愿,可以通过仲裁程序出具仲裁书或仲裁调解书,以确认调解结果的法律效力。第二种模式是中国证券业协会、中证中小投资者服务中心(中证资本市场法律服务中心),以及福建、湖北等地方行业协会采用的“协议合作模式”。行业协会、调解组织与仲裁机构签订仲调对接合作协议或备忘录,不设立分支机构。合作协议或备忘录中规定,仲裁机构为调解机构提供仲裁确认调解结果的机制便利。调解不成的案件,由当事人另行通过仲裁或诉讼程序解决。

本文认为,上述探索对于我们在全国范围内建立证券期货纠纷行业仲裁机制具有借鉴意义。但应当看到,在目前的合作机制中行业协会的作用还远没有得到充分发挥。行业协会在上述仲调机制中,仅作为调解员对证券期货案件进行调解,调解不成时只是尝试引导投资者参加仲裁,但不介入具体仲裁工作。事实上,证券期货行业组织还能够发挥更多的作用。行业协会贴近证券期货市场经营机构,能够更好地向行业从业人员、经营机构宣传仲裁机制。行业协会能够更好地组织行业专家作为仲裁员参加仲裁工作,从而树立证券期货仲裁的公信力、权威性,确保仲裁结果合法合规合理。行业协会贴近市场,对于证券期货法律法规、自律规则、行业惯例和具体业务都更加熟悉。在遇到疑难复杂案件时,也可以通过组织行业专家论证、商请监管机构明确意见的方式,予以解决。

(二)开展试点工作应在《仲裁法》框架内寻求机制创新

开展证券期货纠纷行业仲裁试点,必须符合《仲裁法》的有关规定。《仲裁法》第10条明确规定:“仲裁委员会可以在直辖市和省、自治区人民政府所在地设立,也可以根据需要在其他设区的市设立,不按行政区划层层设立。仲裁委员会由前款规定的市的人民政府组织有关部门和商会统一组建。”虽然在证监会层面设立了全国性的证券期货调解组织,但是在试点初期,就寻求突破仲裁法对设立仲裁委员会主体资格的限制,由全国性证券期货调解组织或证券期货行业协会独立组建行业仲裁机构的设想是不可行的。本文认为比较可行的模式是,由全国性证券期货行业协会、中证中小投资者服务中心(中证资本市场法律服务中心)、地方政府共同开展证券期货行业仲裁试点工作。行业协会属于《仲裁法》中规定的“商会”范畴,可以与有关部门共同设立仲裁委员会、开展仲裁工作。中证中小投资者服务中心(中证资本市场法律服务中心)具有丰富的纠纷调解实践经验,接近矛盾纠纷化解一线工作,具有较强的资金力量和专业人才储备,能够对推动试点证券期货行业仲裁机制提供有力支持。参考已有的经验,有两种试点模式可供选择。

第一种是协议合作模式。由全国性证券期货行业协会、中证中小投资者服务中心(中证资本市场法律服务中心)与现有的仲裁机构合作,通过签订合作备忘录或合作协议的方式,明确行业协会、中证中小投资者服务中心(中证资本市场法律服务中心)负责选择、推荐行业专家担任证券期货纠纷仲裁员,仲裁机构予以聘任。其他如证券期货仲裁规则制定、案件管理等,也由行业协会或中证中小投资者服务中心(中证资本市场法律服务中心)组建专门工作小组负责。仲裁机构负责仲裁员聘任、加盖仲裁专用章确认仲裁书效力,以及案件仲裁费用管理。

第二种是合作设立证券期货行业仲裁委员会模式。可以考虑在一些金融市场比较发达、政府管理模式比较开放的地区,由全国性证券期货行业协会、中证中小投资者服务中心(中证资本市场法律服务中心)与地方政府共同组建独立的证券期货行业仲裁委员会。本文认为有以下几个地区存在可能:重庆(力图打造内陆金融中心),上海(力图打造国际金融中心),深圳(助力粤港澳大湾区建设),雄安(作为副省级地区),雄安目前尚未设立仲裁委员会。

在试点初期,本文建议采用协议合作的方式,积累经验、发现不足,不断完善机制建设。待试点取得一定经验,实践证明机制行之有效时,考虑通过新设证券期货行业仲裁机构的方式,进一步深化、巩固相关机制。

(三)开展证券期货专业仲裁试点应当关注对中小投资者的保护

在开展行业仲裁试点工作时,要对保护中小投资者权益作出倾斜制度设计。中小投资者是我国资本市场的基石。较高的维权成本和举证能力要求会对中小投资者通过行业仲裁机制维权带来一定的隐形门槛。可以考虑设置免向中小投资者收取仲裁费用或仅象征性收取很少量的仲裁费用的制度安排。对于中小投资者由于自身经济条件、专业能力不足等原因限制难以有效取证的情况,在综合考虑取证成本的情况下,可以考虑由证券期货行业协会协助取证,帮助查明纠纷基本事实。

向前一步:中国资本市场差异化表决权制度完善的若干意见

张诗伟*

摘　要:随着优刻得科技股份有限公司在上海证券交易所科创板挂牌上市,我国资本市场迎来了首家差异化表决权架构的上市公司,我国资本市场发展揭开了新的历史篇章。而日前深圳证券交易所亦正式发布了创业板改革并试点注册制相关业务规则及配套安排,其也引入了差异化表决权架构制度,相关制度建设向纵深发展。本文认为,差异化表决权架构相对同股同权架构的传统公司,系股东从形式平等到实质平等的体现,也为相关市场参与者提供了同股同权架构之外的其他可能性,更增加了公司股权基本制度和资本市场的包容性。如果说相对无限责任,有限责任特权的树立是公司法历史上在承认和限制其缺陷基础上第一次伟大的妥协,那么也可以说差异化表决权的引入是公司法历史上第二次伟大的妥协,当然同样也是在承认和限制其缺陷的基础上。本文提出了合理的差异化表决权制度安排应遵循的尊重保障和管控监督并行的两个基本原则,并对中国资本市场差异化表决权制度的进一步完善提出了若干建议。

关键词:科创板　创业板　同股同权　差异化表决权　制度设计

一、现代公司法差异化表决权的导入

(一)股东的形式平等到实质平等

近现代公司,以一股一权或同股同权为基本原则。依此原则,在有限公司,股东

---

* 中伦律师事务所合伙人。本文仅代表个人观点,不代表所在机构观点。本文写作初期,陈文超律师协助收集了部分相关材料,并得到李硕、沈心怡、陈铭宇等同志的意见和建议,在此谨表感谢。

按照出资比例行使表决权;在股份公司,股东按照其所持每一股份享有一票投票权。[①]以此,出资或持股多数者控制公司并形成公司意志,公司据此采取行动成为可能。此即所谓资本多数决,其理据自不待言。但随着时代的变迁,一股一权这一公司法基本原则在近年也发生了变化,最显著者,无疑就是在高科技、新经济或科技创新领域的相关科技创新企业的特别(殊)表决权或差异化表决权架构安排。在此种架构安排下,被视为保证科技创新企业科技创新领先且专注于企业长期利益的决定性力量的是"英明神武"甚至"天赋异禀"的创始人团队成员或所谓核心灵魂人物,而不是资本。是企业家尤其是创始人,而不是资本或其他什么决定了创新企业的命运和未来。[②] 因此,创始人团队成员所持少数股份系带有特殊人身属性或具有专属人力资本内涵的特殊资本,故得以被赋予一股享有复数个表决权(从几个到几十个不等),[③]继而无论公司进行多少轮股权融资都不影响其始终牢牢把握公司控制权,而其他投资人等因所持股份或为无表决权,或为复数个股仅有一个表决权,故而无论持股多少都无法撼动创始人团队控制权地位。

一个形象的说法是,在此种架构安排下,如果把被投企业比喻成一辆正在行驶的汽车,那么创始人始终是司机,方向盘始终在其手里,投资人给再多钱也是乘客,最多只能是个副驾驶员。根据我国资本市场出现的首家差异化表决权架构上市公司优刻得科技股份有限公司(以下简称优刻得)的招股说明书,优刻得共同实际控制人季某某、莫某某及华某持有的 A 类股份每股拥有的表决权数量为其他股东(包括首次公开发行对象)所持有的 B 类股份每股拥有的表决权的 5 倍。该次发行前,季某某、莫某某及华某合计直接持有发行人 26.8347% 的股份,通过设置特别表决权持有发行人 64.7126% 的表决权。发行后季某某、莫某某及华某在本次发行完成后将合计持有发行人 23.1197% 的股份及 60.0578% 的表决权。根据相关披露,认为设置特别表决权安排"使发行人 A 类普通股股东作为公司的创始及核心管理团队能够集中公司表决权,有利于维持和巩固三名共同实际控制人对发行人的实际控制权,使发行人治理效率提升,能够更好地实现共同实际控制人对公司战略的长远布局,支持公司作为科创

---

① 我国《公司法》第 42 条和第 103 条。

② 香港交易所执行董事、行政总裁李小加认为,"创新型公司与传统公司最大的不同在于,它取得成功的关键不是靠资本、资产或政策,而是靠创始人独特的梦想和远见"。参见《梦谈之后　路在何方——股权结构八问八答》;载财新网,http://opinion.caixin.com/2013-10-24/100595426.html。

③ 根据笔者查阅,极端者如在纽约证券交易所上市的大型汽车零部件供应商 Magna International Inc.,其曾设置 A 类股一股一票,B 类股一股 500 票的双层股权架构,使创始人家族在持有公司 3% 股权的情况下享有公司 75% 的表决权。Magna International Inc. 的该等特别表决权安排在 2010 年被取消。

企业的稳定发展,符合公司及全体股东长远的最大利益"。

值得特别强调的是,特别表决权架构因存在合理性根据,故并不会因为得不到相关法律制度承认就不会在实践中得到应用。有观点认为,完全禁止特别表决权架构则将产生溢出效应,相关市场主体不得不采取迂回变通的方式,比如,东亚的"金字塔"结构、德国的协议控制模式、日本的交叉持股模式,导致产生更加隐蔽的控制结构从而增加交易成本及监管难度。这对中小股东可能更不利,因为此种隐蔽的控制结构缺乏有效的信息披露(本文此处所述公示性),从而丧失了在承认特别表决权架构下原本可以获得的风险补偿。但相关公司实行特别表决权架构安排本来就并非出于公司法上的强制,而系相关公司及相关股东的自主选择,并且相关公司特别表决权股份创设也具有公示性,[①]外部投资者如认为不公平完全可以自主选择不加入公司。[②]换言之,差异化表决权架构安排系属于私法自治的范畴。在这个意义上,股东的强制平等在某种程度上被股东自愿的不平等取代,或股东平等从形式上的平等走向了实质上的平等。当然,其本质上更反映了"不同类型股东的投资偏好和不同需求"[③]以及控制权配置的不同考虑,以实现所谓最优表决权架构进而最大限度提升公司整体价值。[④] 该种差异化表决权架构也被称为特别(殊)表决权或同股不同权架构。

即使在没有实行特别表决权制度安排的普通股权架构的上市公司,所谓的一股一权也早已不是"一块完璧":比如,实践中普遍存在的表决权委托、放弃、一致行动等情形都是对一股一权的背离。实证研究表明,在全球范围内对一股一表决权的背离是普遍的。[⑤] 而在实践中,各种金融创新工具运用对股权表决权和收益权等各项权能

---

① 参见蒋学跃:《公司双重股权结构问题研究》,载桂敏杰总编,黄红元、徐明主编:《证券法苑》第13卷,法律出版社2014年版,第27~44页。

② 所以一般的要求是,特别表决权架构安排仅限于上市之前设立,如上市之前未设立该架构安排则上市后亦不能设立。因发行上市时设立特别表决权架构,中小股东有选择的余地。而上市后,中小股东已经没有选择的余地,只能被动接受不利后果。因此,中小股东处于一个在上市后设立该架构对于普通公众投资者较为不利。参见罗培新:《公司法的合同解释》,北京大学出版社2004年版,第153页。

③ 其基本路径就是通过股东权的此种财产权和表决权的分离与份额切分、配置从而使"将对财产收益权或表决控制权有不同偏好的投资者容纳到同一公司中",参见朱慈蕴、沈朝辉:《类别股与中国公司法的演进》,载《中国社会科学》2013年第9期。

④ 参见刘胜军:《新经济下的双层股权结构:理论证成、实践经验与中国有效治理路径》,载《法学杂志》2020年第1期。该文认为,科技创新公司的创始股东/管理者将公司视为自己的孩子、毕生的事业,与公司整体利益一致,根据阿洪和博尔顿(Aghion and Bolton,1992年)的长期融资合同的不完全契约理论(An incomplete contracts approach to financial contracting),将公司控制权配置给创始股东/管理者将是最优的、有效率的,由其填补公司不完全合同漏洞,这有助于实现企业家愿景、公司长远价值以及股东利益最大化。

⑤ 参见卢文道、王文心:《双层股权结构及其对一股一权规则的背离阿里上市方案中"合伙人制度"引起的思考》,载桂敏杰总编,黄红元、徐明主编:《证券法苑》第9卷,法律出版社2013年版,第179~204页。

的分割也加剧了对完整意义上一股一权的破坏。再进一步而言，同股同权的股东同质化假定是不成立的，因为在实践中，具体股东不可能有着完全相同的特质和需求从而具有共同的抽象人格，其都是差异化、个性化或至少是类型化的。在这个意义上，与近现代民法转型一样，公司法上的“人”——股东存在一个从抽象人格走向具体人格的过程，而公司法本身也存在一个从形式正义走向实质正义的过程。①

（二）同股不同权、特别表决权或差异化表决权等相关概念的辨析

严格而言，特别表决权或差异化表决权实际是同股不同权的下位概念，而通常所谓AB股双层表决权股份架构和多层表决权架构又系属特别表决权或差异化表决权的下位概念。因为广义的同股不同权架构中“权”并不限于“表决权”或控制权，还包括分配权等经济权利或现金流权等。换言之，就表决权的差异化安排而言，所谓特别表决权或差异化表决权架构安排不仅有双层表决权股份安排，还可能有多层表决权股份安排（当然，相对而言双层表决权股份安排最常见），更极致允许无表决权类别股份架构②或“合伙人架构”安排。其可谓资本取得对资本压倒性胜利的极致：在此种架构中，合伙人占董事会过半数席位，而且拥有提名董事会过半数董事的权力。③

官方文件相关表述也经历了流变的过程，在基本架构层面最早的表述是“同股不同权”，而后是“表决权差异安排”，在其下位的相关具体股权层面则指称为“特别表决权”。《关于推动创新创业高质量发展打造“双创”升级版的意见》（以下简称《双创意见》）的表述是“同股不同权”，《关于在上海证券交易所设立科创板并试点注册制的实施意见》（以下简称《注册制实施意见》）的表述是“特别表决权”，《上海证券交易所科创板股票上市规则》（以下简称《科创板上市规则》）、《深圳证券交易所创业板

---

① 参见汪清松、赵万一：《股份公司内部权力配置的结构性变革——以股东“同质化”假定到“异质化”现实的演进为视角》，载《现代法学》2011年第3期。

② 美国监管规则甚至允许发行人上市发行无投票权股份，比如，阅后即焚应用Snapchat的开发商Snap上市募集最高30亿美元资金而发行不带有投票权的普通股。其实我国也允许特定行业类型企业发行没有表决权的优先股，具体规范依据为《国务院关于开展优先股试点的指导意见》和《优先股试点管理办法》，但一般认为其仅适用于金融能源等重资本行业上市公司或公众公司补充资本之用，故不具有一般性参考意义。

③ 具体而言，阿里巴巴合伙人（2014年美国上市时为27人，根据相关披露最新人数为38人）共计持有（直接或通过子公司持有）阿里巴巴的股份为10%左右，但合伙人有权提名过半数董事，董事由股东大会投票选举。若股东大会否决了合伙提名的董事，合伙人可针对空缺指定临时董事，至下一届股东大会前，由临时董事行使董事的权利。若因任何原因，合伙人提名或指定的董事人数低于半数以上的，合伙人有权另行任命额外的其他董事（无须股东决议），以保证合伙人提名或指定的董事占董事会人数的半数以上。根据相关披露，阿里巴巴选择合伙人条件要求为：(1)合伙人必须在阿里服务满5年；(2)合伙人必须持有公司股份，且有限售要求；(3)由在任合伙人向合伙人委员会提名推荐，并由合伙人委员会审核同意其参加选举；(4)在一人一票的基础上，须经超过75%的合伙人投票同意通过。合伙人的选举和罢免无须经过股东大会审议或通过。此外，成为合伙人还要符合两个弹性标准：对公司发展有积极贡献；高度认同公司文化，愿意为公司使命、愿景和价值观竭尽全力。

股票上市规则》(以下简称《创业板上市规则》)的表述是"表决权差异安排",并在其下位概念采用"特别表决权"的表述,《上市公司章程指引》在其下位概念采用的也是"特别表决权"的表述。本文对相关术语的使用亦遵循其例。

二、中国资本市场差异化表决权(特别表决权)制度的导入

如前所述,从私募融资纯粹的市场博弈行为到最终被资本市场正式接纳,各国和地区的差异化表决权制度都经历了一个过程。[①] 但也正因为其存在的诸多弊端,即便是该等接纳差异化表决权架构的主流资本市场对其也并非全然接受,而是都加以诸多限制和约束。采取差异化表决权架构上市的公司家数和采取同股同权架构上市的公司数量完全不可同日而语。[②] 但与其他主流资本市场就此经历的曲折、反复甚至漫长的过程不同的是,我国资本市场该制度的导入过程则顺利、迅速得多。受制于我国公司法传统上受同股同权的理念影响较大,股份有限公司以同股同权为基本原则,而境内资本市场发行股票上市的适格主体只能是股份有限公司,故境内资本市场的上市公司也均为同股同权。

《公司法》第103条规定:"股东出席股东大会会议,所持每一股份有一表决权……"第126条第1款规定:"股份的发行,实行公平、公正的原则,同种类的每一股份应当具有同等权利。"当然,随着《国务院办公厅转发证监会关于开展创新企业境内发行股票或存托凭证试点若干意见的通知》(2018年)及其配套规则的颁布,境外(红筹)主体也可以在境内上市从而可以为非股份有限公司的形式(如华润微电子有限公

---

① 如美国、新加坡、日本和我国香港特别行政区等也都经历了这样或长或短的历程。根据香港交易所《双层股权结构架构与生物科技企业的上市制度改革研究报告》(2018年4月),全球最大的46个国家、地区股票市场中有30个国家、地区有或曾经使用双层股权架构的公司上市。在美国,系由美国证券交易委员会在1988年即通过19C-4规则引入;在我国香港特别行政区,系由香港联交所于2018年对《香港主板上市规则》修订而引入。双层股权(差异化表决权)架构在主流资本市场发展的历史参见蒋学跃:《公司双重股权结构问题研究》,载桂敏杰总编,黄红元、徐明主编:《证券法苑》第13卷,法律出版社2014年版,第27~44页;林海、常铮:《境外资本市场差异化表决权监管路径探究及启示》,载黄红元总编,蒋锋、卢文道主编:《证券法苑》第24卷,法律出版社2018年版,第85~105页;傅穹、杨金慧:《不同投票权制度:争议中的胜出者》,载黄红元总编,蒋锋、卢文道主编:《证券法苑》第25卷,法律出版社2018年版,第51~81页。

② 从1995~2002年,美国大概仅有6%的上市公司采用双重股权架构,约占美国上市公司总市值的8%。但自2004年来谷歌(Google)上市重启了美国高科技企业采用双重股权架构的新时代。在此之前,在美国上市的高科技企业多数没有双重股权架构,著名者如Apple、Microsoft、Amazon和Netflix。而2004年之后上市的主要高科技公司几乎都有这种架构,比如2012年IPO的所有大型高科技企业——Groupon、LinkedIn、Yelp、Facebook和Zynga——就都使用了同股不同权架构。参见张巍:《双重股权架构的域外经验与中国应对》,载《财经法学》2020年第1期。

司)。但另外,《公司法》第 131 条的规定“国务院可以对公司发行本法规定以外的其他种类的股份,另行作出规定”确实也为其实行同股不同权架构预留下了空间。承该条规定,从 2018 年 9 月国务院发布的《双创意见》首次明确提出“允许科技企业实行‘同股不同权’治理结构”,到中国证券监督管理委员会(以下简称中国证监会)发布的《实施意见》允许科技创新企业发行具有特别表决权的类别股份,再到 2019 年 3 月 1 日上海证券交易所(以下简称上交所)发布《科创板上市规则》设第四章第五节“表决权差异安排”专门对科创板上市的差异化表决权架构公司设置具体要求和制度安排。

根据《科创板上市规则》第 4.5.4 条第 2 款和《创业板上市规则》第 4.4.4 条的规定,每份特别表决权股份的表决权数量应当明确规定且相同。可见科创板及创业板只承认双层表决权架构,不承认多层表决权架构。当然,这里面还值得讨论的一个问题是,《科创板上市规则》《创业板上市规则》规定,发行人在首次公开发行并上市前不具有表决权差异安排的,不得在首次公开发行并上市后以任何方式设置此类安排。而前述《双创意见》也明确提出允许科技企业实行此架构安排。由此,企业未申报上市时尤其是在初创阶段是否可以以及何以判断自己为合资格可设置差异化表决权架构的科技企业,尤其是符合科创板和创业板定位而可作此设置的科技企业?从相关规定和实践看,此判断权交给了企业,交给了市场。本文也注意到,在首家科创板优刻得案例中,其系在股份有限公司设立半年后上市申报前夕方变更设置为特别表决权架构公司,并就此由保荐机构、律师事务所出具了相关专项意见。

2019 年 4 月 17 日,中国证监会发布修订后的《上市公司章程指引》,进一步明确了存在特别表决权股份的上市公司的相关章程和公司治理安排。2020 年 6 月 12 日,深圳证券交易所发布了最新修订的《创业板上市规则》,修订后的《创业板上市规则》设第四章第四节“表决权差异安排”对设置表决权差异安排的创业板上市公司作出了具体规定。①

相关制度实践是:2019 年 4 月 1 日,首家差异化表决权架构公司优刻得的科创板首发上市申请获得上交所受理;2019 年 9 月 27 日,获上交所科创板上市委审议通过;2019 年 12 月 24 日,获中国证监会同意注册;2020 年 1 月 20 日,在上交所科创板挂牌上市。至此,我国资本市场首次出现具有差异化表决权架构安排的上市公司,这为差

① 对比科创板,存在表决权差异安排的发行人申请股票或者存托凭证首次公开发行并在创业板上市的企业要求具备盈利能力,而科创板则未对盈利能力提出要求。

异化表决权制度在中国资本市场的实践迈出了坚实的一步。

三、差异化表决权架构安排的功能及其可能的局限

亚当·斯密指出,私人利润的打算是决定资本用途的唯一的动机。[①] 在公司领域尤其如此。从差异化表决权架构安排的起源来看,其出现完全是私募市场投资者和创始股东博弈亦即利益交换合意的结果。在这种架构下,就创始人团队而言,其在公司后续融资尤其是大额融资中将能够牢牢把握公司控制权,而不至于因一次次融资被稀释股权而使控制权旁落他人;[②]就投资人而言,其享有的作为管理性质的表决权虽然受损甚至被剥夺,但其享有的经济权利如分红、清算分配仍然得按其持股比例平等享有,甚至还享有优先的权利,更重要的是仍然受有限责任的保护。普通股东由此成为亚当·斯密笔下"心满意足地接受董事会每年或每半年分配给他们的红利,不找董事的麻烦"典型的"省事"股东。[③] 就公司而言,凭借资本的不断注入,公司得以快速发展壮大。对于差异化表决权架构的公司,其由此可充分提高公司决策效率、专注于其目的事业的长期战略规划和稳定经营,尤其是可有效免受公开市场上敌意收购的外部压力。因此,差异化表决权架构基于其反映了"不同类型股东的投资偏好和不同需求"[④]的本质而尤其受高风险又依赖于资本推动的科创企业创业者和相关风险投资机构的欢迎,至少其提供了同股同权架构之外的其他可能性,也增加了公司股权基本制度的包容性。但毕竟其对近现代传统公司法同股同权基本原则作出了改变,因此自其出现以来,一直争议未歇。即使没有实行特别表决权制度安排的普通股权架构的上市公司,所谓的一股一权也早已不是"完璧一块":比如,实践中普遍存在的表决权委托、放弃、一致行动等情形都是对一股一权的背离。实证研究表明,在全球范围内对一股一表决权的背离是普遍的。前述相关核心争议表现在以下方面。

---

① 参见[英]亚当·斯密:《国民财富的性质和原因的研究》(上卷),郭大力、王亚南译,商务印书馆1972年版,第344页。

② 参见[美]扎克伯格:《若没有控制权,我早被Facebook开除了》,载新浪财经频道,https://finance.sina.cn/2019-10-06/detail-iicezzrr0432193.d.html? sinawapsharesource=newsapp&wm=3200_0001。

③ 参见[英]亚当·斯密:《国民财富的性质和原因的研究》(下卷),郭大力、王亚南译,商务印书馆1974年版,第303页。

④ 其基本路径就是通过股东权的此种财产权和表决权的分离和份额切分、配置从而使得"将对财产收益权或表决控制权有不同偏好的投资者容纳到同一公司中",参见朱慈蕴、沈朝辉:《类别股与中国公司法的演进》,载《中国社会科学》2013年第9期。

一是该等架构安排的企业管治是否一定意味着高效率?[①] 单说拥有特别表决权股东相对于普通公司一股一权在公司治理上无疑更具有独断专制的优势地位,进而产生压制、侵害公司和其他股东利益的风险,因此其可能加剧公司代理成本问题。[②]

二是特别表决权股东尤其是创始人股东的"神人"(所谓"英明神武"或"天赋异禀")以及"圣人"(始终以公司最佳利益为行为准绳而无所偏私)假设是否成立,即使在有限程度上成立,又能持续多久?[③] 赋予与其持有的股比不相称的表决权、控制权是否恰恰会大大提高其道德风险以及代理成本?由此在理论与实务界引发了激烈、持续的争议,实践中爆出的个案弊害更让其饱受攻击。[④] 著名案例如"Uber 和 WeWork 案"。克雷默斯、劳特巴赫和派于斯特(2018 年)发现,没有证据证明,拥有双重股权的公司,其长期业绩好于单一类别股票的公司。而安德森、奥图蓝吉和雷德(2017 年)发现,双重股权公司的治理质量实际上取决于它们的股权结构以外的其他因素,如控股股东的持股情况。也就是说,希望中的"一股一权的公司可能更容易实现良好的治理"的想法,显然是不合理的。

而对立的观点完全可进一步主张,所谓的核心灵魂人物创始人在传统行业可能都存在,[⑤]尚未有证据表明科技创新企业在此点上表现得更突出,并且也有许多科技创新企业虽未实行差异化表决权架构,却不影响其优秀乃至卓越。进言之,如果承认新经济持续创新和加速迭代的特质,那么相关企业的核心灵魂人物创始人本身是否同样也需要迭代才能不被市场淘汰?而设定差异化表决权架构以反对创始人团队迭代是否与新经济的前述特质恰恰矛盾?等等问题不无疑问。

以上种种不一而足,其实也较充分印证了伯利、米恩斯"两权分离"(所有权与控

---

① 《OECD 企业支配结构原则》就认为一股一表决权原则更有效率。

② 相关优势和风险利弊的详细分析详见郭雳、彭雨晨:《双层股权结构国际监管经验的反思与借鉴》,载北京大学经济法官网 2020 年 1 月 17 日,https://www.economiclaw.pku.edu.cn/xzzq/jrf/1321438.htm;傅穹、杨金慧:《不同投票权制度:争议中的胜出者》,载黄红元总编,蒋锋、卢文道主编:《证券法苑》第 25 卷,法律出版社 2018 年版,第 61~63 页。

③ 另一个批评角度是此种安排的假设可能过于夸大了创始人的不可替代性,也压制了可能更为优秀且"年富力强"人才的涌现。论者可能主张:乔布斯确实很伟大,但没有乔布斯的苹果也并没有垮了,库克不也干得挺好?拉里·佩奇和谢尔盖·布林创办了谷歌也很了不起,但他们隐退后谷歌也照样坚挺。

④ 参见《法经治理|公司治理中四个被误读的重要概念》,载微信公众号"法经笔记"2019 年 10 月 28 日。而标准普尔、道琼斯和富时罗素(FTSE Russell)等股市指数提供商已开始对相关双重表决权架构的上市公司施加压力,要求它们取消双重股权结构,限制双重股权的公司股票纳入其指数。

⑤ 在美国,不少传统领域上市公司如 AMC、伯克希尔哈撒韦、CBS、雅诗兰黛、福特、耐克、Ralph Lauren、泰森食品和维亚康姆等也实行特别表决权架构。*See* Edward Kamonjoh, *Controlled Companies in the Standard & Poor's* 1500: *A Follow-up Review of Performance & Risk*, *Investor Responsibility Research Ctr. Inst*, https://irrcinstitute.org/wp-content/uploads/2016/03/Controlled-Companies-IRRCI-2015-FINAL-3-16-16.pdf.

制权分离)的经典理论。[①] 但与该经典理论所阐述的观点不同的是,在伯利、米恩斯时代,差异化表决权架构远谈不上流行,而且伯利、米恩斯所述"两权分离"现象在中国并没有局限在股权分散的大公司,常发生在股权还相对比较集中的中小公司,即使就中国的上市公司而言,也远谈不上股权分散,公认的现实恰恰是其反面,即一股独大、控制权过于集中。在这个意义上,实行差异化表决权架构必然使"两权分离"的问题更为突出。为防止"两权分离"产生的风险和弊害,《公司法》《证券法》等相关法律法规有必要对差异化表决权架构此私法自治安排予以一定限制。

四、差异化表决权制度设计的基本规制思路

"如果说有限责任是公司法最显著的特征,那么投票权无疑稳居第二。"[②]在这个意义上,相对无限责任,有限责任特权的树立是公司法历史上在承认和限制其缺陷基础上第一次伟大的妥协,那么相对同股同权公司,差异化表决权的引入可能是公司法历史上第二次伟大的妥协,当然同样也是在承认和限制的基础上。如果说同股同权同时意味着同责,那么同股不同权当然也意味着不同责。而且考虑差异化表决权是股东在有限责任基础上被赋予的,相关股东特权是呈几何级放大的,由此给公司和其他股东以及其他利益相关者造成的损害程度也可能是呈几何级放大的,由此对其科以不相称的责任亦属合理。

从权力的正当行使保障和适度制衡正反两面两个角度,笔者认为,合理的差异化表决权安排应该遵循以下两个基本规制思路:

一是差异化表决权设置要有足够的刚性,从而充分尊重和保障相关特别表决权股东长期稳定地拥有和行使特别表决权,防止随意"翻烧饼"影响公司控制权的相对稳定性,从而防止公司陷于"群龙无首"的混乱无序。

二是也要看到相关特别表决权股东滥用此"专制"的特权而可能对公司和其他股东以及其他利益相关者合法权益造成的侵害,故亦须对此予以有效的管控、监督以及救济。根据比例原则,限制特别表决权的行使应当根据相关侵害情形发生的可能性及造成后果严重程度来判定,严重时得剥夺其特别表决权。

---

① 参见[美]阿道夫·A. 伯利、加德纳·C. 米恩斯:《现代公司与私有财产》,甘华鸣、罗锐韧、蔡如海译,商务印书馆 2005 年版,第 130 ~ 133 页。

② [美]弗兰克·伊斯特布鲁克、丹尼尔·费希尔:《公司法的经济结构》(中译本),罗培新、张建伟译,北京大学出版社 2014 年版,第 62 页。

当然,在具体制度设计上还须把握上述二者适度而微妙的平衡,并且二者的具体运用也都须遵守正当程序的原则。当出现相关争议时,在穷尽内部救济以及外部调解介入仍然不成的情况下,秉承司法最终解决的原则宜由法院作出最终的裁断。

五、科创板及创业板差异化表决权制度完善的若干具体意见

《科创板上市规则》第四章第五节、《创业板上市规则》第四章第四节对表决权差异公司的表决权差异安排时间点、市值要求、[①]主体资格、特别表决权限制、特别表决权股份和普通股份转换、普通股东表决权保障以及信息披露等方面进行了全面、系统和细密的规定。本着前述两个规制思路,进一步检视相关特别表决权制度规则,本文以为以下两端可进一步完善。

(一)差异化表决权架构安排保障端——补强刚性

1.增加差异化表决权架构的无因调整制度之合理限制

《科创板上市规则》第4.5.10条规定:"上市公司股东对下列事项行使表决权时,每一特别表决权股份享有的表决权数量应当与每一普通股份的表决权数量相同……(二)改变特别表决权股份享有的表决权数量……上市公司章程应当规定,股东大会对前款第二项作出决议,应当经过不低于出席会议的股东所持表决权的三分之二以上通过……"《创业板上市规则》第4.4.9条作了类似规定:"上市公司股东对下列事项行使表决权时,每一特别表决权股份享有的表决权数量应当与每一普通股份的表决权数量相同:(一)修改公司章程;(二)改变特别表决权股份享有的表决权数量;(三)聘请或者解聘独立董事;(四)聘请或者解聘监事;(五)聘请或者解聘为上市公司定期报告出具审计意见的会计师事务所;(六)公司合并、分立、解散或者变更公司形式。上市公司章程应当规定,股东大会对前款第一项、第二项、第六项事项作出决议,应当经出席会议的股东所持表决权的三分之二以上通过。"该等条款实际上规定了差异化表决权架构的无因调整制度。

根据相关规定,普通股东只要持有公司10%以上已发行有表决权股份,无须任何

① 需要注意的是,对市值要求的规定是在《科创板上市规则》第二章第2.1.4条,《创业板上市规则》对此并无要求。

理由随时可以提出改变特别表决权股份的议案,①而在审议该议案时,因普通股东和特别表决权股东同股同权,故普通股东可能依赖其出席会议较高的持股比例占据投票优势而通过该议案,从而终止公司的差异化表决权架构安排。由此可见,差异化表决权架构实际上很容易被动摇甚至倾覆,上市公司控制权稳定性也难以得到刚性保障,而这显然并不符合差异化表决权架构制度创建的目的。为此,本文建议对此种差异化表决权架构的无因调整制度进行适当限制,比如,适当限缩无因的适用情形、将审议相关决议的表决权法定人数由出席会议的股东所持表决权数修改为公司全部已发行股份表决权数、提高相关议案提出或通过的相关表决权比例②或者加以其他合理限制以保障差异化表决权架构具有足够的刚性。

2. 适时引进任期表决(tenure voting)制

荷兰、法国等近年来出现一种以股东持有股份的时间长度来计算表决权的制度,即赋予持股一定年限的长期股东多倍表决权,可称之为任期表决权制度。该制度属于忠诚股制度设计的一种,而后者除任期表决权外还包括对长期股东发放特别股利或授予其认股权证等制度设计。③ 其制度理念都在于通过对长期股东的经济或表决权激励安排而鼓励长期价值投资。除荷兰对任期表决权制度的规定较为灵活宽松外,法国、意大利、比利时的法律一般允许公司向持续持有至少两年股份的股东提供最多每股两份表决权。同特别表决权制度相比,该等任期表决权制度对于每股所含表决权的倍数有更加严格的限定。其根源可能在于任期表决权制度的目的是鼓励股东对公司的长期投资;而特别表决权制度的目的是加强创始股东对公司的控制,实现公司的长期价值,赋予创始股东每股复数表决权的特别表决权,这是实现制度目的最直接、有效的手段。

尽管任期表决权制度和特别表决权制度的目的并不相同,但仍可给予我们一定启发,将持股时间长短作为特别表决权股东适格的一个标准是一个值得考虑的思路。持股时间长的股东对公司的认识可能更加深刻也反映了其对公司的忠诚度和长期价

---

① 《科创板上市规则》第4.5.7条第1款、《创业板上市规则》第4.4.6条第1款规定:"上市公司应当保证普通表决权比例不低于10%;单独或者合计持有公司10%以上已发行有表决权股份的股东有权提议召开临时股东大会;单独或者合计持有公司3%以上已发行有表决权股份的股东有权提出股东大会议案。"

② 当然,《科创板上市规则》第4.5.10条第2款、《创业板上市规则》第4.4.9条第2款说的是上市公司股东大会对相关改变特别表决权架构作出决议应当经过"不低于"出席会议的股东所持表决权的2/3以上通过,实践中,上市公司可以规定比这更高比如3/4或更高的比例。

③ 参见高皓、曾斌:《意大利首富阿涅利家族企业迁册荷兰背后 任期表决制:企业控制的第三条道路?》,载《新财富》2019年6月号。

值投资的理念,而且真正的创始股东通常必然也是持股时间最长的股东,而其不会一门心思为所谓的财富自由而绞尽脑汁想着早日套现。《科创板上市规则》第4.5.3条、《创业板上市规则》第4.4.3条从特别表决权股东应当为公司发展作出重大贡献并持续担任公司董事的条件上隐含了持股或任职时间的要求,[①]但借鉴该任期表决制的制度理念和设计,该规则仍可进一步明确细化,如规定在设置差异化表决权安排时,特别表决权股东应当为持有公司股份一定期限(如2年或3年)的股东。在参考任期表决权制度时,考虑的两个方向分别是,将持股时间长短作为特别表决权股东资格认定条件之一及特别表决权股东持股一定期限后可拥有更多的表决权倍数。当然,具体制度设计上可以再讨论,但对于此种设计可能导致某些长期股东畸高表决权的情形也须有封顶限制,而不能无限增加。

3.适度限制特别表决权股份转化为普通股份

根据《科创板上市规则》第4.5.9条第1款第3项的规定,“持有特别表决权股份的股东向他人转让所持有的特别表决权股份,或者将特别表决权股份的表决权委托他人行使”,特别表决权应当转化为普通股份。《创业板上市规则》第4.4.8条第1款第3项在上述规定的基础上增加一类例外情形,即“转让或者委托给受该特别表决权股东实际控制的主体”的情形下特别表决权股份无须转换为普通股份。笔者理解该规定系出于特别表决权股份具有人身专属性,但考虑具体情况,该规定可能需要进一步限缩。

首先,于转让之情形,如果受让方亦为持有特别表决权股份的股东,原则上应该豁免强制转换。除非对此“他人”做狭义解释为除所有特别表决权股东之外的人,而非仅为作为转让方的特别表决权股东之外的人。

进言之,特别表决权股份本来为非流通股份,而其一经转让给他人即可转换成普通股份即流通股份,而除普通的减持新规外,科创板和创业板相关规则对于相关特别表决权转让并未有相关专门限定,从而可能为特别表决权股东变相减持套现提供了方便之门,这可能是一个制度漏洞亟待弥补。

其次,于表决权委托之情形,股东委托他人代其行使表决权一般属于法律允许,如特别表决权股东概况性或特别授权或以信托等方式处置其表决权的,可以认为相

---

① 《科创板上市规则》第4.5.3条第1款规定:“持有特别表决权股份的股东应当为对上市公司发展或者业务增长等作出重大贡献,并且在公司上市前及上市后持续担任公司董事的人员或者该等人员实际控制的持股主体。”《创业板上市规则》第4.4.3条第1款与该规定相同。

关特别表决权股份已脱离原特别表决权股东专属身份及意志属性,这种程度可以允许进行强制转化。但在特别表决权股东就每一议案作出明确投票指示的情况下,受托人投票反映的是委托人的意志,在这种情况下,将特别表决权股东委托他人行使表决权一概作为特别表决权转化的事由可能欠妥。

据此,本文建议将《科创板上市规则》第 4.5.9 条第 1 款第 3 项、《创业板上市规则》第 4.4.8 条第 1 款第 3 项修订为"持有特别表决权股份的股东向不持有特别表决权股份的人转让所持有的特别表决权股份,或者将特别表决权股份的表决权概括性地委托他人行使而未事先对股东大会每一议案的投票作出明确具体指示",或将同条第 1 款"出现下列情形之一的,特别表决权股份应当按照 1∶1 的比例转换为普通股份"修改为"出现下列情形之一的,除非经本所豁免,特别表决权股份应当按照 1∶1 的比例转换为普通股份",从而为市场操作和主管机构判定留有一定空间和灵活性。此外,特殊表决权股份质押实现也会导致特别表决权被动转让的效果,对此情形,相关质押限制和股份表决权变动效果规定尚付阙如,也有待进一步明确。

(二)差异化表决权架构安排管控端——增强监督救济性

在差异化表决权公司架构里,拥有特别表决权的股东相对普通股东具有压倒性的优势地位,其利用该优势地位损害上市公司和普通投资者合法权益的机会、条件都大大提高,其和普通股东之间的利益冲突无疑也更加突出。而就上市公司而言,差异化表决权架构的设置如前所述还可能带来规避公开的控制权市场监督的问题,其很容易维护一个掌握上市公司巨大资源却无须承担相应责任的管理层,即使经营效率降低也难以撼动其地位,这降低了控制权市场的威慑作用,①也降低了公开市场普通股票交易的价格,从而损害了投资者的利益。② 因此,对差异化表决权架构加强相关管控、监督从而实现对普通股东和公司的救济完全是必要的,也是衡平的。

1. 适度赋予公司和普通股东自力救济权

根据公司法的司法救济原理,司法救济以公司及利益相关者穷尽内部救济即所谓自力救济为原则,只有在内部救济力有不逮时方可诉诸司法救济。《公司法》第 20 条关于股东滥用股东权利侵害公司和其他股东以及债权人利益时应对该等受损害方

---

① 参见《北京大学金融法中心与万商天勤律师事务所:科创板研究报告(之一)》,载"北京大学金融研究中心"微信公众号 2019 年 12 月 11 日,https://mp.weixin.qq.com/s/OUIqNYz_Jvd2xmj9oz1P0Q。

② 参见何海峰、李凌霜:《双层股权结构动了谁的奶酪——Lyft 上市背后的利益博弈》"第八届青衿商法论坛·创新经济与公司治理"会议论文,2019 年 6 月于天津。

承担损害赔偿责任的规定中的“股东”无疑也包括特别表决权股东。① 但该条仅限于损害赔偿之救济而且主要依赖于司法救济，在差异化表决权架构的上市公司里对受害方的救济力度和及时性无疑都较为有限。故《科创板上市规则》第 4.5.13 条、《创业板上市规则》第 4.4.15 条进一步规定，特别表决权股东滥用特别表决权损害投资者合法权益的，交易所可以要求公司或者特别表决权股东予以改正，投资者由此可不依赖通过司法提起损害赔偿救济。这一新规定确立了更为及时有效的救济方式，值得赞许。但从实践执行情况看更值得进一步思考的是，在此种情形下，交易所的判定和执行上存在较大难度，因此仅依赖于交易所的介入可能仍尚不足以有效防止损失的扩大，制度上应进一步明确公司和普通股东自力救济的权利，比如，普通股股东自行召集股东大会而通过代表除特别表决权之外的 2/3 以上表决权的股东大会决议得将特别表决权股份强制转化为普通股份或暂停特别表决权股东特别表决权行使，以及撤销原决议或重新作出决议等行为（包括作为与不作为）。②

2. 增设强制性固定期限日落条款

就特别表决权转化的设定内涵而言，特定事件/条件的发生是或然的，而时间的到来是必然的。在这个意义上，仅设定特定条件触发表决权转化而不设定固定期限日落转化条款，理论上就是赋予特别表决权股东终身制的特权。而根据美国特许金融分析师协会等机构的研究，采用差异化表决权结构的公司价值和效率随着时间推移逐步降低，为防止此种情况发生，固定期限“日落条款”是最有效的保障，且不超过 5 年将特别表决权股份转换为普通表决权股份的强制性日落是最合适的。③ 和大多数设置了固定期限日落条款的差异化表决权架构的主流资本市场不同，科创板和创业板相关规则未强制上市申请人采纳此种设置。本文认为，可能是考虑强制性固定期限日落条款的利弊权衡结果。当然，科创板和创业板相关规则不强制要求不代表

---

① 《公司法》第 20 条规定：“公司股东应当遵守法律、行政法规和公司章程，依法行使股东权利，不得滥用股东权利损害公司或者其他股东的利益；不得滥用公司法人独立地位和股东有限责任损害公司债权人的利益。

公司股东滥用股东权利给公司或者其他股东造成损失的，应当依法承担赔偿责任。

公司股东滥用公司法人独立地位和股东有限责任，逃避债务，严重损害公司债权人利益的，应当对公司债务承担连带责任。”

② 修订后新的《民事诉讼法》相关行为保全的规定内容仍然是公力救济而不是私力救济。该法第 100 条规定，当事人可以在诉讼过程中向人民法院申请，在正式判决作出之前，要求对方当事人作出一定行为或者禁止其作出一定行为（所谓诉中禁令）。第 101 条规定，在提起诉讼或者申请仲裁之前，当事人亦可以向法院申请，要求被申请人作出一定行为或者禁止作出一定行为（所谓诉前禁令）。

③ CFA Institute, Dual-Class Shares: The Good, The Bad, and The Ugly, A Review of the Debate Surrounding Dual-Class Shares and Their Emergence in Asia Pacific (August 2018).

相关上市申请人自己不可以主动代入该等条款。但为增强设置差异化表决权架构安排和公司控制权的相对稳定性,故建议在《科创板上市规则》第 4.5.9 条、《创业板上市规则》第 4.4.8 条或者在《上市公司章程指引》等规范下设置差异化表决权制度的上市公司在章程中增设固定期限日落条款(尤其对那些在上市前特别表决权比例不高的公司尤其应该设置该等条款),该固定期限可要求最短不得低于 1 年,最长不超过 5 年,差异化表决权制度固定期限内非发生负面法定事项并经法定程序不得取消。同时,为保留到期后的灵活性、自主性,可进一步规定,固定期限届满即告终止,但届时经全体股东以一股一票并以不低于 2/3 以上公司有表决权股份表决通过的方式同意延长的除外。

此外,如果限定日落条款为某些特定情形触发,需要注意防止特别表决权股东滥用控制权使日落条款不被触发从而照样悬空日落条款。①

3. 加强对特别表决权股东信义义务的司法审查

最高人民法院于 2019 年 6 月 20 日发布的《关于为设立科创板并试点注册制改革提供司法保障的若干意见》明确提出"坚持'控制与责任相一致'原则,在'同股不同权'的同时,做到'同股不同责'",由此为对科创板和创业板上市公司特别表决权股东科以更重的责任和义务埋下了伏笔。可以参考美国司法实践的经验并考虑实践中追究控股股东责任规制及其实践的不足。本文认为,首要的就是适度加重差异化表决权结构上市公司的特别表决权股东的信义义务和确立其对其责任的追究机制。比如,对于特别表决权股东从事的关联交易或自我交易可能侵害公司和其他股东利益的行为应该树立起三道防线:第一道,强化特别表决权股东的披露义务;第二道,相关股东会或董事会回避表决;第三道,也是最后一道,原则上,相关特别表决权股东或相关董事已履行披露义务且回避表决,则相关股东或董事可获得责任豁免,但相关方就此仍有争议而诉诸法院时,法院运用《公司法》第 21 条②进行判断时应采用实质公平原则而非同股同权架构这一常规适用的商业判断规则。相关公司或其他股东就该关联交易相关事项提出的诉讼应实行举证责任倒置,由特别表决权股东或相关董事

---

① 根据美国卢西恩(Lucian Bebchuk)和科比(Kobi Kastiel)教授的研究,在品趣志(Pinterest)案例中,西尔伯曼(Silbermann)去世后,Pinterest 的日落安排也将其结构转换为一股一票。然而,西尔伯曼目前仅 36 岁。鉴于一个人在 99% 的概率中预期寿命目前为 87 岁,西尔伯曼可能活得超过 50 年。因此,投资者面临着将控制权锁定在少数控制人手中 50 年或更长时间的风险。参见《双重股权结构潜在风险的再探讨——以 Pinterest 公司为例》,载微信公众号"法经笔记"2019 年 5 月 31 日。

② 《公司法》第 21 条规定:公司的控股股东、实际控制人、董事、监事、高级管理人员不得利用其关联关系损害公司利益。违反前款规定,给公司造成损失的,应当承担赔偿责任。

对交易的合法性、必要性、合理性和公允性承担举证责任，不能证明的，应当承担相应的赔偿责任。

4. 增设独立董事组成的专门委员会发表合规性专项意见

对于存在差异化表决权安排的公司，因制度异化而产生的特别表决权股东滥用权力的风险和危害更大，为防范该等风险，《科创板上市规则》第 4.5.12 条规定了由监事会在年度报告中就差异化表决权安排和行使的合规性等事项出具专项意见，具体为：(1)持有特别表决权股份的股东是否持续符合该规则第 4.5.3 条的要求；(2)特别表决权股份是否出现该规则第 4.5.9 条规定的情形并及时转换为普通股份；(3)上市公司特别表决权比例是否持续符合该规则的规定；(4)持有特别表决权股份的股东是否存在滥用特别表决权或者其他损害投资者合法权益的情形；(5)公司及持有特别表决权股份的股东遵守本章其他规定的情况。

比《科创板上市规则》更进一步的是，《创业板上市规则》第 4.4.9 条明确规定，就聘请或者解聘监事事项，上市公司股东行使表决权时，每一特别表决权股份享有的表决权数量应当与每一普通股份的表决权数量相同，因此这一规定更好地提供了监事会就差异化表决权安排和行使的合规性等事项发表意见独立性的组织保证。但仍有下列问题需进一步考虑。

首先，通常监事会人员的来源为大股东（在科创板主要即特别表决权股东）提名和公司内部，且由于其监督偏事后，所以效能发挥较为有限。赵旭东教授更认为，几十年的公司治理实践证明，德日公司法的监事会制度在中国的经济、社会、文化条件下水土不服，无法发挥监督的功能，监事会的设置不但徒增公司治理成本，而且挤占了公司监督机制的制度空间。为此，学界已形成取消监事会的呼声。《公司法》修改即便不宜作出彻底取消监事会的决策，至少也应允许公司自主选择监事会的设置，这也许是中国公司监督机制革新的重要突破口。①

其次，根据《科创板上市规则》第 4.5.10 条第 1 款、《创业板上市规则》第 4.4.9 条第 1 款规定，就“聘请或解聘独立董事”事项，特别表决权股东和普通股东同样为一股一票，这也提供了独立董事就差异化表决权安排和行使的合规性等事项发表意见独立性的组织保证，但单个独立董事难以承担此重担。

最后，通常而言，红筹公司根据其成立依据的境外法律（通常为开曼公司，比如，

---

① 参见赵旭东：《公司法修订中的公司治理制度革新》，载《中国法律评论》2020 年第 3 期。当然，独立董事制度也存在不少问题，如选任和薪酬来源的问题也亟待改进。

最新通过上海证券交易所科创板上市委员会审核的九号机器人有限公司,其依据的法律通常为《开曼公司法》),通常不设监事。而按前述只规定由监事会就此出具专项意见,可能无法实现。

基于以上理由,本文认为在监事会之外,宜增加由董事会下设全部由独立董事组成的专门委员会(如名之为公司治理委员会或表决权差异化安排委员会)就差异化表决权安排和行使的合规性等事项出具专项意见,以充分发挥独立董事对此的监督作用,保障差异化表决权架构上市公司里的中小股东的利益。

事实上,香港联合交易所也是采取成立完全由独立董事构成的公司管治委员会,就特别表决权事宜提供咨询意见的做法。当然,由此产生的一个问题是,如果监事会和独立董事组成的专门委员会意见不一致以何为准,原则上无疑应当从严把握。其实在以美国为代表的欧美公司法上,董事会本来就具有公司监督机构的性质,在没有专门监事会的体制之下,公司事务监督本来就是以外部董事和独立董事为主要成分组成的董事会的重要职责。我国近20年对独立董事制度的引入和对其监督权责的赋予,已经使我国公司的董事会具有了公司监督的职能。①

5. 特定情形普通股退出制度和要约收购制度

实践证明,外部市场的敌意收购制度是实现良好公司治理的三大法宝之一。② 就差异化表决权架构上市公司而言,根据《科创板上市规则》第4.5.8条、《创业板上市规则》第4.4.7条,特别表决权股份不得在二级市场进行交易而仅可进行相关转让。因此特别表决权股份具有“非流通股”性质,在这个意义上,克减(表决)权利的普通股股东“用控制权换取了流动性”③,而特别表决权股东用流动性换取了控制权。差异化表决权架构上市公司由此实际上处于“股权分置”状态。由此,特别表决权股东内无可以挑战其“固若金汤”的控制地位的少数股东,外无公开市场的收购压力,特别表决权股东和管理层难免可能陷入不思进取的“安乐窝”中。

另外,为了保证在上市公司收购时让其他非控股股东尤其是公众股东享有退出的权利,且享受到控股股东控制权转让的溢价,各国证券法多规定了上市公司收购时的强制要约制度。《证券法》第69条关于“收购要约提出的各项收购条件,适用于被收购公司的所有股东”和“上市公司发行不同种类股份的,收购人可以针对不同种类

① 参见赵旭东:《公司法修订中的公司治理制度革新》,载《中国法律评论》2020年第3期。

② 其他两个是积极股东和卖空交易。详见张巍:《公司治理,那不是一场和风细雨》,载微信公众号“比较公司治理”2019年12月30日。

③ [美]阿道夫·A. 伯利、加德纳·C. 米恩斯:《现代公司与私有财产》,商务印书馆2005年版,第11页。

股份提出不同的收购条件”的规定亦似无适用之余地，因如前所述，根据《科创板上市规则》第4.5.8条、《创业板上市规则》第4.4.7条的规定，收购人无法直接在公开市场上对上市公司特别表决权股东而仅可对普通股东主动发出要约，无论是部分要约还是全部要约。为适度打破此“股权分置”的局面而促进上市公司控制权股份流动而给予特别表决权股东和管理层适度压力，在收购人为收购特别表决权上市公司控制权而发出的全面要约时是否不在此限？在此基础上，进一步的问题是：(1)是否必须同时对特别表决权股东和普通股股东发出要约？(2)对特别表决权股东和普通股股东发出要约并设置不同的要约条件，该等不同的要约条件(收购数量、价格、支付方式及期限)是否也仍然要做到底线或整体意义上的公平？① 另一个值得讨论的场景是，假设收购人以直接要约方式取得差异化表决权架构上市公司控制权不可行，那么其通过协议方式受让特别表决权股达到30%时是否触发强制要约，因问题是此时收购人取得的特别表决权股自动转换为普通股而可能并未取得公司控制权。更有意思的问题是，在此情形下，此时特别表决权股转换成普通股致使其他普通股持有人的表决权比例被动升高，从而也很可能因超过30%的表决权而被动触发强制要约线。在此情形下，该等被动触发要约收购的普通股东是否也要发出要约，向谁发出要约？②

就公平原则而言，以上问题的答案都为肯定的。其理据在于无论是要约收购或协议转让，在上市公司特别表决权股份通过转让或置换等方式转移给第三方而导致上市公司实际控制权变更时，都应赋予相关上市公司原普通股股东公平退出上市公司的权利。当然，具体操作细节都有待关于差异化表决权架构上市公司收购的特别专门规定出台而予以弥补。

此外，特别表决权资格合法性植根于为实现其立法目的宗旨之正当性，其被轻度滥用时应被限制资格待滥用情形消除及损害填补后予以恢复，而其被重度滥用或其根据不复存在时应被消除资格，在此情形下得依相关当事人申请而强制特别表决权股份向普通股的转化。因此，相关资格的规定和转化的规定存在内在逻辑上的关联，但不具有必然性。自此而言，《科创板上市规则》第4.5.9条和《创业板上市规则》第

---

① 笔者注意到，《上市公司收购管理办法》第26条规定为：以要约方式进行上市公司收购的，收购人应当公平对待被收购公司的所有股东。持有同一种类股份的股东应当得到同等对待。而新《证券法》前述第69条已删除前述“公平”字样。

② 根据现行的科创板规则，假设特别表决权股份比例为10%而表决权比例为90%，其在全部转换后，原来持股总计90%的普通股股东恢复为总计90%的表决权。参见张巍：《当强制要约遇到同股不同权》，载谢庚、徐明主编：《多层次资本市场研究》2019年第1辑，中国金融出版社2019年版，第131页。

4.4.8条(转化条款)、《科创板上市规则》第4.5.3条和《创业板上市规则》第4.4.3条(资格条款)各自在内容上存在进一步完善的空间(尤其是资格条款)。比如,关于积极资格和消极资格的进一步细化。就自然人而言,积极资格核心的如特别表决权股东或其实际控制人若系自然人须具备完全民事行为能力;消极资格核心的如不得为失信被执行人或存在被处以证券市场禁入等情形。而就特别表决权转化而言,《科创板上市规则》第4.5.9条、《创业板上市规则》第4.4.8条强制转化条款也存在完善的空间。比如,严重损害公司及其他股东利益的情形无疑应当触发强制转化。又如,兼顾上市公司收购肯认和特别表决权维护之平衡应当设立打破规则,即收购人在收购或持有公司股份达到一定比例时也应当触发强制转化。此外,相关操作细节及配套罚则(前者如不同情形的认定及强制转化应当履行何种具体程序。后者如相关触发强制转化条款的特别表决权股东未予或怠于通知上市公司应承担的相关责任。有学者也认为,《科创板上市规则》当中,对持有高权重投票权股东的不当行为的惩处力度较弱。在低权重投票权股东对公司缺乏实质性控制的情境下,其难以维护自身合法利益,因此需要政府提供有力的法律保障,加强对高权重投票权股东滥用表决权或其他违法违规行为的追责力度)①和类别表决机制②及其信息披露③等都尚待科创板和创业板差异化表决权制度实践的展开而进一步丰富。从这个意义上来说,中国资本市场第一个差异化表决权架构安排上市公司的诞生意味着相关制度实践也即"活的法律"的生长才刚刚开始。

① 有观点认为,《科创板上市规则》对持有高权重投票权股东的不当行为惩处力度较弱。在低权重投票权股东对公司缺乏实质性控制的情境下,其难以维护自身合法利益,因此需要政府提供有力的法律保障,详见于莹、张赫曦:《机构投资者与我国差异化股权制度的适应性发展》,中国资本市场法治论坛2019年会议论文。对相关主体违规的具体追责视情节轻重采取监管措施、纪律处分和行政处罚不同的手段,如警示、关注和警告、公开谴责、限制或剥夺表决权,严重的当然也包括强制退市。

② 相关规则必须根据"利益相关原则"进一步明确,详见朱慈蕴、沈朝辉:《类别股与中国公司法的演进》,载《中国社会科学》2013年第9期。具体表决机制建议可借鉴《到境外上市公司章程必备条款》(1994年颁行)第九章的规定。

③ 现有规则仅规定了上市公司应当在股东大会通知中列明持有特别表决权股份的股东、所持特别表决权股份数量及对应的表决权数量、股东大会议案是否涉及第4.5.10条规定事项等情况,而并未对各自表决结果相关披露要求作进一步规定。

《证券法》修订视野下的上市公司董事、监事及高级管理人员责任保险若干法律问题刍议

——以保险条款为视角

张 未*

摘 要:随着《证券法》的修订、注册制的推行以及瑞幸咖啡财务造假事件的持续性影响,原本小众的上市公司董事、监事及高级管理人员责任保险成为资本市场的焦点,相关保险条款的约定将直接关系能否理赔进而弥补投资者的损失以及发生保险事件时提升被保险人的抗辩能力,充分发挥其经营潜能,进而实现对公司价值提升、公司治理、投资者保护及社会责任的积极作用。

关键词:证券法 信息披露 保险责任 赔付 投资者保护

一、董监高责任保险概述

在高风险强监管的证券市场,保险应是其中作为重要参与者的上市公司及其董事、监事、高级管理人员(以下简称董监高)进行风险转移的重要安排。但由于种种原因,上市公司董监高责任保险(以下简称董责险或该保险)始终缺位,投保率极低(据统计,我国A股投保董责险的上市公司仅有4%①),在广大投资者利益的保障,降低公司运营风险,促进公司管理层充分行使权利、履行职责、实现社会责任、促进公司治理、提升公司价值等方面未能充分发挥其应有的作用。

董责险是指以董事或高级职员(除公司董事之外在公司担任重要职务的人员,其范围主要包括经理、监事、董事会秘书及财务负责人等)向公司或第三人(股东、债权

* 中信建设投资发展有限公司法务经理、企业法律顾问。

① 参见王民:《A股董责险的春天到来了吗?》,载微信公众号"通用再保险"2020年6月17日。

人、公司雇员等利益相关者)承担的赔偿责任为保险标的的一种保险合同。[①]

在国内承保该保险的保险公司主要包括美亚、苏黎世、安达、史带、平安、华泰、京东安联、太平等公司,各保险公司的基本条款相对完备且大致相同,保障内容各有侧重,主要是附加保障内容与承保结构有所不同。

二、董责险合同条款剖析

(一)先行赔付责任

随着《证券法》第 93 条[②]将先行赔付制度法定化及将先行赔付的主体进一步扩大,公司面临着因先行赔付而导致的重大风险,而现有保险中的证券监管及诉讼保险责任一般不包括先行赔付的情形,被保险人十分关注先行赔付后如何向保险公司理赔的问题。

由于董责险的触发机制为监管机构调查或投资者诉讼,先行赔付后向上市公司追偿的情况并未明确被列明在董责险的触发机制内,存在无法理赔的风险。先行赔付后无法理赔的原因主要包括:首先,上市公司在面临先行赔付发起人追偿的同时,依然无法避免投资者针对上市公司的诉讼,而该情形为董责险应当承保的情形;其次,先行赔付的方案由被保险人的控股股东、实际控制人或相关的证券公司发起,并不完全反映被保险人的意图,这与被保险人与保险公司对于确定保险责任须达成共识的理念相悖;再次,如先行赔付可通过董责险赔偿,则直接受益人为上市公司的控股股东、实际控制人或相关的证券公司,与董责险保障公司及董监高个人利益的理念相悖;最后,先行赔付也有实际控制人或者控股股东以其他方式占用上市公司资金之嫌。

在此,建议被保险人在出现监管调查或投资者诉讼的情形时,及时与保险公司进行沟通,以上市公司的立场处理相关事件,积极应对调查或启动抗辩程序,以避免在先行赔付后的追偿环节引发保险理赔争议。一般专业服务绝对责任免除批单中会将券商在内的中介机构因基于或可归因于向他人提供或未能提供专业服务所产生的损失囊括在内。证券公司等其他相关中介机构,须承担连带责任的,一般启动其自有的

① 参见孙宏涛:《董事责任保险合同研究》,中国法制出版社 2011 年版,第 18 页。

② 该条规定:发行人因欺诈发行、虚假陈述或者其他重大违法行为给投资者造成损失的,发行人的控股股东、实际控制人、相关的证券公司可以委托投资者保护机构,就赔偿事宜与受到损失的投资者达成协议,予以先行赔付。先行赔付后,可以依法向发行人以及其他连带责任人追偿。

职业责任险保单进行风险转嫁。

当然，由于保险条款的更新相较于法律的修改存在一定滞后性，在现阶段虽然大部分保险条款尚未将先行赔付纳入保险责任范围，但相信随着司法实践及理论的发展与丰富，将促使保险条款进一步修订以适应公司面对监管及司法的要求。

（二）除外条款

所谓除外条款，是指公司在购买董责险之后，并非董监高实施的任何行为所引发的赔偿责任均由保险人承担，对于某些赔偿责任，保险人可以依照除外条款的规定拒绝承担保险责任。

通过梳理各大保险公司的条款，董责险相关的除外条款主要包括：故意违法行为引起的损失（经不可上诉的司法程序认定的）；先前的赔偿请求和情况（保险期间开始前已发生且被保险人已知道或应当知道的赔偿请求或可赔情况）；被保险公司的控股股东及/或实际控制人提起的赔偿请求；保险期间内发生重大风险变更后的行为或状况而引起的损失，保险人个人身体伤害或财产损失等。

1. 行政罚款通常无法得到赔付

董责险是一种只为忠实、诚信的董监高提供的风险转移机制，只保风险，不保违规，某些方面类似交强险。

董责险的赔偿责任一般仅指民事赔偿责任，不包括刑事责任与行政责任，国外的董责险在这点上与国内也保持一致。理由主要是基于以保险来保障行政罚款与刑罚处罚，违背社会的公序良俗，削弱监管机构对上市公司管理者的惩戒与威慑，也容易引发道德风险。董责险对于董监高来说，可以理解为对民事赔偿责任的一种保障。很少有保险公司承保行政罚款，即使有也是小额的且须经不可上诉的司法判决所确认。保险条款中关于行政罚款的保障是否可行以及赔付比例，理论上仍有争议，特别是因疏忽导致的罚款与罚金导致的损失等问题，有待进一步研究。

2. 有限追溯的赔偿范围

董责险为索赔发生型保险，是指以第三人向被保险人提出索赔请求的事实发生在保单的有效期间内作为保险人赔偿保险金的前提条件。但保险期间开始前已发生且被保险人已知道或应当知道的赔偿请求或可赔情况所引起的，或以其为基础或原因而引起的损失不在赔偿责任范围内。由于董责险往往有固定期限（如 1 年），保障期较短，因此保险条款会给予额外的扩展期限。在保单条款还专门约定了“发现期”

条款。[①]

基于董责险有别于一般的事故发生型保险的特征,其具有一定的可追溯性,保险公司通常会借助公开的信息披露以及被保险人的自我披露审查被保险公司是否存在违规行为,以除外批单约定的方式排除之前因监管调查和处罚已发生或将发生的损失,因此,越早投保越佳。

3. 除外条款的范围

如果除外条款的内容过于宽泛,则保险人承担赔偿责任的概率将大大降低,董责险内含的分散董监高经营责任风险的功能也就无法实现;如果除外条款的范围过于狭小,则保险人承担赔偿责任的概率将大大增加,保险人的经营风险将会进一步增大,由此可能引发保险费率的上调,而且,范围过于狭小的除外条款还可能会引发被保险人的道德风险,出现被保险人之间恶意串通骗取保险金的现象,这也有违董责险制度的初衷。基于此,为了实现董责险合同双方当事人之间的利益平衡,应当科学、合理地界定除外条款的范围。[②]

(三)保单责任可分性

一般在保险条款中会作出如下规定:"本保险合同具有可分性,分别承保各被保险人各自的利益。任何被保险个人或其代表所作的陈述,或其掌握的信息或知悉的情况,不应对确定其他被保险个人是否可以获得本保险合同所提供的保赔造成任何影响。"

1. 可分性的法律基础

《信息披露违法行为行政责任认定规则》第16条、[③]第21条[④]规定了董监高可以

① 某保险中的发现期条款:本保险合同届满后,如不再有任何保险(包括本保险)为被保险人提供董事、监事及高级管理人员责任保险保障或类似保障,则被保险人自动享有90天的发现期。这意味着,即使在保险合同终止之后,投保人才提出索赔请求,只要索赔发生在发现期内,保险人仍然应当承担保险责任。

② 参见孙宏涛:《董事责任保险合同除外条款范围的合理界定》,载《法学》2010年第6期。

③ 《信息披露违法行为行政责任认定规则》第16条规定:"信息披露违法行为的责任人员可以提交公司章程,载明职责分工和职责履行情况的材料,相关会议纪要或者会议记录以及其他证据来证明自身没有过错。"

④ 《信息披露违法行为行政责任认定规则》第21条规定:"认定为不予行政处罚的考虑情形:(一)当事人对认定的信息披露违法事项提出具体异议记载于董事会、监事会、公司办公会会议记录等,并在上述会议中投反对票的;(二)当事人在信息披露违法事实所涉及期间,由于不可抗力、失去人身自由等无法正常履行职责的;(三)对公司信息披露违法行为不负有主要责任的人员在公司信息披露违法行为发生后及时向公司和证券交易所、证券监管机构报告的。"

以其职责分工和职责履行等情形证明自身没有过错。《证券法》第82条第4款[①]新增了董监高对于信息披露文件可发表独立意见的信息披露异议权,从而进一步强化了保单责任可分性的实践意义。

可分性恰恰是依据上市公司董监高的不同职责所作的区分,并进一步厘清其会计责任、管理责任及监督责任。在一个越来越强调分工的社会中,公司中主管会计工作的财务总监承担会计责任,高级管理人员只承担管理失察的责任,监事及独立董事承担监督责任。实践中,一般认为,不负有主要责任的人是指董事长、总经理、董事会秘书、财务总监以外的董监高人员,特别是外部的董监事。高管有着明确的领导层级属性,具有从属性和狭视性,除了董事长或总经理,其他高管都不应为全局负责。

2. 可分性的司法实践

从现有案例[②]来看,监管部门对证明已经充分履行勤勉尽责义务的标准并不统一,谨慎人标准抑或理性人标准在个案中均有适用。相比内部董监高而言,主要依靠会议及书面文件履职的独立董事证明其履行了必要的勤勉尽责义务是可以减轻或免除责任的。但总体而言,由于在我国监管及司法实践中并未明确区分内外部以及具有不同专业背景的董监高的责任及判断标准,导致认定违规及承担民事责任上具有趋同性,在这一点上保单责任的可分性在一定程度上被弱化,不利于信息披露目标的实现。

可以借鉴域外的立法例,[③]综合当事人的身份,对管理层、专家意见的信赖度,免责事由等因素予以类型化,合理界定董监高的责任,罚当其罪,防止董监高责任泛化。

3. 从晚近案例看可分性

2020年4月24日,深圳市兆新能源股份有限公司(以下简称兆新股份或公司)披露2019年年度报告,公司5位董事、3位监事及4位高级管理人员均声明称,无法保证公司年度报告的真实、准确、完整。[④] 深圳证券交易所网站发文称:"(兆新股份)

---

① 《证券法》第82条第4款规定:"董事、监事和高级管理人员无法保证证券发行文件和定期报告内容的真实性、准确性、完整性或者有异议的,应当在书面确认意见中发表意见并陈述理由,发行人应当披露。发行人不予披露的,董事、监事和高级管理人员可以直接申请披露。"

② 详见2010年10号行政处罚书(三位独立董事豁免处罚)、2017年32号行政处罚书(接任的总经理受到处罚)及2018年9号行政处罚书(独立董事受到处罚)。

③ 详见美国《1933年证券法》第11(a)(b)条。如美国外部董事的抗辩标准:合理而非完美的勤勉标准、低于内部董事的勤勉标准、合理范围内可信赖来源的调查、可以信赖管理层面对质疑的合理陈述。

④ 详见《兆新股份2019年年度报告》第一节中的"重要提示"。

董监高的异议行为不代表其已经勤勉地履行职责,不等于其可以免除责任。"[①]那么对于董责险的理赔来说,董监高作出不保证披露文件真实的声明或是对表决事项投反对票抑或二者均行使才能体现其对信息披露的信义义务,履行其勤勉尽责的义务?

《公司法》第 112 条第 3 款规定,[②]只有当董事未尽忠实或注意义务,致使董事会决议违反法律、行政法规或者公司章程、股东大会决议,存在主观上的过失,其过失致使公司遭受损失时,才对公司负赔偿之责。如果董事主张免除责任,则应当证明自己无过错,即在表决时曾对决议表明异议并记载于董事会会议记录。[③] 结合《证券法》第 78 条第 2 款[④]与第 82 条第 3 款,[⑤]上市公司董监高应当保证上市公司所披露的信息真实、准确、完整,只有上市公司所披露的信息真实、准确、完整,投资者才可以通过阅读上市公司的信息,对少数公司信息披露中存在的问题有所发现,避免一些投资失误。因此,董监高行使《证券法》第 82 条第 4 款新增的信息披露异议权应同时具备对信息披露事项投反对票且同时作出不保证声明时才可免责。根据体系解释,若允许董监高对信息披露事项投赞成票后仅作出不保证披露文件真实的声明即可免责,与上述法律条款的立法宗旨相悖,足不可取。

在公众公司中尤其如此,股东与其说是公司的所有者,毋宁概括为旁观者和监督者。董事会在决议过程中未如实或充分告知必要信息、操纵会议程序以左右投票结果,均可能损害股东知情权、参与权、表达权与投票权,使股东会议事完全虚置。知晓为合理决策必要之事实,既是股东管理性权利的当然组成部分,也是股东会议事的自然要求。股东在会议中获知信息主要有依董事会告知和依股东质询两种途径。[⑥]

公众公司中的投资者作为股东,其作出投资决策判断的信息主要源于上市公司的信息披露及董监高的声明,信息披露异议权的适用除能促使董监高充分行使信息

---

① 《深交所高度关注兆新股份年度报告　要求董监高勤勉履职》,载深圳证券交易所官方网站 2020 年 4 月 26 日,http://www.szse.cn/aboutus/trends/news/t20200426_576451.html。

② 该款规定:董事应当对董事会的决议承担责任。董事会的决议违反法律、行政法规或者公司章程、股东大会决议,致使公司遭受严重损失的,参与决议的董事对公司负赔偿责任。但经证明在表决时曾表明异议并记载于会议记录的,该董事可以免除责任。

③ 参见安建:《中华人民共和国公司法释义》,法律出版社 2013 年版,第 182 页。

④ 《证券法》第 78 条第 2 款规定:"信息披露义务人披露的信息,应当真实、准确、完整,简明清晰,通俗易懂,不得有虚假记载、误导性陈述或者重大遗漏。"

⑤ 《证券法》第 82 条第 3 款规定:"发行人的董事、监事和高级管理人员应当保证发行人及时、公平地披露信息,所披露的信息真实、准确、完整。"

⑥ 参见周淳:《组织法视阈中的公司决议及其法律适用》,载《中国法学》2019 年第 6 期。

披露审议权利，履行《公司法》第147条[①]所规定的忠实勤勉履行义务之外，也是为了保护广大股东特别是中小投资者的切身利益。

（四）第三方认定条款

董责险合同中常约定“双方同意委托一致认可的第三方律师对此进行评估。该第三方律师的评估意见将作为该行为是否构成故意违法行为的最终依据，对保险人与被保险人均有约束力”。[②] 此项规定增加了被归为保险除外责任的可能性，对上市公司不利。

一旦发生纠纷，司法机关是否仅依照第三方律师的意见对是否构成故意违法行为作出判断，还是进行独立的实质审查？法院作为公权力机关有权独立审查，第三方律师的意见当然可作为证据材料提交，但并不能作为最终的依据。对于是否构成故意违法行为的最终依据，仍应以“经不可上诉的司法程序终局判决或仲裁裁决”或当事人自认为准。在非保险领域的司法判决中也持前述观点。[③]

（五）定制化条款

鉴于董责险为索赔发生型保险以及投保对象的特殊性，因此，除适用由保险人预先拟定的格式条款之外，还存在保险公司与上市公司单独磋商确定的个性化条款（包括保险费的确定），这些附加保障内容对保险合同的履行也产生重要作用。

1. 典型的附加保障条款

典型的附加保障条款包括子公司及其董事与高级管理人员保障、共同财产责任保障、危机管理保障、董监高安全防护保障、董监高损失保障、知识产权责任、产品责任、环境污染责任、不当雇佣责任、境外索赔条款等。前述条款通常针对上市公司的个性化需求。

在长生生物科技股份有限公司因其全资子公司长春长生生物科技有限责任公司重大违法强制退市一案后，很多上市公司越来越重视此条款，常见的保险条款的描述为“本保险合同自动扩展承保在保险期间内成为子公司的任何实体”。相比上市公司

---

① 《公司法》第147条第1款规定：“董事、监事、高级管理人员应当遵守法律、行政法规和公司章程，对公司负有忠实义务和勤勉义务。”

② 如美亚董责险约定：本公司和被保险人同意将其提交资深律师决定，资深律师作出的决定将是最终的，所有当事人均应遵守。被保险人和本公司有权书面提请资深律师确定责任分摊。资深律师确定责任分摊所发生的费用应按损失分摊的比例予以分摊。如平安董责险约定：若保险人和被保险人针对本条责任免除的适用性存在分歧的，应于明确分歧之日起的30个工作日内进行协商，协商不成的，双方同意委托一致认可的第三方律师对此进行评估。该第三方律师的评估意见将作为该行为是否构成故意违法行为的最终依据，对保险人与被保险人均有约束力。

③ 详见（2019）沪民申18号【裁判要旨】：合同当事人约定由第三人裁决双方纠纷的条款无效，第三人作出的裁决不发生法律效力。

本身公司风险及内控管理的重视而言,大部分公司疏于对其子公司的监督,导致违法情况频发。根据新修订的《证券法》以及沪、深两大证券交易所发布的《上市公司重大违法强制退市实施办法》①,子公司遭受重大行政处罚且具有重大违法行为将导致退市。在实践中,不乏存在上市公司子公司财务报表引起索赔的案件,此时,通过此条款或可转移部分风险。

其他大多数的附加保障条款与董责险主险并无强关联性,上市公司完全可以通过另行投保的方式予以相关方面的保障。对于高科技企业、快消企业、环保企业、劳动密集型企业,可在主险承保的同时投保知识产权责任、产品责任、环境污染责任、不当雇佣责任等附加险。

2. 董责险的费率计算

费率属于保险精算领域的范畴,通常会设定一个上市板块(如A股上市公司)的基准费率,根据公司行业类型(如传统行业一般风险较低,生物科技、网络科技等新兴行业具有较高风险)、内部治理(董监高的经验、水平、声誉;内外部董事的配比;管理层与实际控制人是否分离)、市值规模、财务实力、过往诉讼、收购兼并等因素,设计调整系数,并结合实际保障范围、保障限额、免赔额与附加条款、特别约定及与资本市场的监管政策风险(如《证券法》修订及配套规范性文件的修改)等方面进行进一步的费率调整并确定保险合同的条款细节。

保险公司会借助董责险风险问卷进一步了解在公开的招股说明书披露以外的影响保险风险系数的信息,上市公司通过填写《问卷回复》《客户信息登记表》《投保申请书》等文件以及提供相关资料履行如实告知义务,应保持填写的表格、提交的材料与公开披露信息三者内容一致,避免在索赔时产生纠纷②。

(六)与招股说明书责任保险的关系

在招股说明书责任保险(以下简称招股书险)中,保险公司可赔偿被保险人因遭受招股说明书(含历次问询、路演)赔偿请求(不实或误导性声明或信息、疏忽)所导致的损失。其与董责险在被保险人、保险范围与发挥的作用方面多有重合之处,是相

---

① 《上海证券交易所上市公司重大违法强制退市实施办法》第5条规定:"上市公司涉及本办法第二条第(二)项规定的重大违法行为,存在以下情形之一的,其股票应当被终止上市:(一)上市公司或其主要子公司被依法吊销营业执照、责令关闭或者被撤销;(二)上市公司或其主要子公司依法被吊销主营业务生产经营许可证,或者存在丧失继续生产经营法律资格的其他情形。"

② 详见万得诉共保公司董责险一案。转引自符望、朱颖琦:《上市公司董监高责任险中的如实告知义务及相关问题——对一起美国中概股上市公司跨国保险索赔案例的思考》,载黄红元、卢文道主编:《证券法苑》第20卷,法律出版社2017年版,第286~289页。

辅相成的“母子险”。

毕竟两种保险存在一定差异，上市公司可分别投保董责险与招股书险，并约定互不侵蚀保额。在保险期限方面，招股书险一般为五年以上，长于每年投保的董责险，可约定在每年续保时考虑从董责险中剔除招股书保险中的部分风险，实现成本的最优化。在举证责任方面，会经常发生二者保险的责任交叉，建议在合同中进行相应安排避免被保险人分割举证面临困难。

（七）保险人的抗辩义务

保险人通常在保险合同中约定其在理赔过程中全程陪同被保险人并提供抗辩等合理服务及专业建议协助，保险人亦有权通过抗辩律师或权威专家充分参与抗辩。保险人作为专业机构，其是否履行抗辩义务以及履行抗辩义务是否尽责直接关系被保险人的切身利益。

由于国内因董责险产生的相关纠纷很少，其中涉及抗辩义务履行的就更少。仅在“万得公司诉共保公司董责险案”中提到了相关义务的履行情况。① 在国内董责险尚不普及的背景下，囿于上市公司本身缺乏相关的经验与能力，很难独自完成抗辩，导致不必要的损失发生。因此，保险人的抗辩就显得尤为重要。

由于保险人与董责险的被保险人的利益在绝大多数场合是一致的，因此上市公司应向保险公司及时告知并提供有关任何赔偿请求或情况的全部相关信息，在不违背相关法律法规及监管规定（如信息披露）的前提下充分尊重保险人及其聘请的中介机构的专业意见，以实现保险人与被保险人利益的最大化。

（八）责任分摊条款

从广义上讲，董责险合同中的责任分摊包括两种类型：一种类型是因责任主体引起的分摊，即当第三人对参加保险的被保险人和未参加保险的责任主体提起连带赔偿责任诉讼时，对赔偿责任与抗辩、和解费用的分摊；另一种类型是因索赔事项引起的分摊，即当第三人对参加保险的被保险人提起的诉讼中包含了不属于保险合同承保范围的事项时，对赔偿责任与抗辩、和解费用的分摊。②

---

① 对于保险索赔案，万得公司聘请了保单约定的美富律师事务所在美国进行抗辩，美富律师事务所通过电子邮件方式将诉讼过程中发生的工作内容和费用账单不断向美亚深圳分公司及4家共保公司告知，美亚深圳分公司审核和认可了相关费用。转引自符望、朱颖琦：《上市公司董监高责任险中的如实告知义务及相关问题——对一起美国中概股上市公司跨国保险索赔案例的思考》，载黄红元、卢文道主编：《证券法苑》第20卷，法律出版社2017年版，第282页。

② 孙宏涛：《论董事责任保险中赔偿责任与抗辩、和解费用之分摊》，载《比较法研究》2010年第4期。

大多数保险合同均约定:“如赔偿请求同时涉及本保险合同承保的以及不承保的事项或个人,则被保险人和本公司应尽合理努力,考虑相应法律和财务风险以及相关当事人取得的相应利益,并基于公认责任分摊的司法原则,以确保对本保险合同承保的损失进行公平、适当的分摊。”此种具有概括性、原则性的约定条款往往也是基于董责险合同分摊纠纷的专业性与复杂性,难以得出一种明确且易于操作的分摊方案。这也将导致被保险人与保险人对于分摊比例产生纠纷。

首先,保险合同中的不同主体及司法机关对于何为公平、适当的判断各不相同。例如,对于同一风险因素,不同当事方认为其对赔偿责任产生的影响程度均不同。

其次,如何合理分配各保险参与人对于责任分摊的举证责任将是摆在司法机关面前的一个难题,有利于被保险人的原则在其中能否以及如何运用?

合理、明确的合同约定有助于当事人事前、事中积极采取预防措施,降低当事人的风险,实现合理的期待利益或采取转移预期风险的措施,同时也减少由于这种风险产生的社会成本及司法机关的负担。否则,一方面,会助长当事人试图通过司法裁判改变既有权利义务的安排;另一方面,将使资源的配置无法达到最优,从而阻碍董责险功能的实现。

(九)退市保障

《国务院办公厅关于进一步加强资本市场中小投资者合法权益保护工作的意见》(国办发〔2013〕110 号)中规定了“上市公司退市引入保险机制,在有关责任保险中增加退市保险附加条款”。[①] 自证券交易所作出对公司股票实施重大违法强制退市的决定到公司股票暂停上市,公司进入退市整理期,到终止上市摘牌直至转入全国中小企业股份转让系统进行股份转让的整个期间,上市公司仍有可能因此前的相关证券违法行为导致索赔,但由于我国证券市场始终缺乏完善的退市机制,导致众多公司并不重视退市期及退市后的保障。

随着《证券法》删除暂停上市的规定,证券交易所可能进一步调整终止上市的具体情形,加速不符合上市条件的上市公司退市进程,提高退市的效率,强化市场的优胜劣汰功能。因此,退市保障不再是一个可有可无的具文,其越来越受公司的关注。

在保险合同中通常以“发现期”保障条款为退市保障提供解决方案。该条款是

---

① 例如,平安董责险约定:若被保险公司于保险期间内自所在的证券交易所完成退市并摘牌,本保险合同不会立即终止,且保险人将在保险期间结束后,额外提供自保险期间届满后起算为期 36 个月的退市保障期,但在退市保障期内,保险人仅承保被保险人于被保险公司摘牌之日前的行为或状况而于退市保障期内遭受赔偿请求所引起的损失。

指，在退市后若干年的保险期间内发生索赔，而主张的事由发生在退市之前，则依旧可获得董责险的保障。

（十）保险的审议

《上市公司治理准则》第24条规定："经股东大会批准，上市公司可以为董事购买责任保险。"因此提交股东大会进行审议是董责险投保的必备环节。根据上述部门规章，一些上市公司相应修改了公司章程，将购买董责险作为其股东大会职权之一。①

由于董责险的被保险人包括董监高，一定程度上涉及利益输送及资金占用，②尤其是在实际控制人、控股股东被列入董责险的被保险人时，③因此按照《公司法》④规定，对于购买董责险议题，董事会应全体回避并直接提交股东大会审议，股东中的董监高及其控制、任职的企业均需要回避表决。实践中，上市公司应对中小投资者进行单独计票，单独说明5%以下股东的表决情况。⑤ 在现有的实践中，尚未发现股东大会不予通过的案例。招股书险虽然未在《上市公司治理准则》中明文规定，但因其与董责险的同质性也应履行与董责险相同的审议程序。

三、《证券法》视野下董责险的价值实现

董责险制度能否发挥其功用与《证券法》的实施密切相关，其价值功能与《证券法》所强调的强化控股股东、实际控制人重大事件告知和配合义务、董监高的信息披露责任，完善投资者保护及维权机制，压实中介机构法律责任，加强监管执法与风险防控的意旨相一致。

---

① 如《华联股份公司章程》第40条第2款规定，"选举和更换非由职工代表担任的董事、监事，决定有关董事、监事的报酬事项、购买责任保险事项"。

② 详见《上市公司治理准则》（2018年修正）第70条规定："控股股东投入上市公司的资产应当独立完整、权属清晰。控股股东、实际控制人及其关联方不得占用、支配上市公司资产。"

③ 详见《首次公开发行股票并上市管理办法》（2018年修正）第20条规定："发行人有严格的资金管理制度，不得有资金被控股股东、实际控制人及其控制的其他企业以借款、代偿债务、代垫款项或者其他方式占用的情形。"

④ 详见《公司法》第124条规定："上市公司董事与董事会会议决议事项所涉及的企业有关联关系的，不得对该项决议行使表决权，也不得代理其他董事行使表决权。该董事会会议由过半数的无关联关系董事出席即可举行，董事会会议所作决议须经无关联关系董事过半数通过。出席董事会的无关联关系董事人数不足三人的，应将该事项提交上市公司股东大会审议。"

⑤ 详见《国务院办公厅关于进一步加强资本市场中小投资者合法权益保护工作的意见》（国办发〔2013〕110号）："四、建立中小投资者单独计票机制。上市公司股东大会审议影响中小投资者利益的重大事项时，对中小投资者表决应当单独计票。单独计票结果应当及时公开披露，并报送证券监管部门。"

(一)信息披露视野下的董责险

由于现行法律法规及监管规定并未强制要求上市公司公开披露投保董责险的信息,因此仅有部分上市公司在投保董责险相关事宜的公告中对保险合同中的具体内容(如责任限额、保费支出、保险期限等)进行了披露,[①]部分上市公司则仅仅就购买董责险须由董事会提议并经股东大会审议作了披露。提供相关的保险方案有助于投资者了解保费等信息与公司基本情况的关系,同时也能引起市场上其他上市公司对董责险的关注,推广董责险的实践。

从 A 股鲜有的董责险赔付案例所公布的某上市公司的提示性临时公告,[②]可知该上市公司在保险事件发生直至保险资金理赔完毕过程中,仅披露了“鉴于公司已投《董监事及高级管理人员责任保险》,上述补偿资金将部分源于保险公司”的内容,但并未详细公开如何协商、抗辩、和解及赔付金额的具体情况。这实际上使在股东大会审议董责险中投赞成票的中小股东无法获知保险在多大程度上发挥了作用,因为这将直接影响其投资的上市公司的当期损益,进而导致投资者对公司的经营状况难以形成一种理性的判断。上市公司应当按照《证券法》第 84 条[③]“自愿披露与投资者作出价值判断和投资决策有关的信息”的规定并借鉴域外相关董责险披露的实践,[④]充分披露与董责险有关的信息。充分的信息披露也便于股东发起维权诉讼。

(二)投资者保护视野下的董责险

在国内资本市场上市公司股权较为集中极易形成内部人控制的背景下,董责险所蕴含的投资者保护的价值愈发重要。股东为了自己的短期利益,有可能无视投资者的利益,这也与公司的长期利益相违背。证券市场是多方主体共同参与的财富再分配市场,作为市场繁荣发展基础的投资者特别是中小投资者面临着包括上市公司及其控股股东、实际控制人、董监高在内的信息披露义务人的多重侵害的可能。

《证券法》设立了“投资者保护”专章,进一步凸显了投资者保护是整个证券市场的基本理念与价值取向及追求的目标,其中亟须完善的便是对中小投资者权益的保

---

① 如虹软科技临 2019-004;南微医学临 2019-008。

② 详见海润光伏科技股份有限公司临 2014-075、临 2014-077、临 2014-085、临 2014-163。

③ 该条规定:除依法需要披露的信息之外,信息披露义务人可以自愿披露与投资者作出价值判断和投资决策有关的信息,但不得与依法披露的信息相冲突,不得误导投资者。发行人及其控股股东、实际控制人、董事、监事、高级管理人员等作出公开承诺的,应当披露。不履行承诺给投资者造成损失的,应当依法承担赔偿责任。

④ 英国《1989 年公司法》第 301 条规定:投保或续签董事责任保险应在公开披露的董事会报告和公司年报中予以披露。加拿大多伦多证券交易所自 1993 年起就要求在该所挂牌上市的所有公司必须向投资者公开披露更多信息,其中包括公司购买董事责任保险的相关信息。参见宋一欣、孙宏涛:《董事责任保险与投资者权益保护》,法律出版社 2016 年版,第 100~101 页。

护。对于数额巨大的赔付金额及和解费用，以董监高的个人财产甚至上市公司的全部资产根本无法及时弥补中小投资者的损失。随着《证券法》的修订及其配套措施的进一步完善，通过诉讼维权的投资者人数会越来越多，案件数量及索赔金额将不断提高，在此背景下，中小投资者能否获得切实有效的赔偿直接关系他们的合法权益，甚至直接影响广大中小股民对中国证券市场的信心和投资热情。因此，公司及相关责任人是否购买董责险对这部分股东能否获得实际赔偿起到了相当重要的作用。[①] 被保险人可以借助董责险的风险分散机制减轻其责任负担，而投资者在发生保险事故时，通过董责险的利益保护机制，借助保险人赔偿的保险金可以使其获得基本保障。

（三）压实中介机构职责视野下的董责险

本文梳理晚近20年来，国家及各部委出台的一系列有关董责险相关的文件[②]不难看出，保险公司作为广义的证券中介机构被赋予的重要职责。

上市公司在董责险合同订立前向保险公司履行如实告知潜在风险，在履行中出现重大风险变更的及时通知义务，以及在出现危机事件后及时合理的披露义务均能使保险公司在其中可以充分发挥保险的激励约束作用，强化事前风险防范，减少保险事故发生，实现风险与定价相匹配，促进合规经营和突发事件的危机管理，与此次《证券法》修改所强调的压实中介机构职责的目的不谋而合。

（四）证券违法风险防控视野下的董责险

新修订的《证券法》显著提高了上市公司的证券违法成本，这有助于严厉惩治并震慑违法行为人，进一步肃清市场，促使上市公司合法合规操作。根据《企业内部控制基本规范》及《上海证券交易所上市公司内部控制指引》的规定，企业内部控制风险分担是企业准备借助他人力量，采取业务分包、购买保险等方式和适当的控制措施，将风险控制在风险承受度之内的策略。其主要措施包括业务分包、保险、出售、开

---

① 参见宋一欣、孙宏涛：《董事责任保险与投资者权益保护》，法律出版社2016年版，第83页。

② 相关文件包括中国证券监督管理委员会《关于在上市公司建立独立董事制度的指导意见》（证监发〔2001〕102号）第7条第6项的规定：上市公司可以建立必要的独立董事责任保险制度，以降低独立董事正常履行职责可能引致的风险。《国务院关于保险业改革发展的若干意见》（国发〔2006〕23号）第5条的规定：大力发展董事责任险在内的责任保险。

《国务院办公厅关于进一步加强资本市场中小投资者合法权益保护工作的意见》（国办发〔2013〕110号）第6条的规定："上市公司退市引入保险机制，在有关责任保险中增加退市保险附加条款，健全证券中介机构职业保险制度"。

国务院印发《关于加快发展现代保险服务业的若干意见》（国发〔2014〕29号）第3条第8项的规定：加快各类职业责任保险，充分发挥责任保险在事前风险预防、事中风险控制、事后理赔服务等方面的功能作用，用经济杠杆和多样化的责任保险产品化解民事责任纠纷。

脱责任合同以及合同中的转移责任条款五种。保险作为战略制定和经营活动中风控的重要手段及风险管理的重要制度安排,不仅可以发挥事后补救功能,还能凭借内控体系起到事先的预防功能,保证公司战略目标的实现。

四、结　语

据不完全统计,截至2020年5月,已有72家A股上市公司公告将为公司董监高人员购买责任险,其中,2020年4月以来公告拟为公司高管投保董责险的上市公司有58家,超过2019年全年。[①] 在不断优化营商环境,构建世界第二大资本市场以及国内投资文化普遍不成熟、欠缺风险意识的双重背景下,急需诸如董责险为代表的多层次制度供给,实现控制交易风险与降低交易成本的平衡。

董责险合同的订立、审议、履行、赔付本身就集成了《合同法》《证券法》《公司法》《保险法》等部门法规范,具有契约法与组织法的交叉性。因此董责险制度的顺利实施有赖于各法适用的协调与衔接。由于董责险为“舶来品”,国内的董责险可以在参考国外成熟保险条款的同时,根据我国的法律体系和现实情况,在《民法典》以及《公司法》即将修改的背景下设计出符合国内资本市场的除外条款,可分性条款,责任分摊、退市保障以及定制化等条款,更好地满足我国董责险市场的发展需求。

随着投资者保护理论的不断丰富及司法实践的经验积累,作为一种法律调整手段的董责险制度是一种市场相关主体基于契约而形成的法律调控工具,市场相关主体将同时发挥契约调整手段:投资者通过与公司签订完备的契约,国家形成监督契约执行的有效机制[②]及通过法律调整手段保护投资者利益的功能。使董责险这一横跨保险与证券市场的保险产品(工具)成为大多数上市公司的必选项,[③]将更好地弥补现有投资者保护手段的单一性,实现多种手段相结合,最终形成完善的投资者保护权利架构与合理的程序。

上市公司及其董监高不仅要为控股股东服务,而且也应该为包括中小投资者在

---

① 参见邓雄鹰:《瑞幸咖啡冲击波!这一险种火了,今年72家A股公司紧急行动,最高限额8000万美元!能“保”财务不造假吗?》,载微信公众号“券商中国”2020年5月4日。

② 郭文英、徐明主编:《投服研究》第1辑,法律出版社2018年版,第12页。

③ 例如,依照美国《1933年证券法》的规定,纽约证券交易所与纳斯达克证券交易所的所有上市公司都被要求投保董事责任保险,以便在董事的个人财产不足以赔偿受害人的损失时,由保险人向受害人赔偿保险金。香港联合交易所《企业管制守则》第A.1.8条规定:发行人应当为董事购买适当的董事责任保险。参见宋一欣、孙宏涛:《董事责任保险与投资者权益保护》,法律出版社2016年版,第94页。

内的更广泛的利益相关者服务,实现公司收益与对利益相关者的回报相匹配。董责险的目标是实现投资者(中小股东)、被保险人(公司及管理层)、投保人(上市公司)、债权人及资本市场多方主体诉求与利益的平衡。笔者相信,在发挥董责险风险分散机制的同时,充分发挥其对于包括投资者利益在内的保护机制,将使董责险成为证券市场中一项不可或缺的使多方主体共赢的制度。

《证券法》第 82 条第 4 款董监高“拒绝保证声明”的法律效力
——动态解释论的视角

梁晨颖*

摘　要:《证券法》第 82 条第 4 款为《证券法》2019 年修订时的新设条款。该条款在文义射程内存在多重解释可能。《证券法》第 82 条第 4 款中董监高“拒绝保证声明”的法律效力不可一概而论,单一的解释方法难以涵摄复杂多变的具体情境,有必要引入动态解释论的路径,差异化地解释不同情境下董监高“拒绝保证声明”的法律效力。首先应考虑董监高对是否同意披露的表决情况,发布“拒绝保证声明”,但投票赞成披露的董监高,不可免除对信息披露文件的保证责任。发布“拒绝保证声明”的同时,陈述理由并投票反对披露的董监高,原则上可免除责任。发布“拒绝保证声明”并弃权表决的情境则较复杂,待进一步结合董监高职务、专业知识等因素,作出动态化认定。最后,对仅具有限管理权并因合理信赖直接管理人员之汇报而赞成披露的董监高,保证责任的免除不以作出“拒绝保证声明”为条件。

关键词:证券法　保证义务　信息披露　董监高　勤勉义务

一、问题之提出

2020 年 4 月 24 日,深圳市兆新能源股份有限公司(以下简称兆新股份)公布的年度报告①引发各界热议。年报中,兆新股份董监高集体发布拒绝保证年报真实、准

* 复旦大学法学院民商法学硕士研究生。

① 参见兆新股份《2019 年年度报告》2020 年 4 月 20 日,https://pdf.dfcfw.com/pdf/H2_AN202004231378515007_1.pdf。

确、完整的声明，拒绝承担连带责任。据年报，董监高集体签署“拒绝保证声明”的缘由为连续负盈利的财务状况、评价负面的审计报告，以及违规担保、高利贷等法律风险。但令人费解的是，在全体董监高发布“拒绝保证声明”的同时，近3/4的董监高对年报披露投赞成票，剩余3位副总则声明对报告无法发表意见并弃权表决。

兆新股份的年报公布后，深圳证券交易所迅速反应，要求兆新股份对董监高发布“拒绝保证声明”的原因及年报中披露的违规担保、高利贷等问题作出回应。[①] 深圳证监局责令兆新股份重新编制年报。中国证监会也作出表态，指出“上市公司董监高对年度报告内容行使异议权，并不当然免除其勤勉尽责义务”。[②]

兆新股份事件一石激起千层浪，引发社会各界的激烈讨论。事实上，尽量董监高集体对年报作出“拒绝保证声明”确属首例，但董监高的此类行为绝非个例。自2015年起，ST博元、田中精机等上市公司的董监高均对定期报告作出过“拒绝保证声明”。仅以2019年为例，董监高作出“拒绝保证声明”的案例已有10余起之多。

既早有先例，缘何本次兆新股份事件引发热议？究其根本在于2019年修订的《证券法》加入的第82条第4款。该款规定：“董事、监事和高级管理人员无法保证证券发行文件和定期报告内容的真实性、准确性、完整性或者有异议的，应当在书面确认意见中发表意见并陈述理由，发行人应当披露。发行人不予披露的，董事、监事和高级管理人员可以直接申请披露。”那么，董监高发布“拒绝保证声明”后，能否援引《证券法》第82条第4款主张免责？如果不可，第82条第4款的意义为何？如果可以，第82条第4款能否作为独立的免责条款？除发布“拒绝保证声明”外，是否存在其他免责条件？对上述问题的回应要求对第82条第4款本身及其涵摄范围作出法律解释。就文义射程而言，《证券法》第82条第4款存在3种可能的解释路径。

其一，董监高的“拒绝保证声明”得以成为免除其对证券发行文件及定期报告所负保证义务的免责事由。也就是说，董监高作出“拒绝保证声明”本身得构成对勤勉义务的履行，倘发生违法违规信息披露之情形，作出“拒绝保证声明”的董监高可援引《证券法》第82条第4款抗辩，无须承担连带赔偿责任。

其二，《证券法》第82条第4款仅为对前3款中董监高保证义务的补充，并非但书性的责任豁免条款，不发生免除董监高连带赔偿责任的法律效力。该解释的逻辑

---

① 参见深圳证券交易所：《关于对深圳市兆新能源股份有限公司的关注函》，中小板关注函〔2020〕第329号、中小板关注函〔2020〕第336号、中小板关注函〔2020〕第343号。

② 《关于兆新股份年度报告相关事项的声明》，载中国证券监督管理委员会官网，http://www.csrc.gov.cn/pub/newsite/zjhxwfb/xwdd/202005/t20200515_376495.html。

在于,第82条前3款明确了上市公司董监高对证券发行文件及定期报告的真实、准确、完整所负的保证义务,第4款则在前3款的基础上进一步规定,董监高对报告真实性有权提出异议、要求披露,并负有对异议理由的说明义务。第82条第4款的实质在于对前3款中保证义务的补充及释明,而非独立的但书性责任豁免条款。

其三,《证券法》第82条第4款为相对独立的责任豁免条款,然免责条款所涵摄之范围,则须结合董监高投票情况、职责范围等具体情形综合判断。沿此路径,"拒绝保证声明"本身不可作为绝对的免责依据,董监高得否凭借"拒绝保证声明"主张免除连带赔偿责任不可一概而论,而须结合具体情形进行差异化认定。

以上三种解释路径均在《证券法》第82条第4款的文义射程之内。对《证券法》第82条第4款,存有多重解释可能。多重解释路径的竞合可能导致行政执法及司法实践的不确定性,增加违法违规信息披露的责任认定难度,甚至对资本市场造成错误导向,诱发系统性金融风险。因而,亟待厘清《证券法》第82条第4款的解释路径,明确董监高"拒绝保证声明"的法律效力。本文基于解释论的视角,运用目的解释、体系解释等法律解释方法,兼考虑法理等因素,以期澄清《证券法》第82条第4款文字疑义,解析董监高"拒绝保证声明"的法律效力,以增强公众投资者保护,提高上市公司质量,优化诚信、公平、普惠的资本市场环境。

二、《证券法》第82条第4款的立法趣旨及体系关联

(一)《证券法》第82条第4款立法趣旨之探究

王泽鉴先生谓,法律解释之要旨在于对立法趣旨之探求。[①] 文义射程远近,应依立法趣旨而定。[②] 欲知立法趣旨,则应探求待解释条文在今日法秩序中的意义,兼考虑立法者在法律创设过程中的意向。[③]《证券法》第82条第4款为2019年《证券法》修订时新增设条款。修订过程中,前三次审议草案均未出现第82条第4款,该款在最后一次审议时加入并通过。因无相关公布的立法解释,因而,对于立法者增设第82条第4款之缘由,唯有结合此次《证券法》修订的整体思路、《证券法》的客观目的及其他相关条文加以揣测。

---

① 参见王泽鉴:《法律思维与民法实例:请求权基础理论体系》,中国政法大学出版社2001年版,第142页。

② 参见王泽鉴:《民法总则》,北京大学出版社2014年版,第57页。

③ 参见[德]卡尔·拉伦茨:《法学方法论》,陈爱娥译,商务印书馆2003年版,第198~199页。

此次《证券法》修订的目的为解决金融领域,尤其是资本市场领域违法成本过低、虚假信息充斥、中小投资者信心匮乏等问题,以资打破虚拟经济的自我循环,引导资金流向信息透明、财务公开、高管勤勉尽责的实体经济企业。[①] 随着市场经济的发展,民众投资需求及企业融资需求不断攀升。然而,资本市场谣言充斥、乱象不断。公司财务造假频频出现,导致投资者信心匮乏,公平、诚信精神不彰。为解决资本市场长期存在之乱象,《证券法》在修订中加强监管、执法力度,大幅度提升违法者的失信成本。加大对违法违规信息披露的处罚力度是修订亮点之一。[②] 具言之,《证券法》通过提高违法违规信息披露处罚上限、扩大信息披露监管范围,强化违法违规信息披露的责任认定规则等方式加强信息披露的保障机制。信息的公开、真实、透明是资本市场的"定海针",也是投资者信心的"强心剂"。信息披露的真实、完整、准确能够为广大公众投资者作出理性的投资决策提供保障,并引导资金流向有实力、有担当、有潜力的实体经济企业。

就《证券法》的客观目的而言,《证券法》制定主要为规范资本市场秩序及保护投资者权益。[③] 资本市场健康发展的关键在于信息监管和透明度,而保障强有力信息监管及充分透明度的主要措施即真实、准确、完整的信息披露。因此,完善信息披露规则是规范资本市场秩序的前提。此外,对弱势群体的倾斜保护是行政监管的基本原则。相较机构投资者,公众投资者在信息、专业能力上处于"双重弱势",具有内生的易损性。公司高层易于利用资金、信息、专业知识、公司控制权等方面的优势与便利条件,违法输送利益,侵害公众投资者权益。[④] 为纠正该先天不平等,《证券法》在制度设计中强化发行人及其内部控制人责任,倾斜保护公众投资者权益。

根据《证券法》的立法目的与此次修订的逻辑可知,完善信息披露保障、加重发行人及其内部控制人责任、强化中小投资者保护是《证券法》的整体价值导向。将董监高依据《证券法》第 82 条第 4 款所作"拒绝保证声明"解释为董监高的绝对免责事由无异于免除董监高对信息披露文件的保证责任,与《证券法》的立法目的相悖。而《证券法》第 82 条第 4 款究竟是对第 82 条前 3 款之补充,抑或为相对独立的免责条款,仅分析《证券法》立法趣旨,尚不足以明确,仍待运用其他法律解释方法。

---

① 参见刘俊海:《〈证券法〉修订完善资本市场治理》,载《中国金融》2020 年第 2 期。

② 参见郭雳、马孝彬:《〈证券法〉重装上阵地　资本市场再出发》,载《银行家》2020 年第 3 期。

③ 参见《证券法》第 1 条。

④ 参见罗红梅、朱红祥:《公众投资者利益保护法律问题浅析》,载《武汉金融》2011 年第 8 期。

(二)《证券法》第82条第4款的意义脉络及体系关联

法律条文之间休戚相关,当个别条文在文义射程内存有复数解释可能时,通常可由意义脉络推知其在具体情境下应为何解。[①] 解释《证券法》第82条第4款应从条文本身出发,分析其在《证券法》整体脉络中的具体含义,并分析《证券法》外相关规范,使《证券法》第82条第4款与证券监管法律体系逻辑契合、事理一致。

对《证券法》第82条第4款的体系解释首先应关注该条文本身,即《证券法》第82条前3款的规定。第82条前3款规定发行人的董监高对信息披露流程的及时、公平及所披露信息的真实、准确、完整负保证义务。在对《证券法》第82条的修订中,不仅将董事明确列入保证义务人,还将证券发行文件加入董监高签字保证的范围。可见,《证券法》第82条进一步强化董监高信息披露义务,并加重其对信息披露文件的保证责任。倘将新增的第82条第4款解释为对董监高保证义务的免责条款,不但架空了第82条前3款对保证义务的规定,且与第82条的整体脉络存在体系冲突。

其次,将《证券法》第82条第4款置于新《证券法》整体脉络中,依据同一规则间条文的休戚相关性,推断第82条第4款之含义。《证券法》整体特点有三。其一,注册制的全面推行及后端保障规则的健全。在注册制下,监管部门不再对公司的营利能力、投资价值"把关",只要发行人满足上市条件及信息披露要求,即可上市发行,由投资者依据所披露信息自主评估风险,作出投资决策。[②] 在注册制背景下,信息披露的真实、准确、完整、及时意义重大,因而《证券法》在全面实施注册制,降低证券发行门槛,精简证券发行条件的同时,构建"以充分信息披露为基础、以审慎形式审查为核心、以重典治乱为后盾的注册制规则体系"。[③] 其二,对违法行为,尤其是违法违规信息披露义务的强化。譬如,《证券法》将控制股东、实际控制人对虚假陈述的责任认定规则由过错责任改为过错推定责任,并提高对信息披露义务人中直接责任人员的罚款额度。其三,相关责任人员内部的责任区分。以《证券法》第197条为例,该条在对违反信息披露义务的处罚中,分列"直接负责的主管人员"及"其他直接责任人员",体现责任区分理念。

最后,除《证券法》本身外,证券监管相关的司法解释、行业规定等规范均在广义上构成证券监管法律体系的一部分,与《证券法》逻辑一贯、体系关联。董监高对信息

---

① 参见[德]卡尔·拉伦茨:《法学方法论》,陈爱娥译,商务印书馆2003年版,第204~205页。

② 参见邓建平:《新〈证券法〉的五大亮点》,载《财会月刊》2020年第6期。

③ 刘俊海:《〈证券法〉修订完善资本市场治理》,载《中国金融》2020年第2期。

披露文件的签字及保证义务在《上市公司信息披露管理办法》(以下简称《披露办法》)、《关于审理证券行政处罚案件证据若干问题的座谈会纪要》(以下简称《证券处罚纪要》)等数项规范中反复出现,且多次强调董监高所负保证责任较诸其他责任人更为严格,采过错推定原则。[①] 具体判断上,《披露办法》指出,须有"充分证据"证明已经履行勤勉尽责义务方可免除赔偿责任。"充分"之判断标准为何?目前未见细化说明,但就常理而言,仅作出"拒绝保证声明"难以构成已勤勉尽责的"充分证据"。此外,在董监高保证责任的具体认定中,数项规范均体现出根据董监高所任职务与违法行为的关联程度在其内部进行差异化责任区分的理念。譬如,《披露办法》第58条规定:"上市公司董事长、经理、董事会秘书,应当对公司临时报告……承担主要责任。上市公司董事长、经理、财务负责人应对公司财务报告……承担主要责任。"《证券处罚纪要》指出,在证券行政处罚中应结合违法行为与董监高履职的关联程度认定责任。《刑法》第160条规定,证券欺诈发行的直接责任人员应承担刑事责任,区分直接责任人员与非直接责任人员的责任承担。对于非直接责任人员的董监高,仅对违法违规信息披露承担民事责任,而作为直接责任人员的董监高则可能受到行政处罚或被追究刑事责任。

三、《证券法》第82条第4款的法理基础:董监高勤勉义务的内涵、边界及审查标准

(一)董监高勤勉义务的内涵、标准及边界

《证券法》第82条中董监高保证义务的法理基础在于其对公司及投资者的勤勉义务。在传统公司法视阈下,董监高勤勉义务的对象为公司,仅在例外情况下延伸至股东。[②] 而在证券法视阈下,董监高勤勉义务的范围则应扩展至投资者。董监高对证券发行相关信息披露文件的保证义务,为其勤勉义务在证券法视阈下的具体履行方式之一。投资者无法参与公司经营,对公司经营情况、财务状况等信息知之甚少。且公众投资者普遍缺乏财务、法律等专业知识,可能陷入信息及专业知识水平双重不对称的窘境。与之相较,董监高不仅居于法人运营核心,还是具体信息披露行为的实施

① 其他规范参见《公司债券发行与交易管理办法》《上海证券交易所关于认真贯彻执行新〈证券法〉做好上市公司信息披露相关工作的通知》《深圳证券交易所关于认真贯彻执行新〈证券法〉做好上市公司信息披露相关工作的通知》《信息披露违法行为行政责任认定规则》等。

② 参见施天涛:《公司法论》(第3版),法律出版社2014年版,第400页。

主体,对公司事务有更高的参与度及掌控力,更能保证信息披露的真实、可靠、完整。[①] 同时,对董监高个人苛以信息披露的保证义务及连带赔偿责任能够对其产生法律威慑力,有效督促董监高勤勉义务之履行。该立法逻辑在《证券法》2006 年修订后的证券执法实践中得到证明。为督促上市公司及时、按期披露年报,《证券法》2006 年修订时将未按期披露年报的责任主体从发行人延伸至个人,此后上市公司再未出现未按期披露年报的情况。[②] 因此,董监高对信息披露文件承担保证义务既是董监高应尽之职责,亦是根除上市公司财务造假乱象的有效手段。但随之而来的问题是,董监高的保证义务是否存在一定的边界或免责事由?如是,则其边界为何?得否允许董监高通过"拒绝保证声明"免除保证义务?厘清董监高保证义务的边界对究明董监高"拒绝保证声明"的法律效力尤为重要,而该边界的厘定须回归《证券法》第 82 条第 4 款的法理基础,即董监高的勤勉义务。

《公司法》第 147 条原则性地规定了董监高的勤勉义务,但对其内涵、边界、审查标准等均缺乏细化规定。勤勉义务肇始于美国法上的注意义务(duty of care)。探寻我国法语境下的勤勉义务之含义,有待溯本求源,分析美国法中注意义务之内涵与审查标准。美国法中注意义务的审查标准有以下几点。[③] 其一,善意标准(in good faith)。善意虽为主观评价,但通常由外在行为加以推断。譬如,倘若董监高明知年报所载信息不实却仍赞成披露,则应承担责任。其二,处于相似职位的普通谨慎人所应尽之注意(with the care that ordinary prudent person in a like position would exercise under similar circumstance)。该标准的实质是过失原则客观化。[④] 在具体审查中,法官会考虑董监高在公司所任职务,对经理、全职董事等核心管理人员苛以更高的注意义务。并且,对具备特定专业能力或担任专业性职务的董监高,亦会提高在其对应专业领域的注意义务标准。譬如,如果会计出身的独董或财务总监声称无法判断财务报表的真实性而弃权表决,则可以推定其存在失职。此外,该标准允许外部董事等远离公司日常事务之高管在合理信赖的前提下凭借经理、会计、法务等具体负责人员所提供的信息作出决策。[⑤] 其三,合理地相信是为公司的最佳利益(reasonably believe to be in

---

① 参见王红一:《也谈上市公司"董监高"的异议》,载《检察日报》2020 年 5 月 20 日,第 7 版。

② 参见贺锐骁:《证券发行董监高签字制度立法论——以公司信用类债券发行文件为切入点》,载《东方法学》2020 年第 3 期。

③ MCBA, §8.30, §4.01 of PCG.

④ 参见施天涛:《公司法论》(第 3 版),法律出版社 2014 年版,第 415 页。

⑤ MCBA, §8.30(b)(e).

the best interests of the corporation)。该标准要求董监高以符合公司最佳利益之方式履职,但排除以触犯法律为代价帮助公司追求经济利益。具言之,该标准要求董监高审慎编制、审议报表并作出是否同意披露的表决。为规避个人责任而一概拒绝保证报表真实或明知报表有误却依然赞成披露,均违背为公司最佳利益要求。前者可能导致公司股价骤跌,后者虽为公司带来短期经济利益,却可能使公司陷入更大的法律风险。概言之,董监高的勤勉义务要求义务主体在善意基础上,以处于相似职位的普通谨慎人所应尽之注意为客观标准,兼考虑个体经验、职务及专业知识,为公司最佳利益而行事。

(二)勤勉义务标准在保证义务认定中的具体适用

根据《证券法》第 85 条的规定,董监高对违法违规信息披露的责任认定原则为过错推定,董监高须证明已尽勤勉义务,方得免除保证责任。在信息披露文件的编制、披露、审议中,对董监高是否已勤勉尽责,未有详细、明确之判断标准。在行政执法及司法实践中,须将抽象的勤勉义务标准适用于保证义务认定的具体情境。

董监高为法人运营核心,理应对公司财务、法律等重要事务具备较高的参与度与掌控力。同时,作为公司高层的董监高本身即信息披露流程,即信息披露文件的编制、审阅、披露的实施及掌控主体。勤勉尽责的董监高应对年报等信息披露文件的内容,如公司盈利或亏损情况、是否存在高利贷等,具有基本的评判能力。对于真实性存疑之信息,则应发表异议、陈述理由,并投票反对该信息的披露。换言之,在待披露信息真实性存疑时,董监高表达异议、详述理由及投票反对披露的行为共同构成勤勉义务之履行。孤立的"拒绝保证声明"本身不能视为已尽勤勉义务。在兆新股份事件中,近 3/4 的董监高在作出"拒绝保证声明"的同时,自相矛盾地同意年报披露。他们既然认为信息有误,缘何又赞成"带病"信息流入市场,误导公众投资者决策?其举动有悖善意原则,遑论勤勉尽责义务之履行,不能免除保证责任。另有三位副总发布"拒绝保证声明",声称对年报"无法发表意见"并弃权表决。然而,公司基本运营、财务状况等信息属勤勉尽责之董监高应知晓范围,对其一无所知本身即未尽勤勉义务之表征,此三位副总仍须承担保证责任。

但是,由于年报等信息披露文件涉及面广泛,不乏会计、法律等行业的专业术语。对于专业性较高的信息披露文件,要求不具备专业背景且从事人事、党务、宣传等非专业职务的董监高判断文件所载信息的真实性略显强人所难。① 因此,在认定董监高

① 参见贺锐骁:《证券发行董监高签字制度立法论——以公司信用类债券发行文件为切入点》,载《东方法学》2020 年第 3 期。

的保证义务时,应在预设董监高对年报等信息披露文件具有评判能力的基础上,兼考虑董监高的经验、职务及专业知识,进行差异化地责任认定。对于部分专业性较强的会计、法律类文件,应允许不具备相应专业能力且不从事相关职务的董监高弃权表决并主张免除保证责任。并且,职工监事、外部董事等人员一般不参与公司日常事务,职能履行主要依赖于执行董事、经理等直接管理人员及法务、会计等专业人员的汇报,对其苛以与直接管理人员相同的保证义务有悖公平原则。在保证责任的具体认定时,应关注董监高的实际职务,对处于下层或管理权狭窄的管理人员,相对放低义务标准。[①] 在部分高层恶意造假的情况,若职工监事等不参与公司经营的人员因对经理等直接管理人员的合理信赖而作出保证,也应认为其已尽勤勉义务,不存在过错,不追究赔偿责任。

值得注意的是,董监高的怠惰及对他人的过分信赖无法成为免除保证责任的根据。担任董监高职务本身就意味着肩负相应责任。身处国外、事务繁忙、患病、年迈等个人原则均不能构成免除董监高保证责任的有效抗辩。在“弗兰西斯诉联合杰西银行案”(Francis v. United Jersey Bank)中,被告是一家再保险经纪公司的董事,年迈、酗酒的被告无心公司事务,对公司资金被挪用视而不见,法院判决被告违反注意义务。[②]并且,尽管职工监事等不直接参与公司经营的人员在一般情况下仅可依赖经理等直接管理人员或会计、法务等专业人员的汇报作出判断,法律仍要求其尽到谨慎的监督及判断义务,盲目轻信他人无法免除其保证责任。此外,在控制股东、实际控制人等少数人员完全控制公司,其他董监高对公司运营全无插手余地的情况下,作为“傀儡”的董监高不可通过作出“拒绝保证声明”或弃权表决等行为主张免责。此时,勤勉尽责的董监高应选择以诉讼等方式积极作为或主动辞职,而非虚挂名衔。

四、《证券法》第 82 条第 4 款的法益衡量

法律之解释,宛如正义女神之天秤,各方利益陈列其上,冲突易生。为重建法律秩序,回复天秤稳定,须令一种或多种权利作出让步。于此,解释者有待衡量各方利益,作出衡平裁断。探究《证券法》第 82 条第 4 款董监高“拒绝保证声明”的法律效力,亦应考虑不同解释路径可能带来的对董监高、投资者、上市公司各方法益之影响,

① 参见施天涛:《公司法论》(第 3 版),法律出版社 2014 年版,第 396 页。

② Francis v. United Jersey Bank,432 A. 2d 814 (N. J. 1981).

对经济、社会之效应，一并加以斟酌，作出法益衡量。

首先，《证券法》第 82 条第 4 款涉及董监高风险承担与公众投资者保护的平衡。一方面，由于年报信息涉及面极广，任一环节的疏漏都可能构成虚假陈述，在现行的"双罚制"背景下，董监高可能成为"高危行业"。[①] 并且，证券发行文件在发行人保证真实性的基础上，又经会计事务所等中介机构的多重审查，董监高签字保证的实质作用并不明显。[②] 但另一方面，较诸在信息、专业知识水平处于"双重弱势"的公众投资者，处于法人核心地位的董监高能够参与发行文件的编制、审议、披露，更有能力也更应该承担较严苛的责任。而对于董监高因疏忽等原则可能面临的巨额赔偿，则可通过责任保险等方式解决。

其次，该条文之解释须在公司发行效率与资本市场股价波动间进行法益衡量。就公司发行效率而言，严格限制董监高通过"拒绝保证声明"免除保证责任可能延误公司上市，带来巨大的经济损失。北京康得新复合材料股份有限公司也曾发生董监高集体发布"拒绝保证声明"的情况。由于公司内部权力更迭，年报披露前正值董事换届，新董事对此前公司事务不甚了解，无法在短时间内完成相关披露文件的审阅，又因为公司上市在即，故而作出"拒绝保证声明"并同意年报披露。该事件看似属于董监高由于客观原因的"无奈之举"，但本质仍是董监高的失职。在董监高无法及时审阅年报，保证信息真实性时，应申请延期披露并暂停公司上市。诚然，公司暂停上市可能导致资金断流，带来经济损失，但若允许"带病"信息贸然披露，则可能为公众投资者甚至整个资本市场带来灾难性的后果。美国在虚假陈述责任认定中适用"欺诈市场假设"(fraud-on-market presumption)推定投资者对虚假陈述的信赖。该假设认为，绝大多数公众可获得的信息会反映于市场价格的波动，故投资者对虚假陈述的信赖可由其对市场价格的信赖推定。[③]同理，一旦允许董监高通过"拒绝保证声明"免除保证责任，可能导致"带病"信息在资本市场散布，不但会误导信赖年报的公众投资者，还会导致资本市场股价波动，有损资本市场的正常秩序。

最后，对《证券法》第 82 条第 4 款之解释应考虑法律的社会效应。投资者信心匮乏，上市公司诚信不彰是我国资本市场乱象之根源。《证券法》之根本在于规制资本市场中的不法行为，重振投资者信心。董监高对信息披露的保证责任是信息披露真

---

① 参见熊锦秋：《董监高可能成为高危行当》，载《董事会》2019 年第 6 期。

② 参见贺锐骁：《证券发行董监高签字制度立法论——以公司信用类债券发行文件为切入点》，载《东方法学》2020 年第 3 期。

③ Basic, Inc. v. Levinson, 485 U. S. 247 (1988).

实性的"安全阀",一旦允许董监高仅通过"拒绝保证声明"轻易免除保证责任,会导致《证券法》第82条第4款成为董监高的责任"保护伞",助生董监高懈怠之风。届时,董监高集体发布"拒绝保证声明"的年报充斥资本市场,中小投资者又该如何判别信息真伪?如何作出投资决策?

五、《证券法》第82条第4款董监高"拒绝保证声明"的法律效力分析:动态解释论之适用

(一)"拒绝保证声明"对董监高的法律效力

《证券法》第82条第4款规定,董监高对无法保证真实、准确、完整的证券发行文件和定期报告,可以作出"拒绝保证声明"并陈述理由,但该条款未明确"拒绝保证声明"对董监高的法律效力,即作出"拒绝保证声明"能否免除董监高对信息披露文件的保证责任。在《证券法》第82条第4款的文义射程之内,董监高"拒绝保证声明"的法律效力存在多重解释路径之竞合,亟待通过法律解释方法之运用,探寻最为妥当之解释路径。然而,在不同情境下,对"拒绝保证声明"最妥当的解释方法并非恒定,难以采单一的解释方式理解"拒绝保证声明"的法律效力。有必要引入动态解释论的路径,根据不同情境动态化、差异化地解释"拒绝保证声明"的法律效力。

首先,对于在发布"拒绝保证声明"的同时,投票赞成披露的董监高,不可免除其对信息披露文件的保证责任。"拒绝保证声明"体现董监高对信息真实性之异议,赞成披露包含对待披露信息之认可。无法保证信息真实性,却赞成信息披露,逻辑难以自洽。董监高为规避自身责任而弃公司信誉、投资者利益于不顾,不仅有悖善意原则,而且有违勤勉义务,不可援引《证券法》第82条第4款免除保证责任。

其次,对于在发布"拒绝保证声明"的同时,陈述理由并投票反对披露的董监高,原则上可以免除其对信息披露文件的保证责任。董监高具有审慎编制、审阅信息披露文件之义务,在履职过程中,若发现不实或带有误导性之信息,应及时发表异议并要求更正。在董监高已对可能的"带病"信息表达异议并反对披露的情境下,已尽到勤勉义务的,可以免除其对信息披露文件的保证责任。

再次,董监高发布"拒绝保证声明"并弃权表决的情境则较为复杂。有学者认为,在中国传统语境下,弃权本身就是对"反对"意图的含蓄表达,弃权表决已经反映出董

监高对“带病”信息的否定。[1] 但是,在中国传统文化中,对于沉默、弃权等不作为,在不同情境下既可能解释为委婉、含蓄地反对,也可能解释为默许。将弃权表决理解为反对披露过于牵强,可能对公众造成误导。在发布“拒绝保证声明”并弃权表决的情况,对“拒绝保证声明”法律效力的认定存在弹性,应结合董监高专业水平及所任职务等动态化认定。对于部分专业性较强的会计、法律类文件,应允许不具备相应专业能力且不从事相关职务的董监高弃权表决并主张免除保证责任。此种思路与证券监管法律体系逻辑一贯。[2] 对于其余董监高,则不应允许其通过发布“拒绝保证声明”并弃权表决的方式逃避责任。在董监高有能力或应当有能力审阅报告并作出判断时,弃权本身即不勤勉履职之表征。

最后,在董监高未作出“拒绝保证声明”并投票赞成披露之情境,也可能产生保证责任的免除。是否免除保证责任的关键在于是否履行勤勉尽责义务。职工监事等处于相对边缘地位、仅具有限管理权的人员,无法直接接触公司财务、法律等核心信息,对报表信息真实性的判断依赖于经理、执行董事等直接管理人员的汇报。在直接管理人员蓄意隐瞒的情况下,如果职工监事等不直接参与公司经营的人员已尽到审慎审查义务,但因对经理等直接管理人员的合理信赖而作出保证承诺并赞成披露,也应认为已尽勤勉义务,不被追究赔偿责任。

(二)“拒绝保证声明”对公司的法律效力

就《证券法》第 82 条第 4 款文义而言,该款规定的是董监高对信息披露文件的保证义务及在无法保证真实性时可能的责任免除条件,原则上并不产生对公司的直接法律效力。但在兆新股份事件中,对于董监高集体“拒绝保证声明”并同意披露年报的行为,证监会不但声明董监高的“拒绝保证声明”不构成勤勉尽责义务的履行,而且要求兆新股份重新编制年报。已表决通过的年报被证监会“打回”,其依据为何?可能的揣测是,由于“无法保证真实性”与“赞成披露”之间存在逻辑悖反,所以证监会按照常理推断,董监高发布“拒绝保证声明”以体现出对待披露信息之异议。即使董监高投票赞成年报披露,也应根据“拒绝保证声明”推断其反对年报披露之意图。因此,证监会将其视为董监高对年报披露投反对票,年报未通过表决,故责令兆新股份重新编制年报。

---

① 参见黄江东、刘子凡:《上市公司董监高“不保证声明”不具有免责法律效力》,载《第一财经日报》2020 年 4 月 27 日,A12 版。

② 譬如,《关于审理证券行政处罚案件证据若干问题的座谈会纪要》指出,董监高保证责任的认定应考虑违法行为与董监高履职的关联程度。

将董监高作出“拒绝保证声明”视为反对披露之表示,既符合是否作出“拒绝保证声明”与是否赞成披露之间的一般逻辑关系,也可以防止“带病”信息流入市场,误导公众投资者。[①] 不过,值得注意的是,董监高作出“拒绝保证声明”的实质既可能是董监高明知信息“带病”却试图逃避应负责任,亦可能是董监高限于自身职务或专业能力确实无法作出保证。因此,对于董监高“拒绝保证声明”对公司的法律效力,不应过分追求统一解释,也可采动态解释方法,根据具体情境推断董监高作出“拒绝保证声明”背后的“反对”或“弃权”之真实意图。

六、结　　论

兆新股份事件激起社会各界热议。该事件持续发酵之缘由,在于《证券法》在2019年修订时增设的第82条第4款。《证券法》第82条第4款规定,董监高无法保证待披露信息的真实、准确、完整的,应当发表异议并陈述理由。但对于董监高依据第82条第4款所作“拒绝保证声明”的法律效力,未有明确规定。就文义射程而言,第82条第4款中董监高“拒绝保证声明”的法律效力存在复数解释路径之竞合。通过对《证券法》第82条第4款立法趣旨、体系关联、法理基础等方面的分析,并衡量各方利益,可以发现,对于《证券法》第82条第4款,单一、静态的解释方法难以应对复杂多变的现实情境。此时,坚持遵循传统解释方法不仅会导致法律适用僵化,亦可能带来不公正、不合理的法律效果。有必要引入动态解释论的路径,差异化地解释不同情境下董监高“拒绝保证声明”的法律效力,以规制资本市场乱象,提高上市公司质量,引导资本流向,打造诚实、公正、共赢、普惠的资本市场环境。

---

① 参见熊锦秋:《推出合格年报是董监高勤勉义务的必然要求》,载《证券时报》2019年5月10日,A03版。

市场实务

INVESTOR

投保机构诉讼费用交纳问题探讨*

刘　磊**　魏亭玮***

摘　要:《证券法》增设投资者保护专章,赋予投保机构可依职权发起、参与四种形式的民事诉讼——支持诉讼、股东代位诉讼、普通代表人诉讼、特别代表人诉讼。以建立证券民事公益诉讼制度为目标,应积极发挥诉讼费用杠杆作用,对投保机构发起、参与的证券公益性质诉讼采取特别的诉讼收费制度,鼓励投保机构积极履行投资者保护职能,推动资本市场健康良性发展。

关键词:投保机构　诉讼费用　公益诉讼　证券民事公益诉讼制度

近年来,投服中心为投资者提供的证券民事公益性诉讼支持服务深入开展。经过第二次修订并于2020年3月1日起施行的《证券法》第94条、第95条明确规定投保机构可依职权发起、参与4种形式的民事诉讼——支持诉讼、股东代位诉讼、普通代表人诉讼、特别代表人诉讼。投保机构依据上述规定履行职责发起、参与的民事公益性质诉讼是否应同普通民事诉讼一样交纳诉讼费用是本文拟探讨的问题。

在我国民事诉讼中,诉讼费用是指当事人进行民事诉讼应当向法院交纳及支出的费用。诉讼费用中的案件受理费和申请费,属于交纳的费用;其他费用,如鉴定、勘验、公告费用等,属于当事人支出的费用。① 证券维权诉讼中涉及较多的诉讼费用包括案件受理费、执行申请费、财产保全申请费、损失计算费用。除此之外,还包括一些有可能会发生的公告费、工本费等。鉴于,公告费、工本费等支出通常发生金额较小,

* 本文仅代表作者个人观点,作者观点与所任职机构无关。

** 中证中小投资者服务中心有限责任公司副总经理。

*** 中证中小投资者服务中心有限责任公司高级经理。

① 参见刘家兴、潘剑锋主编:《民事诉讼法学教程》(第5版),北京大学出版社2018年版,第183页。

执行申请通常由受益人发起(而投保机构非受益人),损失计算申请通常由被告发起,相关费用按照“谁主张,谁负担”的原则通常由被告直接支付给有关机构或单位,故本文拟探讨的诉讼费用包括案件受理费、财产保全申请费。

一、民事公益诉讼与民事公益性质诉讼概念辨析

在探讨本文主题之前,首先厘清本部分题设概念。我国的民事公益诉讼是指,在民事、经济活动中,特定的机关或有关社会团体,根据法律的授权,对违反法律法规损害社会公共利益的行为,向法院提起诉讼,由法院通过审判来追究违法者的法律责任并进而维护社会公共利益的诉讼活动。在实践中,民事公益诉讼主要是针对环境污染、侵犯众多消费者合法权益等公共性违法行为而设置的诉讼救济机制。① 由于《民事诉讼法》第 55 条明确的民事公益诉讼类型是环保和消费两类,证券公益性质诉讼是否能适用《民事诉讼法》第 55 条关于公益诉讼的规定,仍有待商榷。② 2019 年 7 月,上海金融法院在《关于服务保障设立科创板并试点注册制的实施意见》中明确,探索构建由依法设立的投保机构、法律规定的机关和有关组织提起的证券民事公益诉讼制度。

结合法律法规规定和司法实践现状,本文认为证券领域纳入民事公益诉讼是未来的发展方向,但在当前尚无法律法规明确规定投保机构发起、参与的证券诉讼为民事公益诉讼的背景下,可暂且称之为民事公益性质诉讼。

二、投服中心诉讼费用交纳现状

《民事诉讼法》第 118 条对诉讼费用作了原则性规定,《最高人民法院关于适用〈中华人民共和国民事诉讼法〉的解释》(以下简称《民事诉讼法解释》)第九部分对诉讼费用交纳中可能遇到的问题进行了解释,《诉讼费用交纳办法》对诉讼费用的交纳范围、交纳标准、征收和退还程序、负担规则、司法救助以及管理和监督进行了明确规定。《诉讼费用交纳办法》规定财产案件根据诉请金额的大小,按比例分段累计

① 参见刘家兴、潘剑锋主编:《民事诉讼法学教程》(第 5 版),北京大学出版社 2018 年版,第 225 页。

② 参见江宪:《消费者权益保护领域公益诉讼案例经验分享》,载郭文英主编:《投资者》第 8 辑,法律出版社 2019 年版,第 111 页。

交纳案件受理费，申请保全根据实际保全的财产数额按比例交纳，最高不超过5000元。

由于投保机构发起、参与的民事公益性质诉讼尚不属于民事公益诉讼，故不能适用民事公益诉讼的相关规定，又因尚无专门司法解释对投保机构发起、参与的民事公益性质诉讼的诉讼费用交纳进行系统性明确规定，投服中心在司法实践中通常依据上文所述规定进行诉讼费用的交纳。以下按照《证券法》赋予投保机构的四种诉讼形式分别进行介绍。

（一）支持诉讼

《证券法》第94条第2款规定："投资者保护机构对损害投资者利益的行为，可以依法支持投资者向人民法院提起诉讼。"在支持诉讼实践中，投服中心承担公益律师补贴支付，法院要求交纳的诉讼费用包括案件受理费、财产保全申请费由原告即投资者承担。上述操作方式导致在支持诉讼实践中，投资者经常感到困惑，投资者往往认为投服中心提供的公益性免费服务即意味着投资者参与支持诉讼不需要对外支付任何费用。

（二）股东代位诉讼

《证券法》第94条第3款规定："发行人的董事、监事、高级管理人员执行公司职务时违反法律、行政法规或者公司章程的规定给公司造成损失，发行人的控股股东、实际控制人等侵犯公司合法权益给公司造成损失，投资者保护机构持有该公司股份的，可以为公司的利益以自己的名义向人民法院提起诉讼，持股比例和持股期限不受《中华人民共和国公司法》规定的限制。"投服中心正在积极收集股东代位诉讼线索，将择时发起首单股东代位诉讼。

在股东代位诉讼中，投服中心处于原告地位，按照规定应由投服中心预交案件受理费和财产保全申请费。从目前的研究情况来看，股东代位诉讼往往涉及诉请金额巨大，动辄上亿元，例如，诉请金额1000万元须预交案件受理费81,800元、诉请金额1亿元须预交案件受理费541,800元、诉请金额10亿元须预交案件受理费5,041,800元。将来，股东代位诉讼广泛开展，每年须预交的案件受理费和财产保全申请费是投服中心所难以承受的。

（三）特别代表人诉讼

《证券法》第95条第3款规定："投资者保护机构受五十名以上投资者委托，可以作为代表人参加诉讼，并为经证券登记结算机构确认的权利人依照前款规定向人民法院登记,但投资者明确表示不愿意参加该诉讼的除外。”投服中心为特别代表人诉讼从制度到实践做好了充足准备,将积极推进首单诉讼平稳落地。

2020年7月31日,最高人民法院发布《关于证券纠纷代表人诉讼若干问题的规定》(以下简称《若干规定》),该司法解释第39条明确规定:“特别代表人诉讼案件不预交案件受理费。败诉或者部分败诉的原告申请减交或者免交诉讼费的,人民法院应当依照《诉讼费用交纳办法》的规定,视原告的经济状况和案件的审理情况决定是否准许。”第40条规定:“投资者保护机构作为代表人在诉讼中申请财产保全的,人民法院可以不要求提供担保。”根据上述规定,特别代表人诉讼不需要预交案件受理费,败诉或部分败诉的可申请减交、免交诉讼费,是否同意由法院决定,须交纳财产保全申请费,是否提供担保由法院决定。

《若干规定》第32条规定:“人民法院已经根据民事诉讼法第五十四条第一款、证券法第九十五条第二款的规定发布权利登记公告的,投资者保护机构在公告期间受五十名以上权利人的特别授权,可以作为代表人参加诉讼。”换言之,投保机构参加特别代表人诉讼的前提为加入案件已确定适用普通代表人诉讼程序,那么,投保机构以参加特别代表人诉讼为前提提起的普通代表人诉讼是否须交纳诉讼费用呢?下文将对本问题进行阐释。

(四)普通代表人诉讼

《证券法》第95条第1款规定:“投资者提起虚假陈述等证券民事赔偿诉讼时,诉讼标的是同一种类,且当事人一方人数众多的,可以依法推选代表人进行诉讼。”第2款规定:“对按照前款规定提起的诉讼,可能存在有相同诉讼请求的其他众多投资者的,人民法院可以发出公告,说明该诉讼请求的案件情况,通知投资者在一定期间向人民法院登记。人民法院作出的判决、裁定,对参加登记的投资者发生效力。”投服中心提起的“*ST辉丰支持诉讼案”被南京市中级人民法院选定为普通代表人诉讼试点案件,未来投服中心将继续丰富普通代表人诉讼实践。

《民事诉讼法解释》第194条明确规定:“依照民事诉讼法第五十四条审理的案件不预交案件受理费,结案后按照诉讼标的额由败诉方交纳。”《民事诉讼法》第54条所规定的为人数不确定的普通代表人诉讼。《若干规定》未对普通代表人诉讼的诉讼费用进行特别规定。所以说,人数不确定的普通代表人诉讼不预交案件受理费,与其他民事诉讼一样交纳财产保全申请费、提供担保;人数确定的普通代表人诉讼应与普通民事诉讼一样交纳诉讼费用。

投保机构发起、参与的普通代表人诉讼从性质上来讲应当为人数不确定的普通代表人诉讼，按照上文所述规定应不预交案件受理费。但是，《若干规定》第 5 条规定："符合以下条件的，人民法院应当适用普通代表人诉讼程序进行审理：(一)原告一方人数十人以上，起诉符合民事诉讼法第一百一十九条规定和共同诉讼条件；(二)起诉书中确定二至五名拟任代表人且符合本规定第十二条规定的代表人条件；(三)原告提交有关行政处罚决定、刑事裁判文书、被告自认材料、证券交易所和国务院批准的其他全国性证券交易场所等给予的纪律处分或者采取的自律管理措施等证明证券侵权事实的初步证据。不符合前款规定的，人民法院应当适用非代表人诉讼程序进行审理。"有观点认为，上述规定意味着，实务中普通代表人诉讼的启动须经过两个步骤，步骤一是原告向法院提起发起普通代表人诉讼的诉讼请求，步骤二是法院经审核符合《若干规定》第 5 条规定的条件后，同意适用普通代表人诉讼程序。经步骤二审核同意适用普通代表人诉讼程序后，依据《民事诉讼法解释》第 194 条，后续加入的原告无须交纳案件受理费。但是步骤一中的发起原告无法适用《民事诉讼法解释》第 194 条的规定，即须同普通民事诉讼一样交纳案件受理费。针对上述观点，另有观点认为发起原告预发起的是普通代表人诉讼程序，如法院认为不符合《若干规定》第 5 条规定的条件，应当驳回申请，发起原告可修改条件另行起诉，如法院同意适用普通代表人诉讼程序，则应对所有原告皆不预收案件受理费，这样也有利于对普通代表人诉讼的所有原告进行平等对待。

实务中，法院对上述问题也有不同的理解，并进行了大胆而积极的实践。目前实务中典型的 4 例普通代表人诉讼实践，据笔者了解，其诉讼费用交纳情况如下：五洋债案所有原告均未预交案件受理费，"＊ST 辉丰支持诉讼案"所有原告亦均未预交案件受理费，"ST 康美案"经当事人申请后法院同意缓交案件受理费，飞乐音响案普通代表人诉讼的发起原告预交了案件受理费，后续登记的原告未预交案件受理费。

此处，回应前文提到的问题，投保机构以参加特别代表人诉讼为前提提起的普通代表人诉讼是否需要交纳诉讼费用？如果将《若干规定》第 5 条理解为两个步骤，投保机构以参加特别代表人诉讼为前提发起的普通代表人诉讼中的发起原告也应当预交案件受理费，后续登记原告无须预交案件受理费；反之，则包括发起原告在内的所有原告都无须预交案件受理费。

三、民事公益诉讼诉讼费用交纳情况——以环境民事公益诉讼为例

由投保机构发起、参与的民事公益性质诉讼虽暂不能明确称为民事公益诉讼,但是,证券领域纳入民事公益诉讼应是未来的发展方向,民事公益诉讼的诉讼费用承担方式对于投保机构诉讼费用交纳当具有参考意义。

诉讼费用具有案件调解、程序引导、违法惩戒等杠杆作用。① 对于民事公益诉讼诉讼费用的承担方式,有学者认为,鉴于诉讼的公益性以及相关主体的负担能力,应当对公益诉讼采取有别于普通民事诉讼案件的诉讼费用收取制度,作出有利于原告的规定。例如,由检察院等国家机关提起的民事公益诉讼案件,诉讼费用由国库支付;由有关组织提起的公益诉讼,事先可以不交纳诉讼费用,若败诉,则可借助公益诉讼基金等对诉讼费用进行一定的转嫁;原告确无支付诉讼费用的能力时,可以申请减交、缓交或免交诉讼费用;等等。②

公益诉讼领域在立法模式上,表现出分散立法、概括式授权、依托于既有诉讼程序和审理规则的特征。③ 以环境公益诉讼为例,其诉讼费用交纳情况总结如下:

为减轻环保组织的经济负担,激励环保组织提起环保民事公益诉讼,最高人民法院分别于2014年6月、2015年1月发布《关于全面加强环境资源审判工作为推进生态文明建设提供有力司法保障的意见》(以下简称《审判意见》)和最高人民法院《关于审理环境民事公益诉讼案件适用法律若干问题的解释》(以下简称《环境公益诉讼解释》)(于2021年1月1日修订生效),对环境公益诉讼的诉讼费用交纳进行了指导性规定:《审判意见》第四部分列举了大力推进环境民事公益诉讼的举措,其中第15条指出要探索构建合理的诉讼成本负担机制,法律规定的有关组织向人民法院依法申请缓交、减交或者免交案件受理费、保全申请费的,可以予以准许;鼓励从环境公益诉讼基金中支付原告环境公益诉讼费用的做法,充分发挥环境公益诉讼主体维护环境公共利益的积极作用。《环境公益诉讼解释》第33条规定原告交纳诉讼费用确有困难,依法申请缓交的,人民法院应予准许。败诉或者部分败诉的原告申请减交或者免交诉讼费用的,人民法院应当依照《诉讼费用交纳办法》的规定,视原告的经济状况

---

① 参见孙阳:《诉讼费杠杆作用在审前程序的特殊价值研究》,载《中国物价》2019年第2期。

② 参见刘家兴、潘剑锋主编:《民事诉讼法学教程》(第5版),北京大学出版社2018年版,第231页。

③ 参见湛中乐:《探索公益诉讼的中国方案——公益诉讼单独立法的必要性与可能性》,载《检察日报》2020年11月26日,第7版。

和案件的审理情况决定是否准许。也就是说,环保组织应承担的诉讼费用是否能获得减免存在不确定性,最终由人民法院决定。

结合上述文件精神,部分法院在司法实践中进行了大胆探索,以提高环保组织环境公益诉讼的受案率。例如,2010 年 3 月,贵阳市中级人民法院与清镇市人民法院出台《关于大力推进环境公益诉讼、促进生态文明建设的实施意见》,规定公益诉讼人提起的环境公益诉讼可以缓交、免交诉讼费,公益诉讼人败诉的,免交案件受理费,公益诉讼人申请保全或者先予执行的,法院应及时作出决定并免收保全费用,原告可以不提供担保。2010 年 11 月,昆明市中级人民法院和昆明市检察院联合发布《关于办理环境民事公益诉讼案件若干问题的意见(试行)》,规定原告提起环境民事公益诉讼可以缓交诉讼费,原告败诉的免交诉讼费。2011 年 9 月 5 日,海南省高级人民法院、海南省财政厅联合发布《海南省省级环境公益诉讼资金管理暂行办法》,规定对环保组织提起的环境公益诉讼费用进行补助,包括案件受理费、申请费、调查取证费、鉴定评估费、勘验费和其他诉讼费用。环境公益诉讼资金源于省级财政拨款,国库集中支付,单独核算。省财政厅对资金使用和管理进行监督。资金列入海南省高级人民法院财政预算,由海南省高级人民法院核拨。①

四、投保机构诉讼费用交纳机制设想

综上所述,投保机构发起、参与的公益性质诉讼虽尚不能明确为民事公益诉讼,但其公益性是不可否认的。在司法实践中,投保机构依职权发起、参与的支持诉讼、股东代位诉讼、普通代表人诉讼和特别代表人诉讼,除普通代表人诉讼和特别代表人诉讼有司法解释对诉讼费用进行特别规定外,支持诉讼、股东代位诉讼以及普通代表人诉讼的发起皆没有诉讼成本机制的相关规定,这不符合对于公益性质诉讼所应采取的原则要求。因此,本文认为,投保机构发起、参与的公益性质诉讼未来的发展方向应为民事公益诉讼,本文建议,借鉴民事公益诉讼诉讼费用承担原则及司法实践探索经验,对于投保机构发起、参与的公益性质诉讼统一缓交案件受理费,如原告胜诉,由被告承担案件受理费,如原告败诉或部分败诉,原告免交案件受理费;申请保全的,统一免交财产保全申请费,免提供担保。为提高立法的科学性和可行性,建议可采取

① 参见向巧巧:《环保组织环境公益诉讼的诉讼费用制度研究》,吉林大学 2020 年硕士学位论文,第 13 ~ 14 页。

如下循序渐进的步骤进行试点与探索:(1)在个案层面尝试突破;(2)以法院为单位进行试点,试点法院对投保机构发起、参与的公益性质诉讼统一缓交案件受理费,如原告胜诉,由被告承担案件受理费,如原告败诉或部分败诉,原告免交案件受理费;申请保全的,统一免交财产保全申请费,免提供担保;(3)在试点经验基础上,监管机关与最高人民法院联合出台司法政策对全国法院进行引导;(4)监管机关与最高人民法院联合出台司法解释对投保机构诉讼费用交纳情况进行系统、明确规定。

人数不确定的代表人诉讼制度

——基于证券群体性纠纷解决的视角

李海龙[*]　江利杰[**]

摘　要：作为应对群体性纠纷的中国方案，“休眠”已久的人数不确定的代表人诉讼制度在证券领域得到“激活”，并实现了从“纸上法”到“现实法”的跨越。在喜悦于该制度得到应用的同时，我们也应当注意该制度尚不完善的现实情况。从实践来看，该制度目前在投资者的救济、上诉改判情形下法院的适用以及与其他纠纷化解机制之间的“有机衔接”等问题上仍存在困惑，尚需理论与实务界的深入探究，以促进制度之完善。

关键词：代表人诉讼　证券纠纷　实践困境

作为群体性纠纷解决的方式，人数不确定的代表人诉讼自 1991 年被《民事诉讼法》确立后，既没有具体的运行程序规则，也没有在实践中得到应用。不过，随着 2019 年修订的《证券法》明确将该制度作为证券领域群体性纠纷解决的方案，上海金融法院、深圳市中级人民法院、南京市中级人民法院等先后发布相应的程序性规定，对该制度的启动进行了有益的探索与尝试。而后，最高人民法院在前述法院探索的基础上发布了《关于证券纠纷代表人诉讼若干问题的规定》（以下简称《代表人诉讼规定》），就该制度的运行程序作了统一、详尽的规定。与此同时，杭州市中级人民法院决定对其受理的“五洋债”证券虚假陈述纠纷一案采取代表人诉讼方式进行审理的事实，也标志着该制度在实践中被正式“激活”。不过，从杭州市中级人民法院就该案的实践来看，《代表人诉讼规定》尚存在许多问题未予明确，进而可能影响制度的适用

---

*　浙江财经大学法学院副教授。

**　浙江财经大学法学院硕士研究生。

以及制度目的的实现,亟须理论界与实务界的进一步探讨,以促进制度之完善。

一、从"休眠"到"激活":制度回顾

按照《民事诉讼法》的规定,代表人诉讼分为人数确定的代表人诉讼与人数不确定的代表人诉讼两类。修订后的《证券法》在此基础上新增了以"默示加入,明示退出"为特征、以投资者保护机构为代表人的特别代表人诉讼。最高人民法院《代表人诉讼规定》则进一步将《民事诉讼法》所规定的两类诉讼称为普通代表人诉讼,并明确特别代表人诉讼是投资者保护机构参加人数不确定的代表人诉讼后所形成的一种特殊形态。需要说明的是,本文所重点探讨的人数不确定的代表人诉讼,并不包括特别代表人诉讼的相关内容。

人数不确定的代表人诉讼,是在普通共同诉讼制度基础上,吸收了代理人制度的机能所形成的一种新的诉讼方式。[①] 其旨在解决投资者人数众多与司法资源有限之间的矛盾,进而服务于投资者权利保护与违法违规行为制裁目的的实现。[②] 1991年施行的《民事诉讼法》第55条(现第54条)对人数不确定的代表人诉讼制度予以了规定,该条款期望通过如下方式实现上述目的:第一,在案件审理前,通过公告与权利登记程序将同一种类诉讼标的的案件并入人数不确定的代表人诉讼;第二,在审理过程中,通过选任的代表人代为行使当事人的诉讼权利;第三,在裁判生效后,通过裁判效力的扩张,对符合条件的未参与登记的权利人直接裁定适用代表人诉讼之裁判,而无须再经过法院审理。但遗憾的是,人数不确定的代表人诉讼制度在此后一直处于"休眠"状态。2002年《最高人民法院关于受理证券市场因虚假陈述引发的民事侵权纠纷案件有关问题的通知》甚至明确法院对于证券纠纷案件,应采取单独或共同诉讼方式而不宜以集团诉讼的形式受理,也即直接排除了人数不确定的代表人诉讼适用的可能性。造成上述情形的原因是多方面的,既有因技术限制导致的权利登记方式不经济的考虑,[③]也有长期以来对于大规模群体性纠纷可能引发社会不稳定情况的顾

---

① 参见张卫平:《证券纠纷代表人诉讼的制度创新与建构》,载《人民法院报》2020年8月8日,第2版。

② 需要指出的是,"制裁"一词并非限于行政、刑事领域,民事领域同样可以适用。例如,《民事诉讼法》第2条规定,"中华人民共和国民事诉讼法的任务,是……制裁民事违法行为,保护当事人的合法权益……"

③ 人数不确定的代表人诉讼在审理前通过公告与权利登记的方式来合并同类案件,但由于受害投资者规模较大,动辄上万人,采取"选择加入"的权利登记方式,在当时的条件下,过于耗时耗力,难谓诉讼经济。参见最高人民法院民事审判第二庭编著:《最高人民法院关于审理证券市场虚假陈述案件司法解释的理解与适用》,人民法院出版社2003年版,第174~175页。

虑,还有制度本身设计不足与缺陷等方面。

不过,得益于党的十九届四中全会提出对于消费者权益保护领域要探索建立集体诉讼的指示,使解决群体性纠纷的方案,即人数不确定的代表人诉讼,在现实中有了“激活”的可能性。随后,最高人民法院针对证券领域纠纷频发的现状,指出有条件的法院要积极探索人数不确定的代表人诉讼,[①]2019 年 12 月修订的《证券法》第 95 条对该制度予以明确,同时新增了特别代表人诉讼制度。2020 年 7 月,最高人民法院发布的《代表人诉讼规定》对代表人诉讼的程序、判决与执行的特殊内容作了详尽规定,并在杭州市中级人民法院受理的“五洋债”证券虚假陈述纠纷一案中得到了正式应用。

从《代表人诉讼规定》的具体内容来看,其就人数不确定的代表人诉讼主要作出如下规定:第一,通过依托于互联网的权利登记方式来解决“权利登记难”的窘境;第二,通过建立“投资者放权、由法院监督”的代表权运行机制,解决代表人“推选难”、程序有效推进与投资者利益保障的问题;第三,在《民事诉讼法》有关裁判效力扩张的规定基础上,通过新增“上诉安排”的特殊规定,既尊重了选择上诉的投资者的上诉权,也使未上诉或放弃上诉的投资者的纠纷能够及时得到解决;第四,在执行阶段,通过证券登记结算机构等协助执行义务人的协助执行,来更好地实现对因履行或执行生效法律文书所得财产的分配。

二、从“纸上法”到“现实法”:实践困境

详尽、完备的规范使人数不确定的代表人诉讼制度得以现实运行,但从实践来看,却产生了许多新的问题亟须进一步探究,主要包括如下几个方面。

(一)投资者救济困境

在“投资者放权,由法院监督”的机制下,投资者在选举代表人之后即将诉讼权利让渡于代表人,并由法院来具体监督。虽然原告(以下称为投资者)对重大诉讼事项可以提出异议(见表 1),但最终结果是由法院来决定。在此种情形下,若法院未尽相应的监督义务,或者尽了监督义务但没有使投资者利益得到保障时,投资者应当如何进行救济?

---

① 《全国法院民商事审判工作会议纪要》第 80 条规定:“……在认真总结审判实践经验的基础上,有条件的地方人民法院可以选择个案以《民事诉讼法》第 54 条规定的代表人诉讼方式进行审理,逐步展开试点工作。……”

表1 《代表人诉讼规定》中投资者所享有的异议权

所在阶段	具体条文	事项性质	异议内容
立案后审理前	第14条	程序性事项	权利登记期间投资者对拟任代表人的人选可提出异议
审理阶段	第19条	实体性事项	投资者对于调解协议可提出异议
	第22条	实体性事项	投资者对于代表人变更或放弃诉讼请求、承认对方当事人请求、撤诉行为可提出异议
裁判阶段	第26条	实体性事项	当事人可对判决书中的计算方法与赔偿金额提出异议
执行阶段	第31条	实体性事项	投资者可对财产的分配方案提出异议

从民事诉讼制度与基本原理来看,投资者可选择退出人数不确定的代表人诉讼,并另行起诉的方式来获得救济。不过根据《最高人民法院关于民事诉讼证据的若干规定》(以下简称《证据规定》)第10条第6款的规定,已为人民法院生效裁判所确认的基本事实具有预决效力。① 由此可能导致的结果是,即便投资者选择退出并另行起诉,原先代表人诉讼的生效判决所认定的基本事实仍将对其适用,这一规定使退出权的行使毫无意义,反而增加了投资者的诉累。

(二)法院的适用困境

《代表人诉讼规定》第27条、第28条对未上诉的投资者与上诉的投资者进行了区别处理。这样的"上诉安排"虽然能够及时化解纠纷,在二审法院上诉改判情形下却可能存在两个基本事实,也即一审生效裁判认定的事实与上诉改判后二审生效裁判认定的事实,那么法院对于未参与登记的当事人以及退出代表人诉讼而另行起诉的当事人,应当适用一审裁判认定的事实还是二审裁判?对此,似乎陷入了难以选择的困境。一般而言,既判力的效力体现为法院不得再次对同一纠纷作出不一致的认定、当事人不得再次请求法院审理,因而既判力应当属法官依职权调查的事项,否则可能导致既决事实的再次争议。② 因而,在上诉改判情形下,难以解释法院为何选择适用二审裁判认定事实(暂假定如此)而不适用一审裁判。

① 参见最高人民法院民事审判第一庭编著:《最高人民法院新民事诉讼证据规定理解与适用》,人民法院出版社2020年版,第154~156页。

② 在大陆法系国家,法院依职权调查事项和当事人主张事项有明确的界限,法院不得随意超越。既判力是否存在属于法院职权内的事项。参见张卫平:《民事诉讼法》(第3版),中国人民大学出版社2015年版,第317页。

（三）制度衔接困境

人数不确定的代表人诉讼，作为多元纠纷化解机制中的一种，在与其他纠纷化解机制的“有效衔接、相互协调”上尚有诸多疑惑。

第一，与调解的衔接。调解的优势在于纠纷的及时化解与彻底解决，2012年《民事诉讼法》的修订明确了“调解优先”的理念，《代表人诉讼规定》也是不遗余力地对此作出了细致的规定。① 但需要指出的是，群体性纠纷具有特殊性，倘若调解非常有效而没有投资者选择退出，意味着诉讼程序的终结。而由于裁判效力的扩张仅及于裁判而不及于调解事项，对于未参加登记的投资者，法院需要重新启动人数不确定的代表人诉讼，颇有“捡了芝麻、丢了西瓜”之嫌。

第二，与特别代表人诉讼的衔接。特别代表人诉讼只能由投资者保护机构通过参加人数不确定的代表人诉讼来启动。从参与案件的范围来看，中国证券监督管理委员会在《关于做好投资者保护机构参加证券纠纷特别代表人诉讼相关工作的通知》中指出，投资者保护机构根据实际情况决定是否参与相关的案件，对于“典型重大、社会影响恶劣”的案件应当依法及时介入，但这一原则性规定过于简单、模糊。对于社会关注的重大问题，投资者保护机构积极适时介入无可厚非，不过投资者对此可能有不一致的期待，如何较明晰地确定投资者保护机构介入的具体标准值得研究。否则，参与过少失去了制度设计的意义，参与过多则会造成介入太多，甚至引发越俎代庖的嫌疑和议论。

第三，与示范判决机制的衔接。示范判决机制作为多元化解机制的一次尝试性探索，是在代表人诉讼机制没有得到激活情形下所提出的解决群体性纠纷的方案。不过，时下代表人诉讼制度已激活，示范判决机制该何去何从？有观点认为，示范判决机制与代表人诉讼可以并存，并起到互补作用。② 其逻辑在于，人数不确定的代表人诉讼可能存在的当事人主张各异、分歧较大等问题使其适用存在客观障碍，而特别代表人诉讼主要适用于典型重大、影响大、具有示范意义的案件而非所有案件，因而示范判决机制可以起到互补作用。但在人数不确定的代表人诉讼与特别代表人诉讼实现“有机衔接、相互协调”之后，上述观点也难以自洽。因而，对于示范判决机制存在的意义，尚须进一步探讨与研究。

---

① 参见刘俊海：《投资者友好型的证券纠纷代表人诉讼的制度创新》，载《人民法院报》2020年8月4日，第2版。

② 参见人民法院新闻传媒总社：《上海金融法院发布全国首个证券纠纷代表人诉讼机制的规定》，载百家号网2020年3月25日，baijiahao. baidu. com/s? id = 1662142235422226649&wfr = spider&for = pc。

三、从"雏形"到"完善":前路探索

前述问题,归根结底涉及具体规范的完善与制度间的衔接问题。对此,本文予以尝试性回答,以期为后来者提供有益的借鉴。

(一)投资者救济困境

对于投资者权利救济困境,可通过类型化的方式予以解决。第一,对于因程序性事项退出的情形,也即投资者因代表人选任事项退出时,基于上述《证据规定》并不能达到要求重新审理的救济效果,且也不应当达到救济效果。这是因为,程序的有效运行无法兼顾全体当事人的程序性权利,需要"投资者放权",或者说投资者作出一定"牺牲",尤其是在该"牺牲"不会造成实体权利减损的情形下。由于在人数不确定的代表人诉讼中,代表人代表的是整个投资者群体而非个别主体,并不会造成个别主体实体权利的当然受损,因而不应当产生救济效果。从国外的立法例来看,对于代表人选任事项的异议,各国普遍未赋予投资者上诉权。例如,美国《联邦民事诉讼规则》第 23 条 f 款明确规定集团成员"中间上诉"的情形,仅限于受理法院所作出的批准或否决集团诉讼命令。① 加拿大魁北克省《集团诉讼法规则》,允许集团成员在案件审理过程中就某一些实体问题与程序问题的处理提起上诉,但该条款因诉讼效率过低已于 1982 年被废止。②

第二,对于因实体性事项的退出,投资者均能获得救济。因为即使代表人放弃或变更诉讼请求,法院仅对变更后、放弃后的诉讼请求进行了判断,而没有对变更前、放弃前的部分予以实质性处理。③ 同样,在撤诉情形下,法院亦未对争议作出实质性处理。至于调解,《代表人诉讼规定》第 21 条明确赋予投资者退出的权利,对于申请退出的投资者,法院对该案继续审理并作出判决。

当然,投资者若是认为法院没有尽到对代表人行使特别授权行为的监督职责,也可基于《人民检察院组织法》第 20 条、《人民检察院民事诉讼监督规则(试行)》第 34 条之规定,向同级检察机关申请检察建议或者抗诉。

---

① Federal Rules of Civil Procedure, "Rule 23. Class Actions... (f) Appeals. A court of appeals may permit an appeal from an order granting or denying class-action certification under this rule..." See Federal Rules of Civil Procedure, Cornell Law Schools, https://www.law.cornell.edu/rules/frcp/rule_23.

② 参见张卫平:《诉讼架构与程式:民事诉讼的法理分析》,清华大学出版社 2000 年版,第 331 页。

③ 法院虽有审查,但审查并非审理,法院对此并没有作出实质性的判断。

（二）法院的适用困境

对于上诉改判情形下法院的适用困境，可遵循权利逻辑，交由投资者选择。由前所述，该问题的核心在于既判力事项应当是由法院依职权调查的事项。诚然，在传统既判力理论视角下，若前后诉当事人完全一致、诉讼标的同一，既判力存在与否确实应当属于法官依职权调查的范畴，而不在当事人的处分权范畴内，否则便可能导致既决事实的再争议。但是，当我们承认案件基本事实具有既判力（前诉），并可由案外人在后诉中主张时（基于上述《证据规定》），此时当事人并非完全一致，因而适用前诉代表人诉讼判决与否（当然按照上述《证据规定》应当适用）、适用一审裁判还是二审裁判，均不会导致既决事项的再争议。故，此时既判力存在与否并不必然需要交由法院来调查，而可遵循权利逻辑，交由投资者自由选择，那么上述问题也就迎刃而解了。

需要指出的是，我国《证据规定》认为案件基本事实具有既判力或预决效力的观点，与大陆法系的既判力理论通说不一致。一般认为，通说否认案件基本事实的预决效力的原因在于防止当事人被突袭裁判以及提升审理效率两方面。[①] 但这并非主要原因，德国的罗森贝克等教授指出，虽然鉴于诉讼应实现法律和平的目的，可赋予裁判理由（含案件基本事实）广泛的约束力，但德国“立法机关以自己的表述有意识地防止向普通法转化的广泛观点”表明其“有意识地选择也反对这种拘束”，[②]而这也使既判力理论的通说不再承认案件事实具有既判力。可见，既判力理论通说不承认案件基本事实具有既判力，主要是基于立法者政策上考量的缘故。

同时，防止当事人被突袭裁判以及提升审理效率的理由也难以成立。一方面，案件基本事实是判决主文结论所得出之基础，是当事人利益能否借由诉讼程序而得以实现之关键，因而当事人往往予以严肃考虑并予以充分辩论。例如，美国联邦最高法院在“帕克雷恩公司诉肖尔证券纠纷损害赔偿案”（Parklane Hosiery Co.，Inc. v. Shore）中认为，如果当事人在之前的诉讼中享受“充分的诉讼机会”并且这样的事实属于“决定性事实”，那么没有理由禁止案外人在该案中进攻性使用之前诉讼中的事

---

① 参见［日］高桥宏志：《民事诉讼法：制度与理论的深层分析》，林剑锋译，法律出版社2003年版，第505～506页。

② ［德］罗森贝克、施瓦布、戈特瓦尔德：《德国民事诉讼法》，李大雪译，中国法制出版社2007年版，第1159页。

实认定——委托投票说明书确实存在缺陷和误导性。[①] 另一方面,在传统“一对一”诉讼结构中,否认案件事实的预决效力,的确可能提升案件的审理效率。但这种提升是建立在对非基本事实的争议上的,对于基本事实的争议,当事人往往予以严肃对待,而难以提升审理效率。并且,就群体性纠纷而言,不承认案件基本事实的预决效力将可能适得其反。例如,德国为应对2002年德国电信虚假陈述案爆发所产生的大量案件,于2005年颁布5年有效期的《投资者示范诉讼法》,试图在原有的既判力理论框架下寻求解决方案,[②]但直到该法到期(后被批准延期),案件仍没有任何实质性进展。[③] 德国在传统既判力理论框架下尝试的“失败”,已经充分说明了这一点。

(三)制度衔接困境

第一,在与调解的衔接问题上,由于《民事诉讼法》调解优先的规定,使上述问题在制度层面难以解决,这可能也是《代表人诉讼规定》为何在第3条已强调调解优先原则后,仍要在第29条第2款——“代表人诉讼调解结案的,人民法院对后续涉及同一证券违法事实的案件可以引导当事人先行调解”——再次强调调解的因由所在。但其实我们不必对此过于担忧,原先的调解使未参与登记的投资者获得了预期,从理性经济人的角度来看,愿意花费大量时间、承担诉讼风险而选择诉讼的投资者毕竟是少数。

第二,在与特别代表人诉讼的衔接问题上,投资者保护机构应当着眼于市场所不愿意解决的案件,以实现特别代表人诉讼与人数不确定的代表人诉讼机制之间的相互协调与有效衔接,避免垄断的出现。例如,有学者指出,可以设置一定的期限作为客观的标准,若在期限内无人数不确定的代表人诉讼的提起,则投资者保护机构应当依法介入,或介入特别复杂案件等。总而言之,在人数不确定的代表人诉讼与特别代表人诉讼间寻求合适的契合点,有助于证券纠纷的妥善解决,也有助于市场的发展。

第三,在与示范判决机制的衔接问题上,可考虑将示范判决纳入特别代表人诉讼之中。由前所述,投资者保护机构应关注人数不确定的代表人诉讼难以解决或不愿意解决的案件。同时,虽然示范判决基于个案能够实现纠纷的一次性审理,效率高于

① Parklane Hosiery Co. v. Shore, 439 U. S. 322, 99 S. Ct. 645 (1979);参见王学棉:《民事诉讼预决事实效力理论基础之选择》,载《国家检察官学院学报》2020年第1期。

② 参见吴泽勇:《〈投资者示范诉讼法〉:一个群体性法律保护的完美方案?》,载《中国法学》2010年第1期。

③ 参见黄佩蕾:《德国投资者示范诉讼研究》,载《中国审判》2019年第13期。

代表人诉讼,但个案的审理较之大规模的代表人诉讼的审理,难免会存在审理程度不充分的问题。因而,在本文来看,示范判决制度在时下难以找到其位置,后续可考虑将其纳入特别代表人诉讼制度之中,通过投资者保护机构的介入,来解决人数不确定的代表人诉讼开展的客观障碍问题。

资本市场公益诉讼制度理论与实践研究

上海金融法院课题组*

摘　要:在资本市场引入公益诉讼制度,以弥补私益诉讼的缺陷、补强民事赔偿责任,对逐步形成市场参与各方依法履职尽责及投资者合法权益得到充分保护的市场环境有重大意义。其中,新修订的《证券法》中新增以投资者保护机构作为代表人且以“退出制”为基础的集体诉讼制度,为民事公益诉讼制度在证券市场的探索迈出了很大一步。本文对证券民事公益诉讼制度的具体构建提出了立法建议。

关键词:民事　公益诉讼　证券法

资本市场侵权纠纷属于因单一事件引发的群体性纠纷,具有一方当事人人数众多、诉讼标的为同一种类等特征,对纠纷解决的时效性、诉讼成本的可承受性都有较高要求。如何妥善、有序、高效和公正地处理资本市场群体性纠纷,切实维护中小投资者合法权益,对维护资本市场健康稳定发展意义重大。

一、资本市场公益诉讼制度的必要性

近年来,证券群体性纠纷频发,也引发了关于是否应在资本市场领域引入公益诉讼制度的思考。首先,普通民事诉讼及我国《民事诉讼法》第53条、第54条规定的代表人诉讼完全建立在“登记加入制”的基础上,即使在起诉时人数不确定的,也需要通过诉讼公告和权利登记制度来固定原告的范围,未登记的权利人只能另行提起诉讼。这一诉讼制度在程序设计上缺乏明确的社会功能定位,仅关注投资者私益的保护,而

---

* 课题负责人:林晓镍;课题组成员:单素华、黄佩蕾。

没有关注对社会的保护以及证券民事赔偿制度对于整个证券市场稳定发展的推动作用。实践中,大量的投资者由于通知不到位或自身出于维权成本的考虑,并未参与维权诉讼,这样就会导致进入诉讼的赔偿总额与违法者的违法收益之间出现较大落差,难以起到威慑违法行为、恢复正常市场秩序的作用。

其次,由于股票、期货等市场交易由交易所系统自动撮合成交,涉及的投资者众多、分布的区域十分广泛,而投资者相互之间的联系并不紧密,要通知所有符合条件的投资者参加诉讼并统一推选代表人,在客观上存在困难。从现有诉讼制度的运行情况来看,诉讼成本高、占用司法资源多、纠纷解决效率低等问题普遍存在。退一步而言,即使投资者能够就代表人的推选达成一致意见,或者法院采用示范判决机制等引导投资者通过调解解决纠纷,仅起到提升诉讼效率的作用。就各投资者分散提起的诉讼本身而言,只能实现对个体利益的救济,至多是叠加后的个体利益,无法实现对不特定众多市场主体集合利益乃至公共利益的救济。反之,从被告的角度来看,其违法违规成本明显存在"轻两头、重中间"的现象,即强调行政监管而刑事和民事责任的制约相对缺位。但即使是行政责任的承担,随着侵权案件的专业性、复杂性增加,行政机关的人力、执法水平有限,监管也不可避免地会有所遗漏。因此,在资本市场引入公益诉讼制度,以弥补私益诉讼的缺陷、补强民事赔偿责任,逐步形成市场参与各方依法履职尽责及投资者合法权益得到充分保护的市场环境,有其现实意义。

二、公益诉讼与群体诉讼的区别

从当前法律规定来看,2012 年《民事诉讼法》第 55 条对民事公益诉讼作了原则性的规定,但仅限于环境保护和消费者保护纠纷。2019 年 1 月 23 日,中央全面深化改革委员会审议通过《关于在上海证券交易所设立科创板并试点注册制的实施意见》,标志着我国证券市场正式开始设立科创板并注册制工作。该实施意见指出,要推动完善相关法律制度和司法解释,探索完善与注册制相适应的证券民事诉讼法律制度。相应地,最高人民法院出台的《关于为设立科创板并试点注册制改革提供司法保障的若干意见》进一步提出,要"研究探索建立证券民事、行政公益诉讼制度"。在 2019 年新修订的《证券法》中,新增关于投资者保护机构可以作为代表人参加诉讼的规定,并实行与普通代表人诉讼相区别的"申明退出制"。在这一全新的诉讼制度中,原告提起的诉讼请求所保护的法益明显超过了个别私益的范围,为民事公益诉讼制度在证券市场探索迈出的一大步。但是,公益诉讼与传统民事诉讼在诉讼目的、诉讼主体及程序等方面均有较大不同,具体程序上如何体现公益诉讼的制度优势、如何与私益诉讼相衔接,还有待进一步研究和细化。

比较来看,公益诉讼与群体诉讼均为一方人数众多的诉讼制度,但功能有较大区别。其中群体诉讼,是指专门为解决群体性纠纷而设置的,由特定主体代表多数当事人实施全部或者部分诉讼行为,诉讼结果能够直接影响多数当事人的诉讼程序制度,我国的代表人诉讼即在此列。从本质上来说,群体诉讼涉及的利益本身有具体的可分的归属主体,仅是传统"一对一"私益诉讼在诉讼主体上的复数叠加,仍以私益的保护为主要目标。但公益诉讼系为专门保护社会公共利益提起的诉讼,以公共利益受到损害为前提,以维护健康有序的社会秩序为目的,两者在程序构造上存在较大区别。第一,对当事人适格的要求不同。提起公益诉讼的原告不要求与案件有直接利害关系,起诉的主体非常广泛,不局限于具体权益受到侵权的个体。反之,群体诉讼则是以维护群体成员的私益为主要目的,成员均是与案件有直接利害关系的主体。第二,两者在诉讼形式上和群体成员的确定性上也不同。公益诉讼尽管同样涉及多数人的利益,但通常范围比一般群体诉讼要广得多,以至于被代表人的范围是概括性的。在诉讼形式上,公益诉讼往往以单独诉讼的方式出现,即由团体或个人带动整个诉讼进程。但群体诉讼主要是"加入制"的,被代表人的范围通常是明确的,且需要通过"代表制"进行诉讼合并以便审理。第三,两者在诉讼目标侧重上不同,公益诉讼的目标主要是制止违法行为,而群体诉讼则主要适用于侵权人需要受害人予以赔偿的案件,其目标不只是要制止违法侵害,群体成员还需要得到赔偿。

从上述角度来分析,如果说民事诉讼法中的普通代表人诉讼仍然属于群体诉讼范畴,那么新修订的《证券法》所规定的"退出制"集体诉讼则更偏向于公益诉讼。首先,从诉讼主体来看,投资者保护机构若在特定时间段内没有进行股票交易,则其本身并非因侵权行为受到侵害的投资者。而根据《证券法》的规定,虽然投资者保护机构成为诉讼代表人是以获得50名以上投资者的明示授权为前提的,但对于未明示退出的投资者来说,投资者保护机构无须再逐一取得授权就成为其当然的诉讼代表人,显然是对传统诉讼资格的重大突破。其次,在群体成员的确定上,《证券法》规定投资者保护机构可"为经证券登记结算机构确认的权利人依照前款规定向人民法院登记,但投资者明确表示不愿意参加该诉讼的除外",即参照美国集团诉讼的模式,在诉讼公告时即概括性地划定群体成员范围,并采"明示退出,默示加入"的原则,与以"加入制”为基础的普通代表人诉讼明显不同。在实现投资者权益救济的基础上,弥补了私益诉讼对违法行为威慑力不足的缺陷。综上,根据《证券法》的规定,集体诉讼虽仍是在《民事诉讼法》代表人诉讼的框架下,但仅在投资者保护机构作为代表人的情况下,可采“退出制”的方式,与普通代表人诉讼存在明显区分,应当作为一种独立的诉讼类型。但需要强调的是,公益诉讼与群体诉讼在适用范围应有所区分,群体诉讼制度适用于所有涉及人数众多的群体性纠纷,而公益诉讼是补充性的,当且仅当公共利益受到损害时才有适用余地。

就资本市场的公共利益而言,至少包含两方面内容:一是众多不特定市场主体合法权益的抽象化集合;二是正常的市场秩序和公平、公正、公开的市场环境。从实践观察,仅凭数量有限的投资者基于私益提起的维权诉讼难以实现对上述公共利益的维护。

三、《证券法》集体诉讼的立法思路

从证券民事公益诉讼的立法思路来看,《证券法》第95条第3款规定:“投资者保护机构受五十名以上投资者委托,可以作为代表人参加诉讼,并为经证券登记结算机构确认的权利人依照前款规定向人民法院登记,但投资者明确表示不愿意参加该诉讼的除外。”细究之,该制度与普通代表人诉讼存在两点较大的不同:一是投资者保护机构具有独立的诉讼地位,即全体投资者的诉讼代表人;二是在权利登记时采“退出制”,即未明确表示不愿意参加诉讼即视为参加诉讼,但以属于适格投资者范围并经证券登记结算机构确认为前提。该立法思路在一定程度上参考了我国台湾地区证券团体诉讼和美国集团诉讼的经验,并结合我国司法实践的需要综合了两者的优势,形成了具有我国特色的证券集体诉讼制度。

(一)团体诉讼

所谓团体诉讼,是指赋予某些团体诉讼主体资格和团体诉权,使其可以代表团体成员提起、参加诉讼,独立享有和承担诉讼上的权利义务,并可以独立作出实体处分的制度。[①] 我国台湾地区“证券投资人及期货交易人保护法”第28条第1项规定:保护机构(“财团法人证券投资人及期货交易人保护中心”)为保护公益,于本规定及其

① 参见章武生:《论群体诉讼的表现形式》,载《中外法学》2007年第4期。

捐助章程所定目的范围内,对于造成多数证券投资人或期货交易人受损害之同一原因所引起之证券、期货事件,得由 20 人以上证券投资人或期货交易人授予仲裁或诉讼实施权后,以自己之名义,提付仲裁或起诉。据此,投资者得以将“诉讼实施权”授予保护机构的方式,由该机构为投资者提起团体诉讼,该团体诉讼判决效力仅及于授权的投资者,胜诉收益也在该部分投资者之间分配。此外,团体诉讼在诉讼程序的启动上也较简单,将分散的群体诉讼转变为由团体统一提起的单独诉讼,避免了一般群体性纠纷中可能存在的利益冲突和各种“代表制”问题,便于法院以传统“两造诉讼”的方式进行审理。

与《民事诉讼法》所规定的普通代表人诉讼不同,团体诉讼中的团体本身不具有直接利害关系,也不是从当事人中产生,其成为适格当事人的基础是实体法的明确规定。而在普通代表人诉讼中,代表人的适格基础是当事人身份(实体法上的请求权)和代理人(明示授权)身份的结合。因此,团体诉讼的关键在于诉讼资格的扩张。《证券法》规定“投资者保护机构受五十名以上投资者委托,可以作为代表人参加诉讼”,在投资者保护机构本身非适格原告的基础上,显然是对《民事诉讼法》关于在原告中产生代表人的重大突破,即通过实体法的规定直接赋予了投资者保护机构以独立的诉讼地位。类似地,在《民事诉讼法》第 55 条规定的公益诉讼中,也同样是在诉讼资格上进行了扩张,赋予了消费者协会等法律规定的机关和有关组织以原告资格。这一制度设计,使被授权的社会团体肩负起了某种特殊的社会使命,公益色彩明显,从实践需要来看有其重大的现实意义。我国证监会于 2013 年批准成立中证中小投资者服务中心有限责任公司(以下简称投服中心),作为法定的投资者保护机构,职责范围包括“持有上市公司股票……通过诉讼等方式对上市公司违法违规等损害投资者利益行为进行约束,行使股东权利等”。但是,囿于《民事诉讼法》规定原告起诉条件“与本案有直接利害关系”,投服中心等只能通过支持起诉、委派律师等制度实现类似公益诉讼制度所能发挥的功能,或者通过“持股行权”等手段使其自身符合“直接利害关系人”要求从而提起诉讼。由此导致的结果是,许多潜在的证券民事公益案件因当事人资格的障碍而不能通过司法途径予以解决。并且,由于投服中心不具有独立的诉讼地位,在实际参加诉讼过程中严重依赖个别投资者的维权意愿,且授权投资者数量不多,其能发挥的功能非常有限。

与诉讼资格的扩张相对应的问题是,如果团体本身与案件不具有直接利害关系,它能在这个诉讼中提起何种请求权就值得进一步研究。从域外实践观察,团体诉讼最初多以不作为之诉为限,即有权利能力的团体可以向法院请求命令他人中止或撤回其行为,目的在于惩戒不法行为或预防不法行为的发生。但是,对于那些违法者从侵权行为中获取巨额利益的情况,仅提起不作为之诉显然难以实现威慑违法行为、恢复市场秩序的目的。随着团体诉讼的不断发展,带有补偿性甚至惩罚性的损害赔偿之诉也以各种形式出现在团体诉讼中,公益与私益的融合达到了新高度。其中,比较有代表性的是前文所述的我国台湾地区投资者保护机构代投资者提起的赔偿诉讼和德国竞争法中的不法利益收缴之诉。后者是指,就故意从事不正当竞争行为并且基于大量购买者的负担而获益的行为人,团体可以行使请求权,要求行为人将该收益上交德国联邦财政。对于这一诉讼类型,立法者的考虑是,虽然团体可以积极地征集投资者授权并代其提起一个集合性的诉讼,但在小额分散型损害的情况下,这也无法摆脱"理性的不利益"的规律制约——当收集分散的个别请求权花费过高,而团体又必须与每一个投资者达成授权协议并确定债权的数额,胜诉赔偿的数额可能入不敷出。[①] 更何况,仅依靠不作为之诉和数量有限的损害赔偿之诉,难以有效防止已经被禁止不法行为的侵权人再犯,也不能对其他主体形成威慑。因此,德国在团体诉讼的请求权类型发展上走出了一条独特的路径,其团体的损害赔偿请求权并非基于个人请求权的让渡,而是将侵权法上损害赔偿侵权请求权和不当得利返还请求权结合起来,形成了以给付和制裁为一体的诉求体系。

从我国现行法律规定来看,前述不法利益收缴之诉所体现的"民事罚款"的制度在我国民事实体法中并无依据,且有与行政责任重复惩罚之嫌,尚无适用空间。但上述德国在竞争法中的立法思路点出了团体损害赔偿之诉的困境,即以债权让与的方式实现由相关团体代替个别投资者整体性地行使众多损害赔偿请求权的可行性,是值得进一步思考的。事实上,该诉讼并无法一次性地解决相关纠纷,因涉及多数不特定的投资者,无从一一通知,若大量投资者未能参与到团体诉讼中,该诉讼制度的功能将大打折扣。并且,该诉讼模式在定位上也与"登记加入制"的普通代表人诉讼相重合,无非是将诉讼过程中代表人推选的协商成本转移至诉前的投资者征集过程中,对群体诉讼的整体效率并无太大的提升。因此,在赋予投资者保护机构独立诉讼地位的基础上,再探索一种概括性的"退出制"授权方案,实有必要。

(二)集团诉讼

美国集团诉讼之所以称为"集团",关键之处即在于将人数不确定但各个人所具

---

① 参见唐晋伟:《德国竞争法中的团体收缴利润诉讼制度研究》,法律出版社2012年版,第54页。

有同一事实或法律关系的当事人拟制为一个“集团”,使集团能起到类似法人实体的结果,集团中的一人或数人提起诉讼视为代表整个群体所提起,判决效力扩及群体中的每个个体。具体在集团成员的确定上,采“默示加入,申明退出”机制,即在法院公告期内没有明确申请排除于集团之外的人都视为参加诉讼,诉讼结果无论胜败均对其发生效力。该退出制的设计,使群体性纠纷更容易进入诉讼,大大增加了对被告的威慑性。

但是,集团诉讼在实际运行中也存在诸多诟病,如集团诉讼本身增加了诉讼的复杂性与处理难度,诉讼效率不高;胜诉酬金制等因素诱使律师恶意驱动与操纵诉讼,导致了滥诉和恶意诉讼;[①]庭外和解的公正性缺乏严格监督,集团成员利益无法得到保障等。其中,有两点是不可被忽视的,其一,律师与投资者之间的利益冲突。实践中,真正与诉讼的提起和成功进行利益攸关的不是原告,而是他的律师。由于胜诉酬金制的存在,首席律师能够通过代理集团诉讼获得巨大利益,同时承担最大风险。当然,这种经济激励既有正面也有负面作用。一方面,可使律师有足够动力提起诉讼而投资者也免于对诉讼支出的顾虑,从而架构出以律师的利润动机为驱动核心的诉讼模型,这是集团诉讼有效运转的关键;但另一方面,当被告有很强的动机与原告达成和解——以某个价格“买下案件”时,不乏有些律师仅是为了获得和解而提起诉讼,且这笔钱的大部分流向了律师,和解的公正与平等性难免被质疑。其二,“申明退出”也并不代表集团诉讼的全部,“默示加入”虽然可以使相关受害人具备集团成员的资格,但赔偿仍需要有明示的权利申请表示,并提供证据。也就是说,集团成员要想得到赔偿,也还需进行一次带有加入制特点的索赔程序。而在集团成员成千上万的情况下,美国集团诉讼索赔率仅在 20% 左右。[②] 因此,尽管“退出制”集团诉讼在诉讼启动上更具简单性,其虚拟的集团具有更大的威慑性,但从投资者权益的保护程度来看,其威慑功能远大于补偿功能。

(三)我国司法实践的需要

从我国司法实践的需要来看,证券市场的民事公益诉讼至少应当着重追求以下功能:第一,提高投资者的维权效率和法院的纠纷解决效率,减轻当事人和法院诉累;第二,改变投资者单独起诉的传统救济方式在实现投资者集体救济上的无力,为尽可

① 参见汤维健:《美国民事司法制度与民事诉讼程序》,中国法制出版社 2001 年版,第 391 页。

② See Gail Hillebrand, Daniel Torrence, *Claims Procedures in Large Consumer Class Actions and Equitable Distribution of Benefits*,28 Santa Clara L. Rev. 1988,p. 747.

能多的投资者提供救济途径和维权便利;第三,弥补一般私益救济和行政监管上的功能"失灵",提高上市公司违法违规成本,维护资本市场健康稳定发展。

首先,从直接利害关系人之外引入投资者保护机构作为当然的诉讼代表人,可以免去普通代表人诉讼中在当事人中推选代表并一一取得授权的问题,诉讼效率明显提升。其次,在团体诉讼的制度框架下引入集团诉讼核心的"默示加入,明示退出"制度,允许投资者保护机构为经证券登记结算机构确认的权利人向法院登记,投资者明确表示不愿意参加该诉讼的除外,使集结规模庞大的原告集团成为可能,可以对违法行为产生极大的威慑作用。并且,相比集团诉讼由律师主导的模式,投资者保护机构更多地肩负起了征集投资者、代为诉讼并分配赔偿金的职责,集团诉讼中普遍存在委托代理矛盾,在该诉讼制度中并不存在。综上所述,从化解证券群体性纠纷的实际需求和实现投资者权益与社会公益的充分保护,以及促进法律的赔偿、救济功能与威慑功能的有效实现等角度而言,引入和构建"退出制"的团体诉讼制度是重要的可供选择的机制。

四、现行法律框架下的制度空间

从我国已有的公益诉讼立法框架来看,消费民事公益诉讼制度关于公共利益的界定、诉讼主体资格的取得及公益诉讼与私益诉讼衔接也为资本市场民事公益诉讼的探索留下了制度空间。

(一)公共利益的界定

对比来看,资本市场的投资者与消费领域的消费者面临相同的问题。消费者与经营者之间,投资者与上市公司之间,在诉讼能力和信息、资金、专业知识等方面都不具有可比性。当产品质量出现问题时,受害面相当大,不仅关系受害的消费者个人,也关系重大社会利益。同理,资本市场当出现虚假陈述、内幕交易等侵权行为时,受到侵害的投资者数量众多,也关系资本市场的交易秩序。因此,这类权益诉讼不再完全等同于传统的"一对一"民事诉讼,具有了现代群体诉讼的特点。申言之,虽然总的诉讼规模和金额很大,但是单个受害者所收到的损害不一定很高,单个维权成本可能高于维权收益。反之,违法者一方却可以从容地委托律师与受害者逐一展开拉锯式的持久战。在这种状况下,受害者往往放弃通过司法维权,加在一起就是一个非常可观的数据,可能从而使违法者从中获取巨额收益。即使是受害者有意愿按传统的诉讼制度提起诉讼,逐一进行审理也是不现实的,是对司法资源的极大浪费。[①] 此外,从《消费者权益保护法》的立法目的来看,是保护作为弱者的消费者的合法权益。从原则上来讲,只要提供商品或者服务一方从事的是市场经营活动,购买商品或者接受服务的一方是为了个人或者家庭终极消费的需要,而不是为了从事生产经营或者职业活动的需要,就应当适用《消费者权益保护法》。资本市场上的证券交易实际上也是一种市场交易活动,作为个人接受金融服务、购买金融产品主要是为了个人或者家庭财产的保值、增值需要,故应属于金融消费的范畴。因此,消费民事公益诉讼对公共利益的界定,基本可以套用到当前资本市场的需求上。换言之,侵害众多投资者合法权益的行为,可以纳入《民事诉讼法》第 55 条"侵害众多消费者合法权益等损害社会公共利益的行为"这一范围,法律规定的机关和有关组织可以提起民事公益诉讼。

(二)诉讼资格的取得

根据传统民事诉讼理论,诉讼当事人系民事权益被侵犯或者发生争议的利害关系人,即诉讼当事人应当具有诉的利益。诉的利益是连接民事实体法和民事程序法的纽带,只有自己合法利益受到侵害的人,才具备起诉的资格,才能成为诉讼当事人,也即"直接利害关系"规则。我国《民事诉讼法》第 119 条第 1 项规定,原告是与本案有直接利害关系的公民、法人和其他组织。但在公益诉讼中,原告资格可以突破该"直接利害关系"规则。具体而言,《民事诉讼法》第 55 条规定"法律规定的机关和有关组织"可以提起民事公益诉讼,即在程序法层面赋予不具有直接利害关系的法律规定的机关和社会组织以提起公益诉讼的权利。该条与作为实体法的《消费者权益保护法》第 47 条相结合,将公益诉讼的原告范围指向中国消费者协会以及在省、自治区、直辖市设立的消费者协会,解决了消费者组织作为适格原告的根据。比较来看,《证券法》并没有直接赋予投资者保护机构作为适格原告提起诉讼的资格,而仅允许其通过 50 名以上投资者的授权成为诉讼代表人,代表投资者诉请损害赔偿。本文认为,这一区分是与请求权类型的架构相适应的。根据《最高人民法院关于审理消费民事公益诉讼案件适用法律若干问题的解释》第 13 条的规定,消费民事公益诉讼可以提起的请求权仅限于停止侵害、排除妨碍、消除危险,即纯粹不作为之诉。理论上,对于维护社会公共利益的不作为之诉而言,可以通过直接赋予团体实体请求权的方式,进而使团体获得诉权,解决原告适格问题。因为,就抽象的不作为请求权而言,其并

---

① 参见杜万华主编、最高人民法院民事审判第一庭编著:《最高人民法院消费民事公益诉讼司法解释理解与适用》,人民法院出版社 2016 年版,第 94 ~ 95 页。

不以具体损害为前提,故由法律直接赋予团体以诉权,并无法理上的障碍。且该模式下公益诉讼与私益诉讼可以并存,且两者的关系较为清晰,界限易于处理。因此,若仅在证券民事公益诉讼中设计不作为请求权,则可完全参照消费民事公益诉讼的框架。但是,一旦涉及损害赔偿请求权,则涉及投资者个人的损害赔偿请求权与团体的请求权及诉权之间如何协调的问题。在投资者保护机构诉请的利益直接归属投资者个人的情况下,由其作为代表人而非原告本身是更适合的。

(三)公益诉讼与私益诉讼的衔接

如前所述,目前我国的消费民事公益诉讼相关法律和司法解释尚未规定针对消费者的损害赔偿之诉,故要实现对个体消费者的损害赔偿,必须通过消费者单独提起私益诉讼。因此,公益诉讼与私益诉讼的衔接,也是公益诉讼制度设计中的重要一环。根据司法解释的相关规定,实现这一衔接的主要有两个方面:一是审理顺序的先后,二是公益诉讼判决效力的扩张。申言之,在私益诉讼中受到损害的消费者自愿前提下,法院可以先中止私益诉讼案件的审理,等待公益诉讼的裁判结果。此外,公益诉讼生效裁判认定的事实对于关联私益诉讼的原告和被告均具有免予举证的预决效力。公益诉讼判决中就诉讼标的以及主要争议焦点的判决理由对私益诉讼产生单向拘束力,即关于经营者是否存在不法行为这一主要争点的判断对消费者有利的,可以扩张适用于关联私益诉讼。比较《证券法》的规定来看,投资者保护机构作为代表人参加诉讼后,若有投资者申明退出的,也可能存在集体诉讼与个别私益诉讼并存的情况,且两者在事实认定、法律适用方面存在共通之处,消费民事公益诉讼中既判力单向扩张的思路值得借鉴。

比较而言,资本市场的民事公益诉讼制度的构建虽可以套用消费民事公益诉讼制度,但完全参照其纯粹不作为之诉的架构,对资本市场的现实需要而言意义不大。这是因为,相比消费领域侵权行为的可持续性而言,侵权人在资本市场上可以在极短时间内即牟取巨额利益,要通过民事诉讼的形式再请求侵权人停止侵害是难以想象的。并且,相对在生活消费领域中,受害人数量众多但个别损害在数额上微不足道而言,资本市场上侵权行为发生之后,单个投资者的损失就可能高达数百万元。因此,若公益诉讼仅能提起不作为之诉,而遭受损害的投资者只能通过另行单独提起损害赔偿之诉才能获得救济,将会导致司法资源的浪费。再者,不作为之诉不涉及对侵权人的金钱赔偿,而侵权人违法收益高于其通过个别私益诉讼所承担的违法成本,难免侵权人在高额利益的诱惑下再实施违法行为,不作为之诉原本想要实现的预防与监督功能其实也难以实现。因此,在私益与公益高度融合的背景下,允许公益诉讼的请求权从不作为之诉扩张至损害赔偿之诉是有必要的,但必须就投资者个人的实体权利及诉讼权利保障作出特别规定。

五、资本市场公益诉讼制度的具体构建

在具体的立法体例上,首先,建议参照消费民事公益诉讼制度的相关规定,采诉讼法与部门实体法相结合方式。其次,结合新《证券法》第95条及《民事诉讼法》关于代表人诉讼的相关规定,以证券虚假陈述责任纠纷案件为例,可梳理证券市场的"退出制"民事公益诉讼制度如下,资本市场其他领域的公益诉讼可以参照适用。

(一)授权及基础审查

首先,投资者保护机构在诉前应取得50名以上投资者书面授权,授权的投资者在形式上与案件有直接利害关系即可,而不论其是否在实体上符合索赔条件。其次,法院在发出公告前,应当对被诉证券侵权行为的性质、诉请的基础侵权事实等进行审查,以确定符合权利登记的投资者条件。申言之,根据《民事诉讼法》第54条第1款的规定,在人数不确定的代表人诉讼中,人民法院应当发出公告,说明案件情况和诉讼请求,通知权利人在一定期间内向法院登记。也就是说,法院在发出的公告中,需要确定相关权利人,即应当参加诉讼的投资者范围,而这与投资者的交易方向及虚假陈述的实施日、揭露日等案件基本事实的认定密切相关。并且,从"退出制"的落实来看,退出的前提是明确默示加入的范围,如果不能事前确定虚假陈述实施日和揭露日,则能够获得赔偿的投资者范围就不能确定,那么可退出的范围也就无法确定。但在立案阶段就要对被告的行为是否构成虚假陈述,投资者的交易方向与诱多、诱空的虚假陈述是否一致,以及虚假陈述的实施日、揭露日或者更正日等案件基本事实进行审查,实质属于对与虚假陈述行为与投资者交易行为之间交易因果关系认定。据此引发的疑问是,法院如何进行审查?本文认为,在投资者保护机构已取得代表人资格的情况下,可以由其代表原告与被告之间进行确认之诉,以确定代表人诉讼的权利登记范围。法院据此可以在一个两造诉讼的框架内进行审查,具体审查方式包括阅卷、调查和询问当事人等,必要时可组织双方当事人听证。最后,法院可以出具裁定,如明确权利人范围为自实施日至揭露日止,其间买入某上市公司股票且于揭露日后始卖出或截至起诉时仍持有而受有损害的投资者。交易记录不符合该范围的投资者,

可另行单独提起诉讼。

（二）公告及退出制

为保障“退出制”下投资者的诉讼权利，法院应当采取足以让与案件有关的当事人知悉的方式进行公告。除法院公告栏、官方网站、新媒体平台、人民法院报公告等方式外，还可借助证券登记结算机构、证券交易所、投资者保护机构、上市公司等信息平台进行公告。公告内容应包括被诉证券侵权行为所涉基础事实、被告情况、符合权利登记范围的适格投资者条件及退出渠道、期限等，并明确说明在期限内不向法院申明退出的法律效果。公告费用可由当事人一方预付，法院根据诉讼结果决定最终的费用承担方式。根据法院出具的裁定书，投资者保护机构可从证券登记结算机构查询属于权利登记范围的投资者清单，并据此向法院申请登记。就上述清单内的投资者，若其在指定期限内向法院作出退出声明，则法院不再将其登记，该投资者可另行主张权利。指定期限届满后，除申明退出的投资者以外，法院将清单上的其余投资者登记为代表人诉讼的原告，并视为已默示授权投资者保护机构作为代表人。在诉讼请求的确定上，因投资者保护机构为全体投资者的诉讼代表人，故应当合并计算各个投资者的请求金额，作为案件的诉讼请求总额。

（三）处分权的限制

根据《民事诉讼法》的相关规定，代表人诉讼制度在本质上仅是共同诉讼与诉讼代理人的结合。换言之，投资者保护机构经过授权而作为代表人进行诉讼时，只是形式上的正当当事人，而投资者才是实体权利义务关系的主体，故为了防止公益诉讼损害实体权利人的利益，有必要为投资者保护机构的处分权作适当限制。其中，应当加强法院在诉讼中的依职权审查和监督，就投资者保护机构的放弃诉讼请求、和解、调解或撤诉等行为，法院可以结合案件的具体情况，审查判断这些行为是否违背社会公益、是否违反《民事诉讼法》和《证券法》相关法律规定，从而认定其行为的效力。此外，也应当尊重实体权利主体的意思自治，在达成调解、和解方案征询全体原告的意见并允许第二次申明退出。因此，若部分原告不同意调解协议的，调解协议效力不及于退出的原告，法院可依具体情况单独作出判决。

（四）判决及上诉

代表人诉讼的判决可以分批也可以一次作出，判决书首部可以仅列诉讼代表人和代理人，判决主文对赔偿总额作出判决，并将每个原告的姓名及应获得赔偿金额等列表附于民事判决后。一审判决作出后，为诉讼整体利益考虑，建议由投资者保护机构代表原告决定是否提起上诉,原告个人不宜再分别行使上诉权。否则,因上诉的内容不同,可能导致二审案件的投资者一方互相产生利益冲突,不利于纠纷的整体解决。此外,也可以考虑在投资者保护机构统一行使上诉权的情况下,允许原告向法院申明放弃上诉权利,一审判决即对其产生效力。判决生效后,投资者保护机构可以作为申请执行人统一申请执行并接受执行款项,再由投资者保护机构通过证券交易结算系统向胜诉原告进行二次分配。

(五)其他配套程序

代表人诉讼制度还应在前置程序的取消、诉讼代理人人数限制的放宽、诉讼费用的缓交等方面做配套设计。申言之,投资者保护机构从取证渠道、资金背景、维权经验来看都较中小投资者更有优势,并不存在举证成本上的障碍,取消前置程序也不会导致滥诉。并且,公益诉讼本身的功能之一即弥补行政监管的不足,若再因为前置程序的限制而妨碍诉讼的及时提起,显然会导致该功能落空。另外,考虑原告人数较多,而投资者保护机构又是唯一的代表人,不应再限制其仅可委托2名诉讼代理人,可以适当放宽至10人以内的律师团队。同时,因"退出制"下的代表人诉讼中诉讼总金额可能相当高昂,建议根据诉讼标的设置诉讼费用的最高限额,超过部分缓交诉讼费用,待判决结果确定后再确定承担比例,以降低诉讼的门槛。

I 投教园地

INVESTOR

关于投教基地建设运营监管工作的思考

郭文龙*

摘　要：近年来，证监会根据国务院及国务院办公厅的文件精神，大力推动搭建证券期货投资者投教基地，相继出台系列规范性文件，持续开展投教基地的申报命名工作，旨在为广大投资者尤其是中小投资者提供“全方位”“一站式”证券期货知识服务的平台。投教基地具有公益性、专业性和灵活性等特点，在开展投资者教育宣传、推动投教纳入国民教育、普及证券期货知识以及提高投资者维护合法权益意识等方面发挥了重要作用。

关键词：投教基地　“一站式”服务　服务平台　公益性

《国务院办公厅关于进一步加强资本市场中小投资者合法权益保护工作的意见》（国办发〔2013〕110号，以下简称《意见》）以及《国务院关于进一步促进资本市场健康发展的若干意见》（国发〔2014〕17号，以下简称“新国九条”）等文件相继发布后，中国证券监督管理委员会（以下简称证监会）随即出台《关于加强证券期货投资者教育基地建设的指导意见》（证监会公告〔2015〕23号，以下简称《基地建设指导意见》），并据此开展了三批证券期货投资者教育基地（以下简称投教基地）的申报命名工作。2020年11月9日，证监会官网公布了第四批申报命名指引并将于2021年3月初正式启动。从2015年以来，短短几年，投教基地作为证监会大力构建发展并为投资者提供“一站式”证券期货知识服务的平台，以其公益性、专业性和灵活性等特点，有效地提高了投资者教育水平和投资者维权意识。当然，在投教基地建设运营和日常管理工作中，笔者也陆续发现一些问题。基于此，结合工作实际提出相关意见和建议。

---

* 北京证监局投保处副处长、二级调研员（仅代表个人观点）。

一、投资者保护及投教基地的相关制度规定

2013 年 12 月 25 日,国务院办公厅发布的《意见》开篇提到,中小投资者是我国现阶段资本市场的主要参与群体,但处于信息弱势地位,抗风险能力和自我保护能力较弱,合法权益容易受到侵害。维护中小投资者合法权益是证券期货监管工作的重中之重。国务院办公厅《意见》指出要健全中小投资者投票机制、建立多元化纠纷化解机制、健全中小投资者赔偿机制、强化中小投资者教育以及完善投资者保护组织体系等九方面工作。其中第 8 条"强化中小投资者教育"规定,要加大普及证券期货知识力度。将投资者教育逐步纳入国民教育体系,有条件的地区可以先行试点。充分发挥媒体的舆论引导和宣传教育功能。

2014 年 5 月 9 日,国务院发布"新国九条"。"新国九条"在基本原则中明确提出"处理好风险自担与强化投资者保护的关系",要健全投资者尤其是中小投资者权益保护制度,保障投资者的知情权、参与权、求偿权和监督权,切实维护投资者合法权益。此外,第 9 条"营造资本市场良好发展环境"再次明确坚决保护投资者特别是中小投资者合法权益,健全投资者适当性制度以及健全多元化纠纷解决和投资者损害赔偿救济机制等。

2015 年 10 月 16 日,为落实"新国九条"及国务院办公厅《意见》关于投资者教育与权益保护的要求,切实构建为投资者提供"一站式"获取投教服务的平台,证监会发布了《基地建设指导意见》,首次以规范性文件形式明确了投教基地建设的总体要求、基地分类、命名流程以及监督管理等内容。这一重要举措有助于帮助投资者集中、高效、便捷地获取资本市场知识、提升理性投资理念和风险防范意识。随证监会《基地建设指导意见》同步公布的还有首批投教基地申报工作指引。此后,第二批、第三批及第四批申报工作指引陆续发布,具体标准虽有调整,但大体框架保持不变,这为各类主体申报投教基地提供了制度依据。

2018 年 3 月 14 日,证监会发布《证券期货投资者教育基地监管指引》(证监会公告〔2018〕5 号,以下简称证监会《基地监管指引》),其在 2015 年证监会《基地建设指导意见》第 4 条"投教基地的监督管理"的基础上进行体系化扩充,首次以规范性文件形式对投教基地的日常监管、现场检查、年度考核以及罚则等内容作出明确规定,同时将投教基地年度考核表作为附件。此举有利于更好地规范投教基地,充分发挥

其功能,提高投教基地服务水平。

证监会投保局相关文件。近年来,依据证监会《基地建设指导意见》、《基地监管指引》及历次投教基地申报工作指引的规定,形成了每两年年初开展投教基地申报命名工作和每年年初开展投教基地年度考核通知的惯例,指导各派出机构开展相关工作。除此之外,投保局还通过开展或强化各种专项活动(如“3·15”投保宣传活动、“5·15”全国投资者保护宣传日以及推动投资者保护纳入国民教育体系等)来规范和提高投教基地服务投资者的水平。

二、投教基地定位、功能与作用及申报标准比较研究

2015 年证监会《基地建设指导意见》明确规定了投教基地的定位、功能目标、建设原则、教育内容、功能区域、建设标准、申报命名以及监督管理等内容。自公布该《基地建设指导意见》起,证监会已开展三批投教基地的申报命名工作,即 2015 年首批、2017 年第二批以及 2019 年第三批,第四批已公布申报命名指引也于 2021 年 3 月起正式开展。通过综合研究对比,每两年启动一批申报命名工作的机制已初步建立。通过认真研究前三批并对比第四批申报工作指引的具体内容,可以看出,投教基地申报标准逐渐完善,投教基地呈现从仅有国家级基地到国家级和省级同步运行的局面。

经过近几年的运行完善,投教基地建设运营逐渐步入正轨,投教基地作为开展投资者教育的专门平台,在提高投资者风险识别和便利服务投资者方面发挥了重要作用。本文在提炼投教基地的定位于功能作用的基础上,依据近年来国家级(含实体和互联网)和省级(含实体和互联网)投教基地的申报标准进行分析,详细了解基地建设运营的变化及趋势。

(一)投教基地的定位、功能与作用

根据 2015 年证监会《基地建设指导意见》的规定,投教基地是面向社会公众开放,具有证券期货知识普及、风险提示、信息服务等投资者教育服务功能的场所、网络平台等载体,是开展投资者教育的重要平台。

《基地建设指导意见》明确了投教基地的功能目标,即通过开展多样化投资者教育活动,展示资本市场发展成果,投放投资者教育产品,提供投资者咨询等服务,运用体验式、互动式等技术手段,与投资者进行互动沟通,帮助投资者集中系统、持续便利地获取证券期货知识,认识投资风险并掌握风险防范措施,知悉权利义务,树立理性

投资理念,增强自我保护能力,培育成熟的投资者队伍。具体来说,各投教基地可以根据投资者需要以及建设单位优势设置特色区域,但应当具备产品展示区、专家讲堂区、虚拟体验区、互动沟通区、征求意见区等基本功能区域,以便可以通过立体化、多样性形式为投资者提供服务。

(二)国家级投教基地标准比较分析

总体来说,从近三批申报工作指引关于国家级实体投教基地的建设标准来看,更多是立足于增强制度弹性和包容性的原则,取消和弱化硬性条件,代之以效果导向的弹性条件,积极鼓励符合条件的市场主体和相关机构积极开展投资者教育工作。例如,首批和第二批投教基地建设明确要求建筑面积不少于300平方米,这对于部分有意从事投保工作的主体来说成本极高。从第三批投教基地申报指引开始,建设标准明确取消了最低面积规定,仅规定"规模足以满足向全国投资者提供证券期货知识普及、风险提示和信息服务等教育服务的实际需要",但同时强调基地应当具备产品展示区、专家讲堂区、模拟体验区等基本功能区域以及特色区域。针对学校等单位建设的实体基地开放安排要兼顾教学需要的实际情况,将实体基地开放制度由"交易日对社会公众开放"修改为"免费对社会公众开放,在便利社会公众使用的前提下,可根据办公、教学、研究管理等实际需要,合理进行开放安排,平均每月开放时间不少于120小时"。

同时,申报指引对于投教基地提供服务的柔性规定逐渐丰富,标准趋于严格。例如,首批申报指引仅规定展示或投放的投教产品不少于10种,有一定数量的原创产品。第二批申报指引不仅规定投教产品不少于20种,每年新增投教产品不少于10种,而且新增投教产品中要求30%以上应系申报主体原创。第三批申报指引进一步提高了展示或投放的投教产品数量(不少于30种)和新增产品数量(平均每月新增不少于4种,即每年新增不少于48种),其中原创产品比例保持不变,仍然为30%。综上所述,实体投教基地申报指引在取消基地建设最低面积的同时逐步细化投教产品考核指标,充分体现了投教基地建设运营实质重于形式的理念。

国家级互联网投教基地的申报命名标准也逐渐优化。总体而言,量化标准更贴近实际,更易于分层考核。例如,首批投教基地申报指引仅规定"访问者数量不少于1万人/月",看似简洁,但存在两个主要问题。一是"访问者数量"界限不清。一般认为有"访问量"和"访客数"两种解释,投教基地的申报和年度考核中以哪种理解为准,实践操作中容易产生分歧。二是访问者数量来源不明确,仅限于官网还是应当考虑微博、微信以及 App 等衍生渠道，不同主体理解不同，容易导致填报口径不统一。基于此，因此第二批申报指引将考核指标拓宽为“网站及其衍生的微博、微信、App 等访问量不少于 3 万人次/月、点击量不少于 2 万人次/月、独立 IP 数量不少于 1 万个/月”。这种“321”的标准充分考虑互联网访问量、点击量和独立 IP 的逐步递减效应，能防止个别投教基地在申报和考核时点突击“刷量”冲关的情况。

但是，“321”的分层标准在实践中也存在一定问题，即访问量和点击量关联程度较高，操作上较难区分且意义不大。另外，限定独立 IP 并不符合现状，实践中可能严重低估实际访问效果，例如，北京证监局仅有 3 个独立 IP，但访问量（点击量）可以数十倍甚至数百倍于独立 IP 量，两者之间存在严重偏离的情况。因此，第三批申报指引进一步规范申报标准，规定“网站及其衍生的微博、微信、App 等访问量平均每月不少于 3 万人次/月、访客数平均每月不少于 1 万个/月”。首先，访问量和访客数界限相对明确，剔除掉“点击量”这个重复性数据；其次，明确访问量和访客数为“平均每月”，更加贴近互联网基地实际，避免了投教基地为了满足每月的考核指标而疲于奔命的情况。

（三）省级投教基地申报标准比较分析

省级实体投教基地申报标准的变化大致也遵循国家级实体投教基地的轨迹。例如，第三批申报指引取消第二批申报指引中规定的建筑面积不少于 120 平方米的硬性要求，仅规定“规模足以满足向所在辖区内投资者提供证券期货知识普及、风险提示、信息服务等教育服务的实际需要”，对实体基地开放安排也进行了与前述国家级基地标准类似的调整。另外，第二批申报指引规定投教产品不少于 8 种，且每年新增不少于 4 种，要求 30% 以上应当系申报主体原创。第三批申报指引进一步提高了展示或投放的投教产品的数量标准（不少于 12 种）和新增产品数量（平均每月新增不少于 1 种，即每年新增不少于 12 种），其中原创产品比例依然保持 30%。

省级互联网投教基地的申报标准与国家级互联网投教基地类似，取消了原访问量、点击量和独立 IP 数量等不合理标准，简化为访问量和访客数两个标准。其他标准维持不变。由此可见，省级投教基地也是按照弱化硬性条件和强化柔性条件的思路继续优化申报标准和考核要求。

（四）第四批投教基地申报指引主要变化

本文将第四批投教基地申报命名指引与第三批申报命名指引进行了对比研究分析，除建设投教基地的“鼓励情形”中有两个条件进行细微调整外，其余内容均无变化。第三批申报命名指引在投教基地优先命名的条款中规定“延长开放时间或增加节假日开放时间”,第四批申报命名指引将其规定为“实体投教基地延长开放时间或增加节假日开放时间”,因为互联网投教基地不存在延长开放时间或增加开放时间的问题,这也是笔者曾经提出过的建议。第三批申报命名指引规定“具有高质量的原创精品投教产品”,第四批申报命名指引则修改为“原创较多数量的高质量投教产品”,一则“精品投教产品”不够严谨,较难界定;二则对数量的规定不够明确,无法与申报表中要求的投教产品数量相匹配(省级投教基地要求投教产品不少于12种,其中原创产品不得低于30%;国家级投教基地要求投教产品不少于30种,其中原创产品不得低于30%)。鉴于第四批申报命名指引的基本要求与第三批申报命名指引无实质差别,下文表述主要以前三批申报命名指引为例。

三、投教基地建设运营及考核监管相关建议

截至2020年年底,全国已有143家申报主体获得国家级投教基地或省级投教基地授牌。自2015年启动首批国家级投教基地的授牌工作以来,北京辖区已有6家国家级投教基地(中国银河证券、中信建投证券、新华网、工银瑞信、中国财富网及新浪网)和7家省级投教基地(东兴证券、国信证券北京分公司、中邮基金、和君商学、北京网高证保通以及基金小镇,其中东兴证券同时为实体和互联网基地)获得授牌。从开展常规性工作来看,多数投教基地通过展示投教产品、宣传投教产品以及开展线上线下投教活动等方式,为投资者提供了形式多样的投教服务。从开展专项投教活动方面来看,投教基地作为独立于经营机构的公益性组织,充分发挥了“船小好调头”的优点。

近年来,投教基地申报命名工作取得长足发展,申报标准越来越科学,内部审核流程越来越规范;年度考核工作也日趋成熟,标准更具可操作性。但是,实际操作中也存在困惑和盲区,例如,申报主体运营时间规定较短,可能被别有用心者利用;申报命名指引部分条款与申报表内容不完全一致;投教基地年度考核指标和考核表内容略有不一致等。基于此,本文根据北京辖区投教基地申报命名、日常监管和年度考核情况提出相关建议和意见。

(一)建议更加重视投教基地实际运行时间

除首批申报指引外,第二批、第三批以及第四批申报指引均明确规定投教基地最

低的实际运行时间要求,国家级基地要求不少于3个月,省级基地要求不少于1个月。规定基地运行时间有利于核实申报表数据,初步掌握投教基地工作开展大致情况,也相当于设立“冷静期”,用3个月或1个月时间来考虑是否有必要设立投教基地。此外,运营时间某种程度上还有助于分析申报主体开展投教工作的真实意愿。因此,运营时限长短意义重大。从实践中看,对部分申报主体(尤其是监管对象外的申报主体),申报指引规定的底线时间较短,不能充分反映其运维能力的强弱,对投教工作是否一时冲动甚至别有用心。所谓“路遥知马力,日久见人心”,1个月和3个月很难称得上“路遥”和“日久”。

目前,市场上一定程度上存在某种不正之风,即个别申报主体将投教基地申报命名视为类行政许可,将投教基地成功授牌视为获取“唐僧肉”。不排除该申报主体在规定期限内疯狂“打榜”和“刷量”,以便顺利获得授牌后打着投教基地的旗号,“挂羊头卖狗肉”,从事非公益性活动乃至违法犯罪活动。近年来,笔者陆续接到关于投教基地申报的咨询电话,通过旁敲侧击,大致可判断这些咨询主体大多从事非法证券活动,申报动机不纯。如果申报主体足够“狡猾”,申报前期做足功课,给申报主体穿上多层“马甲”,拐弯抹角撇清背后的经营主体,审核很难穿透并获知实际控制人的真实意图。因此,本文建议规定申报主体尤其是非监管对象类别的申报主体,一个年度以上的运行时间较为妥当,通过一段时间的监测并比照投教基地的年度考核标准,分析其目的和动机,有效抑制突击申报等情况。

(二)建议优化投教基地申报表和年度考核表

笔者在审核投教基地申报命名过程中,发现申报表个别栏目作了简化处理,与申报命名指引部分条款未完全对应。例如,省级互联网投教基地建设标准规定,“(申报主体)具备专门用于投教的网站,申报主体为营利性机构的,该网站要独立于申报主体官方网站”,但申报表首部仅列出“基地名称(地址)”,在审核时如不认真结合申报指引关于建设标准的规定,容易忽略投教基地网站是否独立于申报主体官网的情况。建议申报表增设“申报主体网址”和“投教基地网址”等相关栏目,同时在醒目位置标注关键指标。笔者在审核时还发现,申报主体的“独立网址”有以下两种形式:一种是在申报主体网站增加“edu”或“tjjd”(投教基地首字母缩写)作为前缀或后缀;另一种是完全独立的网址,建议对投教基地网址作出原则性规范,笔者倾向于统一采用“edu”作为前缀,便于识别。

另外,申报命名工作指引对互联网投教基地建设标准作出以下规定,“网站栏目设计合理、便于浏览,不得有广告性宣传或链接,搜索功能强大,检索指标完善”,严格来讲,该规定可以分拆为三个细化指标,即网站栏目设置、公益性规定,以及搜索功能和检索指标,但申报表仅简化规定为“网络防护体系、栏目设计、检索功能是否符合要求”,过于笼统,且未直接指明最为关键的公益性要求(是否存在广告性宣传或链接)。建议后续进一步细化申报表设计,对应关系保持相对精确。

除此之外,投教基地年度考核表主要以2018年证监会《基地监管指引》的附件作为依据,同时也会根据最新申报命名指引的相关规定进行微调,例如,《基地监管指引》关于互联网投教基地“开放要求”的三个指标分别为“访问量”、“点击量”和“独立IP”,上文已论述其不够科学和规范,因此在2019年投教基地考核中,相关标准及时根据第三批申报命名指引调整为“访问量”和“访客数”,体现了考核工作的严谨性。但是即便如此,笔者发现仍然有个别关键性考核指标分散于不同文件,在未具体列明考核标准的情况下,仅在最后一栏留下“扣分项目”,无论是投教基地自评还是监管机构复核,都容易顾此失彼,出现不必要的遗漏。例如,年度考核指标表关于投教产品指标的统计口径为“投教基地期初投放的产品种数,新投放的投教产品种数、数量以及原创投教产品的点击量”,并未以“傻瓜模式”的形式单设一栏明确“原创投教产品占投教产品的比例”。实际上,根据申报命名指引要求,申报主体申报时有关于原创投教产品不得低于全部投放产品30%以上的硬性规定。2019年投保局通报全国省级投教基地考核存在的问题中,就有部分辖区投教基地“原创产品数量不达标”的情况。由此可见,30%指标不仅是申报时的门槛,也是年度考核时应持续符合的要求。严格来说,投教基地申报时的基础指标是否必然延续到日常运营,存在不同理解。为进一步规范日常监管和年度考核工作,建议明确和优化投教基地申报表和年度考核表项目标准,提高投教基地考核自评和监管机构复核工作的效率。

(三)建议进一步规范投教基地申报及考核填报口径

通过研究分析投教基地申报命名的审核和年度考核工作,笔者发现个别投教基地提供的数据存在不规范的问题。以申报命名工作为例,申报命名指引虽然对申报表各项填报口径进行了详细规定,但申报主体填报数据时仍有失真的情况。尤其互联网投教基地与实体基地相比,相关证据的载体较为特殊,无法提交详细的书面证据且缺乏独立第三方鉴定,申报表数据是否规范,因监管资源紧张,很难通过现场核查等方式逐一核实。一般多依靠横向和纵向分析、工作经验以及电话沟通等方式解决。在投教基地年度考核中,同样也存在个别互联网投教基地数据异常的现象,要么与同类相比较高,要么数据整齐划一。投教基地返工后的数据一般会有微调,具有较大的随意性。

究其原因,主观因素和客观因素均存在。对于主观因素,在没有足够监管资源和专业技术手段予以验证的情况下,只能保持合理怀疑,通过向投教基地重申数据填报的严肃性,督促其认真对待,规范填写。对于客观因素,申报主体确实存在对统计口径理解偏差的情况,对此笔者一般是向其解读填报口径并用同类样本进行解析。投保局曾在各派出机构首次开展投教基地命名工作时举办视频培训,效果很好。考虑投教基地负责人员及投保监管人员的流动性,建议今后定期开展此类培训,解惑答疑,压缩数据填报偏差空间,避免“胆大者胜”的情况。此外,在专题培训会及各项通知中,建议要重申 2018 年证监会《基地监管指引》及最新申报命名指引关于罚则的规定,明确监管机构将择机对各主体进行抽查核实,对恶意虚增数据等情形,同样实行“零容忍”,一旦查实,严肃处理。

另外,对于实体投教基地(及实体基地申报主体)填报的数据,因为有签字盖章的附件或目录作为佐证,笔者一般认为可信赖程度较高。对于互联网类投教基地(及申报互联网基地的主体),网站信息量和信息更新率、访问量、访客数以及大部分投教产品多以电子形式存在,在核查过程中,把握尺度可能存在差异,建议在培训会或各项通知中明确,对于以电子形式存在的数据,应当留存某个时点抓取数据的过程,形成书面证据并经相关负责人签字盖章,增加数据获取的严肃性和规范性,将数据填报的误差压缩到最低限度。

(四)建议适时补充规定“自愿摘牌”制度

2015 年证监会《基地建设指导意见》第 4 条“投教基地的监督管理”第 6 项规定,投教基地不得存在下列情形:从事违法违规、欺诈误导投资者的活动;明知或者应当知道投资者教育信息存在虚假记载、误导性陈述或者重大遗漏,仍向投资者提供,或者不平等对待所有投资者,服务质量差,或者存在安全隐患等问题;不履行该指导意见规定的日常工作要求,不参加、不配合考核,或者考核不合格;从事其他损害投资者合法权益的活动。对于存在上述情形的,中国证监会及派出机构应要求投教基地限期改正,情节严重或者逾期不改正的,取消命名并向社会公布,且被取消命名的申报单位三年内不得再次申报。2018 年证监会《基地监管指引》第 15 条也规定,对于存在不符合《基地建设指导意见》、申报指引以及该指引规定要求或者考核不合格的投教基地,证监会及其派出机构应当要求其限期改正并提交整改报告,情节严重、逾期不改正或者改正不到位的,取消命名并向社会公布。

两个规范性文件均明确规定投教基地强制摘牌的条件和后果,客观上会造成投教基地想摘牌但又"抹不开面子"的情况。实践中,笔者发现个别投教基地基本处于勉强运行的状态,不但不能积极发挥投教基地的平台作用,而且在日常专项工作和年度考核整改中要占用大量监管资源督促。通过深入沟通,获知对方在投教基地是否还能继续高质量发挥作用问题上态度摇摆,虽有摘牌意愿,但也有摘牌本身是否对申报主体存在不良影响的权衡。因此,建议在今后修订相关规章制度时,适时引入"自愿摘牌"制度,与《基地建设指导意见》规定的"自愿申报"原则相对应,允许投教基地慎重考虑后,自动申请取消命名,区别于因不符合要求的"强制摘牌",以便在推动投教基地向纵深发展的过程中形成良性筛选和淘汰机制。

(五)建议投教基地定期自查与日常运维监管相结合

关于投教基地定期自查职责和定期向监管机构报送基地运行情况是否一致,以及报送频次如何界定,证监会《基地建设指导意见》并未作出具体规定。2017年,北京证监局根据《基地建设指导意见》制定了《北京辖区投教基地工作指引》,其中第20条规定,"投教基地应当按季度向北京局报送基地运行及合规检查情况,报送内容包括但不限于投教产品投放、投教活动开展、投教设备运行、日常管理、人员配合、经费投入以及管理制度落实等"。实践中,笔者发现各投教基地报送的资料参考价值不大,只是例行性工作。对于报送资料的频次和内容问题,笔者与其他派出机构进行过充分沟通,各地做法并不相同。小部分派出机构表示要求投教基地每半年报送一次,填报内容主要为年度考核表内项目;多数派出机构表示目前严格按照投保局通知要求,仅要求投教基地报送考核表,除此之外无额外要求。

2018年证监会《基地监管指引》第7条规定,"投教基地应当按要求定期向监管机构如实报送服务投资者、投放投教产品以及开展投教活动等情况",但仍未明确"定期"的具体要求。2018年3月,投保局下发《关于做好2018年投资者教育基地考核工作的通知》(以下简称《2018年考核通知》),要求各派出机构每年7月和12月前10个工作日报送当年前6个月和前11个月的投教基地《工作情况报告表》。该表涵盖"开放要求"、"投教产品"、"投教活动"以及"推动投资者教育纳入国民教育"等内容,其中互联网投教基地还额外填报要求报送"网站开放"相关内容。通过分针分析,总体来说,该报告表并无超出年度考核标准。需要说明的是,《2018年考核通知》仅执行一年。2019年,为了减轻投教基地和各派出机构的工作负担,投保局取消了上述报告制度，仅要求投教基地在年度考核时按要求报送相关资料。

据此，经向投保局请教并与河北、深圳及天津等其他派出机构投保处室交流探讨，笔者认为2018年证监会《基地监管指引》第7条规定的投教基地定期向监管机构报送情况中的“定期”应当理解为“每年”，也即年度考核工作，定期报送的内容理解为年度考核中报送的资料。为此，北京证监局拟对2017年制定的《北京辖区投教基地工作指引》进行修订，除吸收《基地监管指引》和其他规范性文件的精神外，还进一步明确“定期”的含义，不再强制要求投教基地每季度报送资料。

但是，除日常工作中督促投教基地配合开展各项工作外，如何保证投教基地在长达一年的“空档期”内合规运行？笔者经过认真研究，拟根据证监会《基地监管指引》第10条第2款的规定，即“投教基地应当建立健全内部检查制度，每半年开展一次自查，形成自查报告。如果不符合《基地建设指导意见》、申报指引以及本指引规定的问题，应当及时处理并主动报告监管机构”，要求投教基地进一步夯实内部检查制度，每半年至少开展一次自查，明确自查报告须经申报主体合规负责人或分管负责人签字并盖章确认后妥善存放于投教基地备查，以此提高自查工作的严肃性和规范性。监管机构在现场检查（核查或抽查）中如发现投教基地不符合要求的，及时予以纠正并采取相关措施。这样，可以把《基地监管指引》第7条规定的“定期”与第10条第2款规定的“自查”有机结合起来，既不增加投教基地负担，又不额外占用监管资源，达到督促投教基地严格按照要求运行的目的。

（六）建议进一步规范投教基地的申报工作

目前，国家级投教基地和省级投教基地申报命名并不同步，相关正式文件排序显得略为混乱。以北京辖区为例，2015年首批申报命名仅限国家级投教基地（辖区新华网投教基地获得授牌），未开展省级投教基地申报工作。第二批（2017年开展）申报命名既有国家级投教基地（按顺序为第二批，辖区中信建投和银河证券获得授牌），也有省级投教基地（按省级投教基地顺序应为首批，辖区东兴证券、国信证券北京分公司、中邮基金、工银瑞信以及和君商学院获得授牌）。第三批（2019年开展）申报命名既有国家级基地也有省级基地（辖区北京网高和北京基金小镇获得授牌）。概括来看，从2015年以来，从工作连贯性上来看，存在一定的随意性，建议明确申报命名的时间安排，固化每两年开展一次申报工作的惯例。

（七）建议利用事先“摸底”做好基地培育和指导工作

根据以往惯例，证监会公布投教基地申报指引时间一般在上一年度的12月（投保局关于投教基地申报命名工作的通知基本会同步下发),申报主体开始申报时间为次年3月1日至31日。从证监会公布申报命名指引到申报主体提交材料期间,北京证监局已形成先通过各处室摸清市场主体申报投教基地意愿的工作机制,目前来看颇有成效。摸底工作不仅可以初步掌握辖区潜在的申报主体总体情况,事先了解申报主体日常经营工作中是否存在不适宜申报投教基地的行为,而且还可以通过沟通交流等方式适当提前介入,引导其认真研读申报命名指引,对标同类型投教基地,解答运维过程中存在的疑问,提供以往投教基地运维过程中的误区等。通过辅导和培育,帮助拟申报主体了解投教基地的功能和作用,尤其是重点灌输投教基地纯公益性方面的基本要求,帮助其树立正确的观念,细化建设运行工作,提高投教基地申报质量,减少申报表核查过程中的返工率。

(八)建议做好"落选"申报主体的日常监测工作

投教基地申报中每年都会有"落选者",如果其计划继续申报,意味着该申报主体需要等到第三年的3月,从"落选"到重新申报,时间至少为两年。监管机构如何充分利用好这段时间,意义重大。充分利用好这段时间既有利于使一时冲动者逐渐冷静,有利于让急功近利者"知难而退",有利于使真诚投身公益投教活动者脱颖而出,更有利于监管机构近距离观测"落选者"是否有针对性地对存在的问题进行整改,是否一如既往开展相关投教工作。目前来看,确实能从"落选者"身上找到差异,有的申报主体偶尔会请教如何规范运维,有的申报主体则我行我素。例如,第三批投教基地申报命名时,辖区某独立第三方基金销售机构作为申报主体,因网站存在营利性链接和营利性公众号未能进入独立评审阶段,在其已明确获知症结所在后,依然我行我素,至今该公众号仍在推荐和售卖产品。而且通过浏览其网站,笔者还发现自被告知未进入独立评审之日起相关投教知识便停止更新。显然,这样的申报主体,对于不得有营利性链接的原则问题都可以置若罔闻,其申请投教基地的动机定然不单纯,通过投教基地获得授牌来为其加持售卖产品的目的极为明显。如果其在2021年继续申报第四批投教基地,笔者认为应当结合其综合表现进行审慎判断。前述建议重视投教基地实际运行时间的动因也正如此,即通过拉长监测期,察其言,观其行,从日常运维的蛛丝马迹中窥知其意图。

关于如何充分发挥证券期货投教基地功能作用的思考

——以安徽辖区投教基地为例

赵露露*

摘　要：证券期货投资者教育基地自2015年启动建设以来，已建有国家级投教基地53家，省级投教基地116家，分布在全国各省、自治区、直辖市、计划单列市中。基地在投资者教育工作中发挥着明显的示范带头作用，成为投教工作中坚力量，在为投资者带来较大获得感的同时，为企业塑造了良好的社会形象。但是，较快的发展也产生了定位不够清晰、结构不尽合理等问题，需要在基地建设与监督管理上进一步改进和完善，以充分发挥投教基地的应有功能，促进基地可持续发展。

关键词：投教基地　功能作用　问题

在境外，投资者教育也被称为金融理财（financial competency）教育、财商（financial literacy）教育。开展投资者教育的机构众多，包括监管机构、自律组织、金融机构、公益组织、学校、媒体等。我国从2000年开始开展投资者教育工作，已形成由中国证监会投保局主导，投保基金和中证中小投资者服务中心（以下简称投服中心）等"两翼"补充配合，交易所、行业协会、派出机构等系统各单位具体落实，市场经营主体履行主体责任的投保工作架构。目前，我国拥有全球规模最大、交易最活跃的投资者群体，投资者队伍达到1.75亿人，其中95%以上为中小投资者，这在国际上并不多见，也是现阶段我国资本市场的基本特征。

建设证券期货投资者教育基地（以下简称投教基地或基地），为投资者打造"一

---

* 安徽证监局一级主任科员。

站式”、公益性的投资者教育服务场所,是证监会落实《国务院办公厅关于进一步加强资本市场中小投资者合法权益保护工作的意见》(国办发〔2013〕110号)的重要举措,是适应我国投资者特征,持续、系统开展投资者教育的现实需要,也是非常具有中国特色的投资者教育新模式。从2015年启动建设以来,投教基地已遍布全国,初具规模,如何充分利用好投教基地,发挥投教基地的应有功能,是现阶段我们应当研究的重要问题。本文从近期全国投教基地整体发展情况、辖区投教基地日常工作实践和调研反馈入手,分析投教基地运行和管理中存在的问题和困难,为进一步充分发挥投教基地应有功能提出改进建议。

一、我国证券期货投教基地发展简介

(一)发展历程

2015年9月,证监会发布《关于加强证券期货投资者教育基地建设的指导意见》及《首批投资者教育基地申报工作指引》(证监会公告〔2015〕23号),规定了投教基地的建设标准、申报命名等要求,启动首批国家级基地申报命名工作,首批基地由证监会投保局评审命名,均为国家级基地。2016~2020年,证监会又陆续发布了《第二批证券期货投资者教育基地申报工作指引》《证券期货投资者教育基地监管指引》等相关规定,对挂牌基地进行监管并持续开展第二批、第三批及第四批基地建设工作,详见表1。

表1 投教基地发展历程

日期	出台的政策	工作要求
2015年9月8日	《关于加强证券期货投资者教育基地建设的指导意见》及《首批投资者教育基地申报工作指引》	规定了投教基地的建设标准、申报命名等要求,启动首批国家级基地申报命名工作
2016年12月22日	《第二批证券期货投资者教育基地申报工作指引》	开展第二批国家级基地及首批省级基地申报命名工作
2018年3月14日	《证券期货投资者教育基地监管指引》	开始规范对投教基地的监管工作

续表

日期	出台的政策	工作要求
2018 年 12 月 4 日	《第三批证券期货投资者教育基地申报工作指引》	开展第三批国家级基地及第二批省级基地申报命名工作
2020 年 11 月 9 日	《第四批证券期货投资者教育基地申报工作指引》	开展第四批国家级基地及第三批省级基地申报命名工作

截至 2020 年年底，国家级基地已评审命名 3 批，省级基地已评审命名 2 批，比较各批的申报标准，笔者发现投教基地建设要求日趋严格与理性化：一是及时加入党中央、国务院与证监会的最新政策要求，基地工作的与时俱进、时代性特征明显，如鼓励贫困地区主体建设服务贫困地区投资者的投教基地，积极推动投资者教育纳入国民教育体系工作。二是对基地的投教工作要求越来越高，如规定基地平均每月的最少开放时间，投放的最少投教产品种数及每月新增数，拓展基地投教活动形式与主体，增加基地专职投教工作人员的业务要求，强调对营销性行为的禁止，增加投资者满意度调查等。三是相关标准设置更加合理，如删除对实体基地建筑面积的硬性要求，不再限制基地对外宣传的方式，对于有独立性要求的主体类别表述更加简洁精准，删除互联网基地每月点击量要求。四是更加鼓励基地建设特色化，如在申报材料中增加特色做法、特色产品的报送要求。五是不断为基地持续运营提供制度保障，如增加对基地工作人员的薪酬规定等。

（二）规模现状

截至 2020 年年底，全国共有国家级基地 53 家，其中实体基地 29 家，互联网基地 24 家；共有省级基地 116 家，其中实体基地 81 家，互联网基地 35 家。从基地分布来看，全国各省、自治区、直辖市、计划单列市都设有投教基地，基地已遍布全国 30 余个辖区。从基地数量来看，最多的为北京和浙江地区，分别建有 8 家省级基地；其次是广东和上海地区，分别建有 7 家省级基地；安徽第五，有 6 家省级基地。从基地建设单位类别来看，证券、期货、基金、私募、会管单位、社会组织、高校、媒体、上市公司均有涉及，但证券公司占比最大，接近 70%，体现了证券公司投教主力军的作用，如图 1、图 2 及图 3 所示。

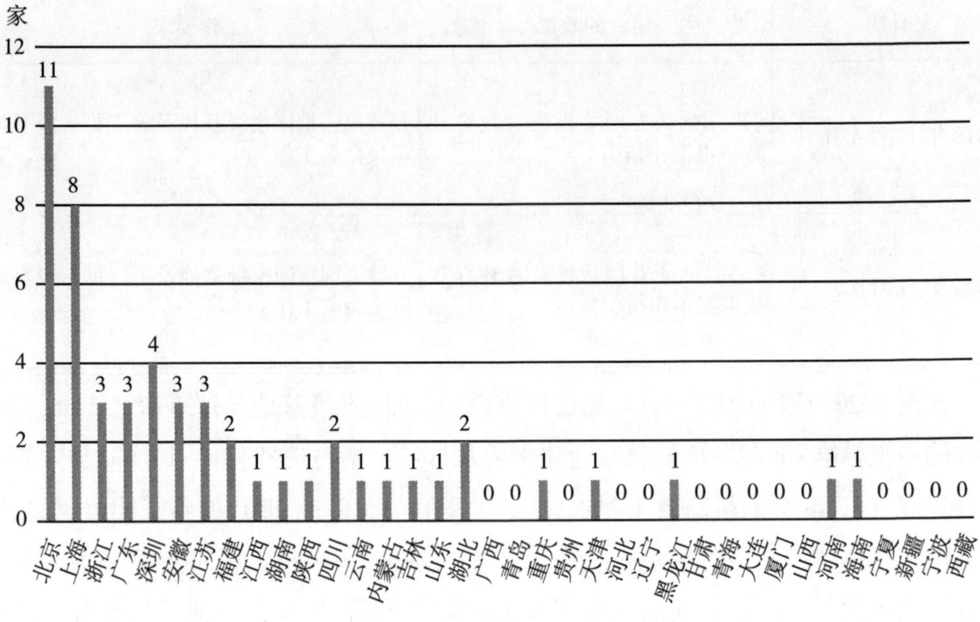

图1　国家级投教基地分布

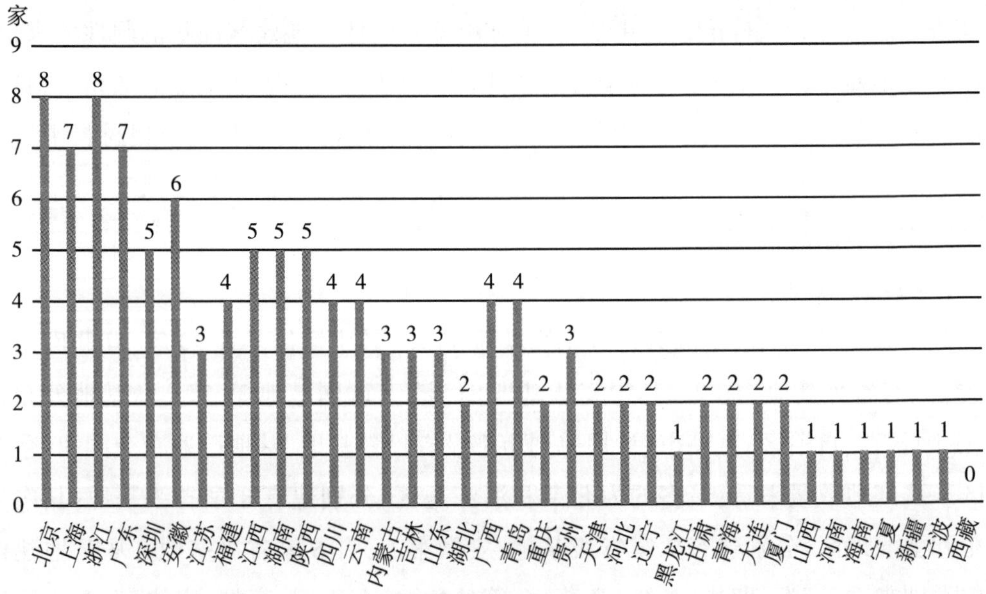

图2　省级投教基地分布

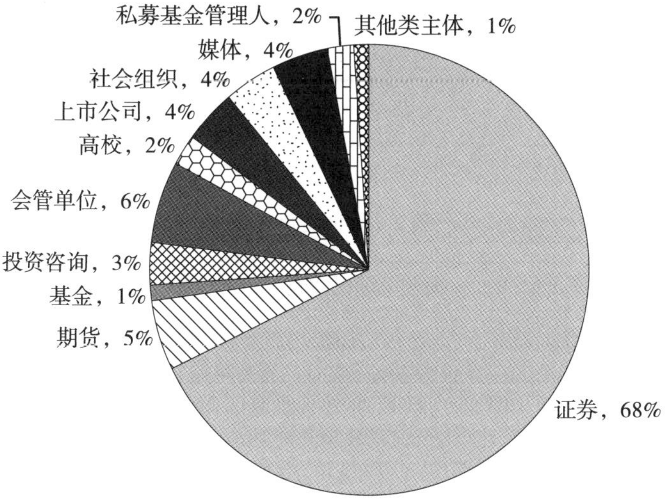

图 3　基地建设单位占比情况

（三）功能发挥

作为资本市场一项惠民工程，专门设立用于投资者教育的平台，有助于提高全社会对投资者教育事业的关注度和重视度，对投资者而言是资本市场关心、关爱投资者的重要表现，能够进一步提升投资者对资本市场的信心和归属感。对于建设单位来说，作为其一项服务人民的公益性安排，有助于单位更好地践行社会责任，是塑造单位良好形象、树立单位品牌的重要方式。

二、安徽辖区证券期货投教基地整体情况

（一）基本情况

目前，安徽证监局已授牌命名了 6 家省级投教基地，其中实体投教基地 4 家，分别是华安证券投教基地、国元证券投教基地、安信证券投教基地与华安证券六安投教基地；互联网投教基地 2 家，分别是华安证券投教基地与国元证券投教基地。获命名国家级投教基地 3 家，分别是华安证券投教基地（实体）、国元证券投教基地（实体）与安信证券投教基地（实体）。

（二）特色亮点

辖区投教基地虽然数量多，但在完成基本投教工作的基础上，也能够有所侧重，突出某方面的优势亮点，例如，华安证券投教基地担任贫困地区的“扶贫顾问”，在省内 18 个国家级贫困地区积极与政府推进合作共建“投教公益图书角”；国元证券投教

基地已与全国55所高校和中小学签订合作协议,建设"投资者教育共建基地";安信证券投教基地与安徽宣城、阜阳、马鞍山等多地金融监督管理局建立合作关系,率先开展"安信TALK"公益演讲比赛等创新型投教活动,详见表2。三家基地形成很好的互补效应,覆盖投教工作各个领域。

表2 基地特色亮点

投教+扶贫	投教+国民教育	投教+创新
华安证券投教基地(实体、互联网)担任贫困地区的"扶贫顾问"。在省内18个国家级贫困地区积极与政府推进合作共建"投教公益图书角",坚持在防范因金融诈骗返贫上做新文章,紧盯金融诈骗的新形式、新动向,为脱贫成果撑起"保护伞",避免在脱贫奔小康的道路上因金融诈骗或不当投资再度返贫	国元证券投教基地(实体、互联网)已与全国53所高校和中小学签订合作协议,建设"投资者教育共建基地",覆盖10个省份,30座城市,合作内容包括:共建实训实践基地、课程教材开发与学分选修建设、教师培训与兼职教师合作、开展专业技能竞赛、共同开发科研项目等。已开展"走进校园"、"移动课堂——走进基地"、"国元证券杯"安徽省大学生金融创新大赛、"扬帆计划证券行业大学生实习"校园实践活动、项目研发等多项系列性投教活动	安信证券投教基地与安徽宣城、阜阳、马鞍山等多地金融监督管理局建立合作关系,凝聚全省200多个社区、12所高校、当地3家媒体(芜湖广播电视台、《大江晚报》、《今日芜湖》)多方力量,形成投教合力。基地引入实习生、志愿者,为基地注入源源不断的创意和活力,结合最新的宣传手段、最热点的话题,率先开展"安信TALK"公益演讲联赛、广场舞比赛、投教抖音宣传等,在创新型投教工作上作出表率

(三)运行情况

各基地经过几年多的运行发展,已实现自上而下组织有保障、总分联动"一盘棋"、线上线下齐发力、创新发展有亮点的良好局面。

一是组织体系不断健全。公司均成立了由董事长(总裁、副总裁)为组长,各相关业务部门负责人为组员的投教基地工作小组,组建了覆盖全国各个分支机构的投教联络员团队、公益讲师团队,为基地的产品开发、活动开展提供必要的统筹协调与资源支持。

二是宣传渠道不断拓展。实体基地均配备有PC端、微信、微博等互联网宣传平台,广泛开发新华网、人民网、新浪网、中安在线、全景网、凤凰网等各类媒体宣传平台,积极拓展与政府部门、其他行业单位的合作交流,如华安证券投教基地与省共青团、省国资委、安徽省组织干部学院、检察院等政府机关密切合作等。

三是工作态度更加成熟与积极。基地自建立以来,实体投教基地现场接待人数5万余人次,其中2018年现场接待1万余人次,2019年现场接待4万余人次,采用日常参观+活动邀请+预约接待的方式,主要开展讲座、论坛、法律咨询等活动;新开发原创投教产品1000余种,其中2018年产品387种,2019年产品700余种,以图文、折页居多;开展活动2105场,其中2018年活动265场,参与人数3万余人次,2019年活动1840场,参与人数23万人次,包括进基地、进上市公司、进校园、进社区、进贫困县等多种“走出去”与“引进来”活动。互联网投教基地新开发原创投教产品119种,其中2018年开发15种,2019年开发104种;开展活动220场,其中2018年开展66场,参与人数3万余人次,2019年开展154场,参与人数23万人次。数据显示两年来基地的产品投放数与活动量呈现大幅增长趋势。

四是市场知名度与认可度不断提高。各基地均表示,活动开展已逐步从基地主动联系到被联系的转变,越来越多的单位主动与基地联系参观、培训与合作事宜,如芜湖市金融局、发改委、市团委、社区等政府机构长期与安信证券投教基地合作举办公益活动,开展党建联建;社区群众积极利用安信证券投教基地场地组织开展文娱活动,同时参观学习证券期货知识。某位不愿透露姓名的投资者定期前往国元证券投教基地听讲座,表示已成为基地的“忠实粉丝”。华安证券投教基地(实体)与国元证券投教基地(实体)均被安徽省国资委命名为“安徽省共青团教育培训实践基地”。

(四)功能作用

基地的功能作用凸显,一方面,自基地建成以来,在辖区投教工作中发挥着中坚力量,在各类投教活动中扛大梁、担重任,发挥越来越重要的示范带头作用,在监管部门所布置的工作外,能够持续稳定为投资者提供最专业化的教育服务,成为辖区投资者接受教育的主要渠道和平台。另一方面,基地的公益活动改善了投资者对证券期货等经营机构的原有印象,不断提升企业的对外形象。在对基地开展的满意度调查中,各基地满意度均能达到85%以上,体现出投资者的感受度和接受度良好,基地的“初心使命”有效践行。

三、证券期货投教基地存在的问题剖析

基地作为资本市场的新生事物和颇具中国特色的投资者服务平台,正在经历成长成熟的发展阶段,结合辖区基地日常工作实际及前期调研情况,笔者发现基地发展中存在以下问题。

(一)基地定位问题

1. 基地公益性有待进一步规范。《关于加强证券期货投资者教育基地建设的指

导意见》规定,“投教基地是开展投资者教育的重要平台”,“投教基地要坚持公益性质,不以营利为目的,平等对待所有投资者”,从第二批申报工作指引开始,指引特意强调营利性机构建设的基地场所(网址)要独立于营业场所(公司官网),即“独立性”要求,所以从基地建设初衷和本义来看,投教基地定位于完全公益性的平台。但在基地现行的组织架构下,存在影响基地公益性的风险因素,如基地管理部门基本为业务部门,工作人员也基本由相应的业务部门提供。由业务部门管理非营利性平台,存在营利与公益性之间的冲突,不排除存在基地工作人员在业务考核压力下通过基地间接推销公司产品的可能性。

2. 基地“身份”应进一步予以明确。《证券期货投资者教育基地监管指引》中规定了监管部门要结合实际情况对基地开展现场检查,检查方式基本参照对证券期货经营机构这种法人单位的检查方式,所以存在检查底稿印章如何使用的问题,笔者发现辖区已有基地配备了基地公章,但是否可以、是否应当使用基地公章没有明确依据。此外,基地日常运行中均设计了自己的Logo,在发布的投教产品(笔记本等)、开展的投教活动中均直接使用投教基地名称,但作为一个未经过工商注册登记的平台,这种做法的合法性与合理性存在质疑。

(二)基地结构问题

1. 在当前政策下,一司多家基地的协同作用未有效发挥。目前,基地在规模上的竞争愈演愈烈,不少公司按照广设分支机构的思维模式,建设多家投教基地,如M证券设有总部投教基地、分支机构投教基地、互联网投教基地。实际运行中,在同一辖区内,一公司多家基地是呈现相互割裂竞争而非优势互补的关系,造成资源浪费,引发内部矛盾,如一公司建有实体投教基地与互联网投教基地,分属不同的管理部门,原本属于线上线下两种互联互通渠道,但由于“各自为政”,以及在考核中将产品、活动按合作比例分摊计算,因此在互联互通中存在沟通协调慢、互相抢功等问题;M证券总部与分支机构投教基地,由于同属于一个辖区,同为省级投教基地,考核评比适用同样的标准,从而形成竞争关系,相互独立。总部基地优势明显,无论是产品,还是活动,都是分支机构基地的数倍,而总部作为一个可以调配分支机构资源的管理部门,资源优势也远超分支机构,两家基地的实际运行情况相差甚远,严重影响分支机构基地的工作积极性,互补效果也无法体现。

2. 对于拥有“双重身份”的基地,派出机构如何监管尚不明确。目前,全国基地中已存在同时被命名为国家级与省级基地的投教基地,从最新的申报要求来看,未来拥有“双重身份”的基地将越来越多。依据《关于加强证券期货投资者教育基地建设的指导意见》,“中国证监会及其派出机构负责监督管理所命名的投教基地”,则拥有“双重身份”的基地分别接受证监会与派出机构的不同监管,派出机构只需确保其持续符合省级建设标准即可;依据《证券期货投资者教育基地监管指引》,“中国证监会指导派出机构监管所命名的省级投教基地,以及国家级基地中地址在本辖区内的实体基地和申报主体所在地在本辖区内的互联网基地”,则拥有“双重身份”的基地均由派出机构监管,派出机构需确保其同时符合省级与国家级建设标准。两项制度作出了不一样的规定,所以对于拥有“双重身份”的基地,派出机构如何监管尚不明确。

3. 基地建设单位由券商高度垄断的结构不合理。前述数据显示,在基地建设单位中,券商所占比例高达70%,剩下30%零星散落在期货、基金、学校、上市公司、社会组织等群体中。券商所建基地大同小异,受众对象多为自身客户,能不断拓展到校园、社区等领域已是尽心尽力之举,囿于知识、资源、能力,在知识普及方面很难覆盖到资本市场各类知识,在受众群体方面很难覆盖到所有人群,亟须社会各方力量共同参与,“专业的人做专业的事”,形成优势互补。

(三)基地可持续发展问题

1. 基地工作的主动性和积极性需要进一步引导。目前,对于基地日常运行所规定的鼓励性与惩戒性措施,在《证券期货投资者教育基地监管指引》第14条与第15条中有所体现。但一方面,尚不明确证券期货经营机构申报国家级与省级基地后机构分类评价的详细加分、扣分细则;另一方面,对于其他类建设主体(上市公司、高校等)缺乏有针对性的激励措施。

2. 基地的市场知名度和认可度有待进一步提升。前期,在证监局组织的“投资者教育大讲堂——走进投教基地”活动及调研中了解到,辖区内的证券期货基金经营机构、上市公司等市场主体对投教基地的了解并不多,而建有基地的公司内部员工也存在尚未参观过基地的情况。

3. 基地的规范性需要进一步加强。现场参观发现,一方面,基地工作人员在现场引导、礼仪举止、知识储备等方面有待改进,如基地工作人员缺乏培训,讲解员讲解水平欠缺,对基地内容挖掘整理不够;另一方面,基地内容更新、基地设备维护均有待加强,如资料没有及时更新增添,电子设备反应迟钝等。

4. 基地的合作联动较少。从全国到各个辖区的基地都处在“各自为政”、各自发展的状态,除前期中证互联、天风证券、东海证券等8家投教基地自发组成投教基地联盟外，尚无统一的协调组织将基地连接起来进行统筹规划。

四、充分发挥证券期货投教基地功能作用的建议

树立理性投资理念是资本市场文化建设的重要内容，投教基地作为培养投资者成熟理性思维的重要载体，已成为资本市场投资者教育的重要阵地，若能发展好、利用好投教基地，其将对资本市场的持续稳定健康发展发挥不可或缺的作用。为此，针对基地现存的相关问题，笔者提出如下建议。

(一)明确基地属性，理顺基地与建设单位的实质关系

明确基地的公益性组织身份(类似博物馆、烈士纪念馆等)，依附于建设单位但在内部管理上又独立于建设单位，是建设单位开展公益性投教工作的“一种组织”，有自己的专属名称和公章，可以以基地名义独立参加涉外活动，监管部门可以以基地为直接发布对象下发通知。其归口管理部门可以放在建设单位办公室，上设投教基地工作领导小组，基地负责人由建设单位任免并接受单位管理，公司不对负责人进行公司业务绩效考核，基地其他工作人员则参照基地内部管理制度管理，工作人员不局限于单位内部人员，可以对外招聘，编制仅属于基地。

(二)完善政策规定，规范一家单位设立多家基地情况

完善考核制度，鼓励总部基地与分支机构基地之间加强总分指导、总分联动、协调配合，一是采取分类考核标准，同一类型的基地放在一起考核，如总部的基地与总部基地考核，分支机构的基地与分支机构基地考核，消除总部基地与分支机构基地间不必要的竞争；二是对总部基地考核加入总分联动指标，如指导分支基地开展工作情况、上一年度分支基地考核情况，提高总部基地对分支基地的指导协助意识，加强总分基地的内部合作。

(三)明确“双重身份”投教基地的监管标准，厘清监管职责

根据“后法优于前法”的法律适用原则，应当按照《证券期货投资者教育基地监管指引》而不是《关于加强证券期货投资者教育基地建设的指导意见》规定，建议进一步明确具有“双重身份”的基地，采取证监会指导派出机构监管的模式，派出机构负责监督基地同时符合国家级基地与省级基地标准情况，由于国家级基地标准完全高于省级基地标准，建议明确派出机构直接以国家级标准监管基地。

(四)鼓励引导各类社会主体、各个地区建设投教基地，提高投教基地的覆盖面

一是建议证监会积极组织宣传推广投教基地，将其定位于资本市场文化建设的

基础设施，进一步提高投教基地政治站位，提高投教基地的社会知名度，从而提高社会主体建设投教基地的积极性。二是积极联系教育、财政等相关部门，对基地建设给予人、财、物及荣誉等方面的政策支持。三是平衡各省市投教基地建设数量，在后续基地申报中有针对性地加以引导，做好区域平衡。四是进一步完善基地激励机制，探索其他类建设主体（上市公司、学校等）可以得到的证券期货行业激励举措。

（五）加强投教基地交流合作，编织基地合作网络

一是建议证监会指导投服中心依托中国投资者网的投教基地频道，加强投教基地的资源共享与交流合作，可以参照中国证券业协会等委员会组织模式，设立全国性投教基地委员会，委员会委员为投保局及基地所对应的派出机构领导干部，会员为各国家级投教基地。指导派出机构设立区域性投教基地委员会，委员为各派出机构及行业协会相关工作人员，会员为各辖区省级投教基地。区域性投教基地委员会工作接受全国性投教基地委员会指导和监督。二是对于基地委员会，可以不断引进其他金融监管部门、教育部门及相关政府部门人员加入。三是基地委员会职责包括，适时开展基地培训（如工作人员的行为规范、基地工作开展、基地产品研发、基地设备的更新维护、基地数据库的填充等），座谈交流工作经验，统一产品研发、教材编制，培养讲师团队伍，开展创先争优活动，动员选拔社会志愿者等，尽可能整合基地内部资源，实现共治、共建、共享，同时积极为基地提供外部资源支持，推动基地功能有效发挥。

从优化营商环境的视角分析中小投资者权益保护制度的完善

刘　洋*

摘　要:2019 年 10 月 23 日,世界银行发布了《2020 年营商环境报告》,我国营商环境的总体排名居第 31 位,特别是在"中小投资者权益保护水平"这一指标中,我国取得了第 28 位的历史最好成绩。在取得成绩的同时,我们依然要清醒地看到,我们仍有一些不足之处。本文总结了世界银行报告发布一年来我国在优化营商环境方面作出的努力和获得的成果,并探求完善我国中小投资者权益保护制度的方向。

关键词:营商环境　中小投资者　权益保护制度

一、《2020 年营商环境报告》关于资本市场中小投资者权益保护方面的考量指标

2019 年 10 月 23 日,世界银行发布《2020 年营商环境报告》(以下简称报告)。报告的评价对象涉及全世界 190 个城市、地区和主要经济组织,中国的北京和上海两座城市入选。报告的评价指标主要包括:开办企业难易程度、税负水平、获得贷款难易程度和中小投资者权益保护水平等 11 项指标。我国的营商环境总体指标排名较上年上升了 15 位,排在第 31 位,超过了法国、瑞士和意大利等欧洲发达国家,这也是自该报告首期发布以来中国取得的最好名次。①

针对"中小投资者权益保护水平"这一指标,世界银行以一起非公允关联交易

* 中证中小投资者服务中心有限责任公司资深经理,中级经济师。

① See *Doing Business* 2020(*Economy Profile China*),World Bank Group,p. 4.

导致的诉讼案件为背景，从多个角度设计问题对该案进行分析，并对假设该案发生于不同国家时各国对相同问题的不同处理方式进行评价打分。世界银行仅选取北京和上海作为样本从“对利益冲突进行监管的健全程度”和“上市公司股东治理方面的完善程度”两个维度对我国的中小投资者权益保护水平进行评价分析，两个维度又具体细化为六个评价方面，包括：信息披露指数、董事责任指数、股东诉讼便利指数、股东权利保护指数、所有权和控制权保护指数、公司透明度指数。① 六个评价方面又被进一步细化，针对每个方面设计一个或几个对应的问题，共计38个问题，问题对应的满分值为1分、2分或3分，总分共计50分，我国获得36分（相当于百分制的72分），排在第28位，以0.4分的优势超过了排在第36位的世界经济第一大国美国，这说明了我国近年来在中小投资者保护方面取得了显著的成绩和可喜的进步。与此同时，我们也应该清醒地看到，我国的投资者保护工作还有可以进步的空间。

二、《2020年营商环境报告》揭示我国在中小投资者权益保护方面的主要“短板”及其原因

在上述38个问题中，我国有9个问题得分为0分，对应前述六个方面来看，主要集中于“董事责任指数”和“股东诉讼便利指数”两个方面，分别有4个和2个问题得到0分；其次是“股东权利保护指数”、“所有权和控制权的限度”和“公司透明度指数”三个方面，各有1个问题得到0分；我国在“信息披露指数”方面做得比较优秀，5个问题均获得了满分。

从法理的角度看，存在问题比较集中的“董事责任指数”和“股东诉讼便利指数”两个方面恰好分属于制度设计过程中的实体性规则和程序性规则，这也从一个侧面揭示我国中小投资者保护的实体性规则和程序性规则均有比较大的提升空间。

在“董事责任指数”方面：第一个须完善的问题是“股东能否要求其他董事对交易给买方造成的损害负责？”关于该问题，在我国现行制度下股东并不能直接提出此类要求，只有当其他董事对此关联交易存在腐败、欺诈或重大过失时才能提

① 参见李彤彤、朱雅文、封寒冰：《〈2020营商环境报告〉数据详解：中国为什么进步这么快》，载解放日报社旗下上观新闻网2019年10月24日，https://www.jfdaily.com/staticsg/res/html/web/newsDetail.html?id=184125。

出。从价值取向来看,世界银行对中小股东给予更多的保护。因公司及中小股东是关联交易的受害者且并无过错,故世界银行更偏向于保护公司及中小股东的权益,只要其权益因关联交易受损,则所有董事都因其未在董事会决议时否决此交易提案而应对该损失负责。而我国则从过错归责的角度看待此类问题,其他董事对关联交易并不知情,对关联交易给买方造成的损害并无过错,因此不应承担相应的责任。第二个须完善的问题是"如果股东提出索赔并胜诉,詹姆斯先生必须偿还交易利润吗?"世界银行从关联交易造成的实际损害结果出发,追本溯源,要求从事关联交易者赔偿中小股东的利益损失;而我国则从处罚角度出发,监管部门对于非公允关联交易的处理手段主要为责令其转让股权、责令公司调整董事、高级管理人员、进行纪律处分和罚款等监管措施,构成犯罪的,依法追究刑事责任等。对于关联交易本身所造成的盈利和损失,属于民事领域意思自治的范畴,但虽然价格不公允,仍为有效的交易。第三个须完善的问题是"詹姆斯先生是否因股东的成功索赔而被取消董事资格?"世界银行对从事关联交易者惩罚更严格,败诉的同时也意味着董事资格的取消;而如上文论述,我国则从处罚角度出发,监管部门对于非公允关联交易可以责令公司调整董事、高级管理人员,败诉并不意味着董事资格自动被取消。第四个须完善的问题是"如果股东获得胜诉,法院是否可以判决交易无效?"世界银行对关联交易的处理亦更严格,法院可以判决非公允的关联交易无效;而我国则从民事法律行为效力的角度出发,只有当存在欺诈、胁迫等违背交易双方真实意思的情况下,受欺诈方才能请求法院撤销关联交易的效力。

在"股东诉讼便利指数"方面:第一个尚待优化的问题是"原告能否在庭审中向被告和证人索取相关文件"?世界银行给予中小股东充分的取证权,可向被告及证人当庭索取相关文件;而我国则只在庭审前进行证据交换,双方当事人在法官的主持下交流案件的事实和证据方面的信息,在庭审中并无此类制度设计。第二个尚待优化的问题是"原告可以要求被告提供不同种类的文件,而不必指明具体的文件种类吗"?世界银行对关联交易的举证要求也比较高,被告人要全面充分地举证以证明该笔关联交易公允有效;而我国则无此种特殊规定,被告仅针对原告诉称观点逐一进行举证答辩。

其余 3 个得分为 0 分的问题分别是,在"股东权利保护指数"项下,"每次买方(公司)发行新股时,股东会自动获得优先购买权吗"?在世界银行理想的规则下,赋予中小投资者在持股企业发行新股时自动获得优先购买权,以防止其对公司享有的利益被稀释,防止公司内部既有的治理格局发生重大变化;[①]而在我国,原股东的新股优先认购权并不总是得到充分保护,甚至在某些情况下,还会受到侵害。[②]对原股东新股优先认购权的侵害一般表现为公司发行新股时作出的股东大会决议损害了原股东依法或按照公司章程所应当享有的优先认购部分新发行股份的权利,其实是公司的某一或某一部分股东出于各种目的,通过利用资本多数决原则,操纵股东大会损害其他股东的权益。[③] 此外,由于公开发行新股对公司的利润分配、融资规模和发行频率等财务指标有比较严格的要求,故上市公司新发股票再融资一般选取向符合条件的少数特定投资者(一般为大型机构投资者)非公开发行,即"定向增发"的形式。在"所有权和控制权保护指数"项下,"是否禁止任命同一个人担任首席执行官和董事会主席"?世界银行的标准较高,为防止公司治理权力过度集中,要求首席执行官和董事会主席不可互相兼任;而我国目前并未出台相关规定。[④] 在"公司透明度指数"项下,"股东大会的详细通知必须在会议前21天发出吗"?世界银行的理想通知时间为会议前21天;而我国的通知时间稍晚,为会议前20天。[⑤]

三、《2020年营商环境报告》发布后我国中小投资者权益保护工作取得的最新成绩

在《2020年营商环境报告》发布后的一年中,我国就"中小投资者权益保护水平"项下上述得分较差的方面进行了有针对性的制度设计优化,并在多地出台了优化营商环境的地方性法规。具体体现为以下方面。

(一)在"股东诉讼便利指数"方面

2020年3月,修订后的《证券法》正式生效,其中设立投资者保护专章,对普通投

---

① 参见赵莹:《新股认购优先权及其实现途径研究》,长春工业大学2010年硕士学位论文,第1页。

② 参见顾肖荣、陈历幸:《股东如何维护新股优先认购权不受侵害》,载《上海证券报》2005年4月26日。

③ 参见钱卫清:《股东新股优先认购权及其司法救济》,载找法网2019年3月13日,http://china.findlaw.cn/gongsifalv/gongsifalunwen/25496.html。

④ 《公司法》第114条规定:"公司董事会可以决定由董事会成员兼任经理。"

⑤ 《公司法》第102条第1款规定:"召开股东大会会议,应当将会议召开的时间、地点和审议的事项于会议召开二十日前通知各股东;临时股东大会应当于会议召开十五日前通知各股东;发行无记名股票的,应当于会议召开三十日前公告会议召开的时间、地点和审议事项。"

资者的倾斜性保护、协议先行赔付、投资者保护机构代表人诉讼等制度设计都体现了我国对中小投资者的保护力度不断增强,彰显了我国的中小投资者权益保护工作体系日臻完善。特别是投资者保护机构代表人诉讼制度,是新修订的《证券法》在投资者权益救济方面最具亮点的制度安排。《证券法》第95条的规定①及最高人民法院、中国证监会和中证中小投资者服务中心配套出台的相关规定和业务规则明确了"默示加入,明示退出"的投保机构代表人诉讼制度体系。

上述制度安排,一方面,简化了中小投资者自己去立案诉讼的烦琐流程,有效降低了中小投资者提起诉讼的时间和经济成本。具体体现为,代表人可请求败诉的被告人赔偿合理的公告、通知、律师费等费用;②特别代表人诉讼案件不预交案件受理费,人民法院应当依照《诉讼费用交纳办法》的规定决定是否准许败诉原告减交或者免交败诉诉讼费;③人民法院可以不要求提供财产保全担保④等。另一方面,也提高了人民法院和投资者保护机构中小投资者权益救济的效率。具体体现为,人民法院和投资者保护机构依托信息化技术手段开展立案登记、诉讼文书送达、公告和通知、权利登记、执行款项发放等工作;⑤探索代表人诉讼与支持投资者提起诉讼、股东派生诉讼等非代表人诉讼机制的衔接等。

此外,从特别代表人诉讼的启动方式上看,也让投资者获得了更大的便利。根据最高人民法院的有关规定,人民法院已经根据相关法律规定发布权利登记公告的,投资者保护机构在公告期间受50名以上权利人的特别授权,可以作为代表人参加诉讼。先受理的人民法院不具有特别代表人诉讼管辖权的,应当将案件及时移送。不同意加入特别代表人诉讼的权利人可声明退出,且退出不影响原诉讼

---

① 《证券法》第95条第3款规定:"投资者保护机构受五十名以上投资者委托,可以作为代表人参加诉讼,并为经证券登记结算机构确认的权利人依照前款规定向人民法院登记,但投资者明确表示不愿意参加该诉讼的除外。"

② 《最高人民法院关于证券纠纷代表人诉讼若干问题的规定》第25条规定:"代表人请求败诉的被告赔偿合理的公告费、通知费、律师费等费用的,人民法院应当予以支持。"

③ 《最高人民法院关于证券纠纷代表人诉讼若干问题的规定》第39条规定:"特别代表人诉讼案件不预交案件受理费。败诉或者部分败诉的原告申请减交或者免交诉讼费的,人民法院应当依照《诉讼费用交纳办法》的规定,视原告的经济状况和案件的审理情况决定是否准许。"

④ 《最高人民法院关于证券纠纷代表人诉讼若干问题的规定》第40条规定:"投资者保护机构作为代表人在诉讼中申请财产保全的,人民法院可以不要求提供担保。"

⑤ 《最高人民法院关于证券纠纷代表人诉讼若干问题的规定》第4条规定:"人民法院审理证券纠纷代表人诉讼案件,应当依托信息化技术手段开展立案登记、诉讼文书送达、公告和通知、权利登记、执行款项发放等工作,便利当事人行使诉讼权利、履行诉讼义务,提高审判执行的公正性、高效性和透明度。"

进行。[①] 此种先普通代表人诉讼后特别代表人诉讼的“递进式”制度安排,能够同时给予投资者两种代表人诉讼的制度保护,穷尽两类保护措施。另外,在投资者“明示退出”后,原诉讼继续进行,在给予投资者两种代表人诉讼制度保护的同时,又不影响诉讼的应有秩序,从而大大降低了股东提起诉讼的难度,提升了诉讼推进的效率。

最后,从特别代表人诉讼上诉的方式上看,也让投资者获得了便捷。根据最高人民法院的有关规定,一审判决后,代表人若放弃上诉,应在上诉期限届满前通知全体原告。原、被告在一定期间内未上诉的,一审判决在全体原、被告间生效。原告在一定期间内上诉的,人民法院对上诉的原告按上诉处理。被告在上诉期间内未上诉的,一审判决在未上诉的原告与被告之间生效,二审裁判的效力不及于未上诉的原告。[②] 这种既考虑投资者上诉的便捷性,又尊重投资者自己提起诉讼的权利的制度设计,是一种两全其美的制度亮点。

(二)在“董事责任指数”方面

以信息披露方面为例,修订后的《证券法》在董事须承担相应的责任以外,进一步将责任主体扩大至公司的控股股东、实际控制人,更好地解决了公司控股股东、实际控制人利用不在公司任职董监高而免予进行信息披露的难题。一是明确了控股股东、实际控制人的定义,使侵权行为的责任承担主体更加明确。二是增加了应当披露的重大事件事项范围,包括第 80 条规定:“……公司的实际控制人及其控制的其他企业从事与公司相同或者相似业务的情况发生较大变化。”将同业竞争纳入信息披露的范围改变了过去对同业竞争的关注主要停留在公司首次公开募股(Initial Public Offering,IPO)阶段的状况,显示出对同业竞争信息披露的重视。增加“公司的控股股东、实际控制人涉嫌犯罪被依法采取强制措施”的披露。控股股东、实际控制人涉嫌犯罪对于上市公司尤其是民营企业影响颇大,因此,增加关于控股股东、实际控制人对于涉嫌犯罪的信息披露事项对证券市场及广大中小投资

---

① 《最高人民法院关于证券纠纷代表人诉讼若干问题的规定》第 32 条规定:“人民法院已经根据民事诉讼法第五十四条第一款、证券法第九十五条第二款的规定发布权利登记公告的,投资者保护机构在公告期间受五十名以上权利人的特别授权,可以作为代表人参加诉讼。先受理的人民法院不具有特别代表人诉讼管辖权的,应当将案件及时移送有管辖权的人民法院。不同意加入特别代表人诉讼的权利人可以提交退出声明,原诉讼继续进行。”

② 《最高人民法院关于证券纠纷代表人诉讼若干问题的规定》第 28 条规定:“一审判决送达后,代表人决定上诉的,应当在上诉期间届满前通知全体原告。原告自收到通知之日起十五日内决定放弃上诉的,应当通知一审法院。被告在上诉期间内未上诉的,一审判决在放弃上诉的原告与被告之间生效,二审裁判的效力不及于放弃上诉的原告。”

者有重要意义。增加"公司的控股股东或者实际控制人对重大事件的发生、进展产生较大影响的,应当及时将其知悉的有关情况书面告知公司,并配合公司履行信息披露义务"。这一规定明确了控股股东、实际控制人的信息披露义务,强化了其信息披露责任,有助于信息披露制度得到切实执行。三是规定控股股东、实际控制人承担过错推定的连带赔偿责任,将原《证券法》控股股东、实际控制人的责任形式由过错责任修改为过错推定责任。① 此项修改显著降低了受损投资者向控股股东、实际控制人请求民事赔偿的举证难度,进一步压实了上市公司董事及实控人的责任。未来,中证中小投资者服务中心提起证券代表人诉讼或证券支持诉讼时,依据"追首恶"原则追究控股股东、实际控制人的民事赔偿责任时,亦能够依据过错推定的原则追究控股股东、实际控制人的法律责任,大大降低了原告方的举证难度,能够从源头上实现对实际侵权者的追责。四是大幅提高对控股股东、实际控制人的处罚力度。《证券法》不仅整体加大了对控股股东、实际控制人信息披露违法违规的处罚力度,而且还针对不同形式的信息披露违法行为区分了处罚位阶,着重打击信息披露中存在虚假记载、误导性陈述或重大遗漏的违法行为,形成了对控股股东、实际控制人的有效威慑。五是新设控股股东、实际控制人公开承诺的信息披露义务。《证券法》为控股股东、实际控制人作出公开承诺的行为增设了信息披露义务及相应的赔偿责任。② 该条规定加强了对控股股东、实际控制人的约束,要求相关人员真正做到有诺必践,违诺必究。若后续出现上述人员不履行公开承诺并给投资者造成损失的,投资者可依据该条依法追究其民事责任,有力保障了投资者的信赖利益。

(三)在"股东权利保护指数"方面

2020年2月14日,证监会发布《关于修改〈上市公司证券发行管理办法〉的决定》、《关于修改〈创业板上市公司证券发行管理暂行办法〉的决定》、《关于修改〈上市公司非公开发行股票实施细则〉的决定》(以下简称《再融资规则》)。其中的一处修改内容为,将主板(中小板)、创业板非公开发行股票发行对象数量由分别不超过10

① 《证券法》第85条规定:"信息披露义务人未按照规定披露信息,或者公告的证券发行文件、定期报告、临时报告及其他信息披露资料存在虚假记载、误导性陈述或者重大遗漏,致使投资者在证券交易中遭受损失的,信息披露义务人应当承担赔偿责任;发行人的控股股东、实际控制人、董事、监事、高级管理人员和其他直接责任人员以及保荐人、承销的证券公司及其直接责任人员,应当与发行人承担连带赔偿责任,但是能够证明自己没有过错的除外。"

② 《证券法》第84条第2款规定:"发行人及其控股股东、实际控制人、董事、监事、高级管理人员等作出公开承诺的,应当披露。不履行承诺给投资者造成损失的,应当依法承担赔偿责任。"

名和5名,统一调整为不超过35名,并将锁定期由36个月和12个月分别缩短至18个月和6个月,且不适用减持规则的相关限制。这一修订拓宽了非公开发行股票发行对象的范围,缩短了限售锁定期,免去了减持规则的限制,是优化营商环境的一项具体体现。

(四)在“公司透明度指数”方面

为提升上市公司与投资者的关系,促进公司治理信息更加透明,上海证券交易所发布了《上市公司重大资产重组信息披露业务指引》等业务规则文件,深圳证券交易所也修订了《深圳证券交易所创业板股票上市规则(2020年修订)》《创业板上市公司规范运作指引(2020年修订)》等制度文件。笔者梳理了现行的投资者说明会等各类会议的召开要求,便于对比参考(见表1)。

表1 上市公司各类说明会的召开要求汇总

适用板块	是否强制	会议类型	事项	召开时间的要求	通知时间	参与人	说明会内容	规则依据
业绩说明类事项								
深主板、中小板	自愿	年度报告说明会	上市公司年报披露	深圳证券交易所鼓励公司在年报披露后15个交易日内举行年度报告说明会	公司拟召开年报说明会的,应当至少提前2个交易日发布召开通知	由公司董事长(或者总经理)、财务负责人、独立董事、董事会秘书、保荐代表人出席	对公司所处行业状况、发展战略、生产经营、财务状况风险与困难等投资者关心的内容进行说明	《深圳证券交易所上市公司规范运作指引》

续表

适用板块	是否强制	会议类型	事项	召开时间的要求	通知时间	参与人	说明会内容	规则依据
深主板	强制	业绩说明会	纳入"沪深300指数"的上市公司2019年年报披露	为充分发挥业绩说明会的作用,请纳入"沪深300指数"的主板上市公司在2019年年度报告披露后15个交易日内举行业绩说明会	公司应至少提前2个交易日发布召开业绩说明会的通知公告	公司出席人员应包括公司董事长(或总经理)、财务负责人、独立董事(至少1名)、董事会秘书,鼓励董事长亲自出席	1.公司所处行业的状况、发展前景、存在的风险。 2.公司发展战略、生产经营、募集资金使用、新产品和新技术开发进展。 3.公司财务状况和经营业绩及其变化趋势。 4.公司在业务、市场营销、技术、财务、募集资金用途及发展前景等方面存在的困难、障碍,或有损失。 5.投资者关心的其他内容	《关于纳入"沪深300指数"的上市公司召开年度业绩说明会的通知》
中小板	强制	年度报告说明会	上市公司年报披露	在年度报告披露后10个交易日内通过互联网举办年度报告说明会	有关通知当至少应个提前2以交易日告临时报发的形式出	上市公司董事长(或者总经理)、财务负责人、独立董事(至少1名)和保荐代表人(至少1名)应当出席会议	对公司所处行业状况、发展战略、生产经营、财务状况风险与困难等投资者关心的内容进行说明	《中小企业板信息披露业务备忘录第2号——定期报告披露相关事项》

续表

适用板块	是否强制	会议类型	事项	召开时间的要求	通知时间	参与人	说明会内容	规则依据
创业板	自愿	年度报告说明会	上市公司年报披露	深圳证券交易所鼓励公司在年度报告披露后15个交易日内举行年度报告说明会	应当至少提前2个交易日发布召开通知	由公司董事长（或者总经理）、财务负责人、独立董事、董事会秘书、保荐代表人出席	对公司所处行业状况、发展战略、生产经营、新产品和新技术开发、财务状况、风险因素等投资者关心的内容进行说明	《深圳证券交易所创业板上市公司规范运作指引（2020年修订）》《深圳证券交易所创业板股票上市规则（2020年修订）》
现金分红类事项								
沪主板、科创板	强制	业绩说明会或者现金分红说明会	上市公司当年现金分红水平触及《上海证券交易所上市公司现金分红指引》第8条、第10条和第11条的规定	应当在当年度股东大会股权登记日之前召开业绩说明会或者现金分红说明会	在说明会拟召开日前在中国证监会指定媒体上发布公告，预告说明会的具体事项	至少应当包括公司董事会秘书和财务负责人，上海证券交易所鼓励公司董事长、总经理等高级管理人员以及其他具体工作的负责人出席会议	上市公司应当在说明会上对投资者较为关注的问题予以答复。就现金分红方案的相关事宜予以重点说明	《上海证券交易所关于推进上市公司召开投资者说明会工作的通知》《上市公司现金分红指引》《临时公告格式指引第二十九号——上市公司利润分配、公积金转增股本方案公告》

续表

适用板块	是否强制	会议类型	事项	召开时间的要求	通知时间	参与人	说明会内容	规则依据
科创板	根据要求	投资者说明会、公告等形式	上市公司明显具备条件但未进行现金分红	根据上海证券交易所的要求	在说明会拟召开日前在中国证监会指定媒体上发布公告,预告说明会的具体事项	【科创板要求】董事会、控股股东及实际控制人(【上海证券交易所总体要求】至少应当包括公司董事会秘书和财务负责人,上海证券交易所鼓励公司董事长、总经理等高级管理人员以及其他具体工作的负责人出席会议)	根据上海证券交易所的要求说明原因	《上海证券交易所科创板股票上市规则》《关于推进上市公司召开投资者说明会工作的通知》《上市公司现金分红指引》

续表

适用板块	是否强制	会议类型	事项	召开时间的要求	通知时间	参与人	说明会内容	规则依据
重大事项类								
深主板、中小板、创业板	强制	媒体说明会	上市公司的重大资产重组事项涉及《深圳证券交易所上市公司信息披露指引第3号——重大资产重组》第37条	在发出通知后的两个交易日内召开媒体说明会	1. 属于《上市公司重大资产重组管理办法》第13条规定的交易情形的,上市公司应当在披露关于对深圳证券交易所重组问询函的回复公告时发出召开通知; 2. 出现《深圳证券交易所上市公司信息披露指引第3号——重大资产重组》第37条第2项至第4项情形的,上市公司应当在深圳证券交易所提出要求后及时发出召开通知	媒体说明会的参会人员应包括上市公司的现任控股股东、实际控制人或其授权代表,上市公司主要董事、监事及高级管理人员,拟新进入的控股股东、实际控制人(如有)或其授权代表和其他主要交易对方代表,重组标的主要董事和高级管理人员以及中介机构代表	1. 上市公司现控股股东、实际控制人应充分说明本次交易的必要性、交易作价的合理性、承诺履行和上市公司规范运作等情况; 2. 上市公司董事、监事及高级管理人员应充分说明其对交易标的及其行业的了解情况、重大媒体质疑和投诉举报的主要内容及说明(如有),以及董事、监事及高级管理人员在本次重大资产重组项目的推进和筹划中是否切实履行了忠实、勤勉义务等; 3. 拟新进入的控股股东、实际控制人应详细说明交易作价的合理性、业绩承诺的合规性和合理性(如有); 4. 交易对方和重组标的董事及高级管理人员应充分说明重组标的的报告	《深圳证券交易所上市公司信息披露指引第3号——重大资产重组》

续表

适用板块	是否强制	会议类型	事项	召开时间的要求	通知时间	参与人	说明会内容	规则依据
							期生产经营情况和未来发展规划,以及对相关的重大媒体质疑和投诉举报的说明(如有); 5. 中介机构应充分说明核查过程和核查结果,评估机构应说明重组标的的估值假设、估值方法、估值过程的合规性和估值结果的合理性,披露重组预案但未披露交易标的预估值及拟定价的,应当说明原因及影响(如适用); 6. 参会人员认为应说明的其他问题; 7. 中国证监会及其派出机构和深圳证券交易所要求说明的其他问题; 8. 因涉嫌规避重组上市监管要求召开媒体说明会的,上市公司现控股股东、实际控制人以及独立财务顾问应明确说明本次重大资产重组是否构成重组上市	

续表

适用板块	是否强制	会议类型	事项	召开时间的要求	通知时间	参与人	说明会内容	规则依据
深主板、中小板、创业板	自愿或根据要求	投资者说明会	上市公司披露重组事项后出现重大市场质疑的	上市公司在披露澄清公告的同时可以主动召开投资者说明会，深圳证券交易所可以视情况要求公司召开投资者说明会	无明确规定(在深圳证券交易所提出要求后及时发出召开通知)	投资者说明会的参会人员至少应当包括上市公司董事长或总经理、董事会秘书、交易对方或其代表、重组标的主要董事和高级管理人员、独立财务顾问主办人	无明确规定(介绍情况、解释原因、回答问题)	《深圳证券交易所上市公司信息披露指引第3号——重大资产重组》
深主板、中小板、创业板	自愿或根据要求	投资者说明会	上市公司筹划重大资产重组停牌时间较长，且终止筹划重组	深圳证券交易所鼓励公司召开投资者说明会，并可视情况要求公司召开投资者说明会	无明确规定(在深圳证券交易所提出要求后及时发出召开通知)	参会人员至少应当包括上市公司董事长或总经理、董事会秘书、交易对方或其代表、重组标的主要董事和高级管理人员、独立财务顾问主办人	上市公司应就终止重组事项的具体原因、决策过程以及对公司的影响等内容作出说明，并披露投资者说明会的相关情况	《深圳证券交易所上市公司信息披露指引第3号——重大资产重组》

续表

适用板块	是否强制	会议类型	事项	召开时间的要求	通知时间	参与人	说明会内容	规则依据
深主板、中小板、创业板	根据要求	投资者说明会	上市公司因拟变更公司名称受到重大媒体质疑	无明确规定(在深圳证券交易所提出要求后召开)	无明确规定(在深圳证券交易所提出要求后及时发出召开通知)	无明确规定(根据深圳证券交易所的相关要求)	应当及时就更名事项作出补充说明并披露。就更名事项与投资者互动交流。应当在投资者说明会召开后次一交易日披露投资者说明会的召开情况	《深圳证券交易所上市公司规范运作指引(2020 年修订)》《深圳证券交易所创业板上市公司规范运作指引(2020 年修订)》
深主板、中小板、创业板	自愿或根据要求	公开说明会	媒体出现对公司重大质疑时	无明确规定(公开说明会原则上安排在非交易时间召开)	无明确规定(在深圳证券交易所提出要求后及时发出召开通知)	无明确规定(根据深圳证券交易所的相关要求)	无明确规定(对相关事项进行说明)	《深圳证券交易所上市公司规范运作指引(2020 年修订)》《深圳证券交易所创业板上市公司规范运作指引(2020 年修订)》

续表

适用板块	是否强制	会议类型	事项	召开时间的要求	通知时间	参与人	说明会内容	规则依据
沪主板、科创板	强制	媒体说明会、投资者说明会	【媒体说明会】上市公司相关重大事项受到市场高度关注或质疑。 【投资者说明会】触及上海证券交易所《关于进一步加强上市公司投资者关系管理工作的通知》第8条规定	无明确规定(及时召开)	【媒体说明会】及时召开或根据要求; 【投资者说明会】在说明会拟召开日前在中国证监会的指定媒体上发布公告,预告说明会的具体事项	【媒体说明会】上市公司董事长、总经理、董事会秘书、财务总监或其他责任人应当参加说明会。 【投资者说明会】至少应当包括公司董事会秘书和财务负责人,上海证券交易所鼓励公司董事长、总经理等高级管理人员以及其他具体工作的负责人出席会议	介绍情况、解释原因,并回答相关问题	《上海证券交易所关于推进上市公司召开投资者说明会工作的通知》《关于进一步加强上市公司投资者关系管理工作的通知》

续表

适用板块	是否强制	会议类型	事项	召开时间的要求	通知时间	参与人	说明会内容	规则依据
沪主板、科创板	强制	媒体说明会	按照中国证监会有关重大资产重组管理规定,上市公司重组交易构成重组上市	1. 上市公司停牌筹划重组上市的,应当在披露重组预案后召开媒体说明会。公司直接披露草案的,应当在披露重组草案后召开媒体说明会。未停牌的公司应当在非交易时间召开媒体说明会。 2. 上市公司应当在召开通知公告披露之日起5个交易日内召开媒体说明会	上市公司应当在披露重组草案或预案的同时,或收到召开媒体说明会要求的2个交易日内,公告披露召开媒体说明会的具体安排	1. 上市公司相关人员,包括实际控制人、上市公司主要董事、独立董事、监事、总经理、董事会秘书及财务负责人等; 2. 标的资产相关人员,包括实际控制人、主要董事、总经理及财务负责人等; 3. 中介机构相关人员,包括财务顾问、会计师事务所、律师事务所和评估机构等的主办人员和签字人员等; 4. 停牌前6个月及停牌期间取得标的资产股权的个人或机构负责人;	1. 上市公司实际控制人应当说明本次重组上市交易的必要性、交易定价原则、标的资产的估值合理性; 2. 上市公司独立董事应当对评估机构或者估值机构的独立性、评估或者估值假设前提的合理性和交易定价的公允性发表明确意见; 3. 标的资产实际控制人应当说明标的资产的行业状况、生产经营情况、未来发展规划、业绩承诺、业绩补偿承诺的可行性及保障措施等; 4. 中介机构相关人员应当对其职责范围内的尽职调查、审计、评估等工作发表明确意见; 5. 上市公司或重组标的最近五年内因违法违规受到中国证监会行政处罚或交易所自	《上市公司重组上市媒体说明会指引》

续表

适用板块	是否强制	会议类型	事项	召开时间的要求	通知时间	参与人	说明会内容	规则依据
						5. 公司或标的资产相关方认为有必要的,可以邀请相关行业专家、证券分析师等参会	律监管措施的,相关人员应当说明整改情况及对本次交易的影响	
沪主板、科创板	根据要求	媒体说明会	按照中国证监会有关重大资产重组管理规定,上市公司重组交易未构成重组上市的重大资产重组	中国证监会或上海证券交易所可以根据需要,要求公司召开媒体说明会	无明确规定(“重组交易构成重组上市”召开媒体说明会的相关要求)	无明确规定(“重组交易构成重组上市”召开媒体说明会的相关要求)	无明确规定(“重组交易构成重组上市”召开媒体说明会的相关要求)	《上市公司重组上市媒体说明会指引》
沪主板、科创板	强制	投资者说明会	上市公司披露重组预案或重组报告书后终止重组	在董事会审议通过终止重大资产重组决议后,应当及时召开投资者说明会,并披露召开情况	在说明会召开日前在中国证监会的指定媒体上发布公告,预告说明会的具体事项	参加投资者说明会的人员至少应当包括上市公司董事长或总经理、董事会秘书、交易对方或其代表、重组标的主要董事和高级管理人员、独立财务顾问主办人	介绍情况、解释原因,并回答相关问题	《上海证券交易所上市公司重大资产重组信息披露业务指引》《关于推进上市公司召开投资者说明会工作的通知》

续表

适用板块	是否强制	会议类型	事项	召开时间的要求	通知时间	参与人	说明会内容	规则依据
沪主板、科创板	根据要求	投资者说明会	上市公司披露变更证券简称相关公告后,媒体、市场或投资者对上市公司变更证券简称提出质疑	上海证券交易所可以视情况要求上市公司召开投资者说明会	在说明会拟召开日前在中国证监会的指定媒体上发布公告,预告说明会的具体事项	至少应当包括公司董事会秘书和财务负责人,上海证券交易所鼓励公司董事长、总经理等高级管理人员以及其他具体工作的负责人出席会议	说明变更证券简称的主要情况和具体理由,并于次日公告	《上市公司变更证券简称业务指引》《关于推进上市公司召开投资者说明会工作的通知》
创业板	强制	投资者说明会	上市公司股票交易出现深圳证券交易所业务规则规定的严重异常波动的,应当于次一交易日披露核查公告;无法披露的,应当申请其股票自次一交易日起停牌核查。核查发现存在未披露重大事项	无明确规定	无明确规定	无明确规定	无明确规定	《深圳证券交易所创业板股票上市规则(2020年修订)》

续表

适用板块	是否强制	会议类型	事项	召开时间的要求	通知时间	参与人	说明会内容	规则依据
其他情况								
沪主板、科创板、深主板、中小板	根据要求	投资者说明会	证券发行人及相关主体出现交易所规定的违规行为	无明确规定 (由交易所向监管对象发出书面决定,告知其召开投资者说明会的事项、时限和要求等内容) 【上海证券交易所额外要求】并在中国证监会指定媒体或本所网站予以公开	无明确规定 (由交易所向监管对象发出书面决定,告知其召开投资者说明会的事项、时限和要求等内容) 【上海证券交易所额外要求】并在中国证监会指定媒体或本所网站予以公开	参加投资者说明会的人员至少应当包括上海证券交易所上市公司董事长或总经理、董事会秘书、交易对方或其代表、重组标的主要董事和高级管理人员、独立财务顾问主办人 (【深圳证券交易所】无明确规定)	就特定事项公开向投资者作出解释或者说明	《上海证券交易所纪律处分和监管措施实施办法(2019年修订)》《关于推进上市公司召开投资者说明会工作的通知》《科创板股票上市规则》《深圳证券交易所自律监管措施和纪律处分实施细则(2018年修订)》
沪主板、深主板、中小板	自愿(应利用多种方式)	投资者座谈会、媒体说明会、网上路演、走访机构投资者、发放征求意见函等多种方式	上市公司股权分置改革	自相关股东会议通知发布之日起10日内	无明确规定	公司董事会应当协助非流通股股东	与A股市场流通股股东进行充分沟通和协商,同时公布热线电话、传真及电子信箱,广泛征求流通股股东的意见,使改革方案的形成具有广泛的股东基础	《上市公司股权分置改革管理办法》

续表

适用板块	是否强制	会议类型	事项	召开时间的要求	通知时间	参与人	说明会内容	规则依据
沪主板、科创板	根据要求	媒体说明会	上海证券交易所对上市公司披露高送转方案的公告进行事后审核,发现可能引起市场误解	无明确规定(上海证券交易所认为必要的,还可以要求公司召开媒体说明会)	无明确规定(上海证券交易所认为必要的,还可以要求公司召开媒体说明会)	无明确规定	可以要求公司向投资者作出充分解释并对外披露	《上海证券交易所上市公司高送转信息披露指引》
沪主板	自愿(应利用多种渠道)	“e互动”平台、股东大会、分析师会议、投资者说明会、业绩说明会等多种渠道	沪股通公司应当重视投资者关系管理,充分考虑境外投资者地域的特殊性	无明确规定(可参照《关于推进上市公司召开投资者说明会工作的通知》)	无明确规定(可参照《关于推进上市公司召开投资者说明会工作的通知》)	无明确规定(可参照《关于推进上市公司召开投资者说明会工作的通知》)	与投资者进行交流,并及时回复投资者关注事项	《上海证券交易所关于加强沪港通业务中上海证券交易所上市公司信息披露工作及相关事项的通知》《关于推进上市公司召开投资者说明会工作的通知》

(五)优化营商环境的其他工作成果

除上述中小投资者权益保护方面的制度成果外,上海市积极针对世界银行报告揭示的“短板”,主动作为,制定有关地方性法规。2020年4月,《上海市优化营商环境条例》正式颁行实施,该条例对标国际最高标准的同时突出上海特色,聚焦市场环境、政务服务、公共服务、监督执法、法制保障等当前市场主体反映强烈的营商环境主要问题和关键环节,对优化营商环境有关法律、法规,予以进一步细化、完善。在成熟的配套制度体系下,上海定会在后续的营商环境评价中取得更加辉煌的成绩。

与此同时,北京、天津、广州、深圳、山东、黑龙江、辽宁、吉林、河北、陕西都及时颁布出台了优化营商环境条例,真正实现了在全国范围内营造更规范、高效营商环境的优良氛围。

四、根据《2020 年营商环境报告》揭示的问题探索我国中小投资者权益保护的努力方向

对于上述 9 个得分为 0 分的问题,我国可对照世界银行在本次调查报告中所展示出的中小投资者保护方面的优秀做法检视我国存在的不足之处,并吸收其先进经验完善我国中小投资者保护的制度建设。

诚然,制度建设非一朝一夕之功,需要兼顾连贯性和平稳性,不宜一蹴而就。因此,可探索采用对世界银行的标准和我国现行制度进行折中的方式对我们在中小投资者保护方面存在的上述 9 个问题进行完善。比如,若其他董事对非公允关联交易存在一般过失,则应对此关联交易负责;要求行为人部分返还因非公允关联交易所获利润;发生两次非公允的关联交易即被取消董事资格;法院可部分撤销非公允关联交易的效力(如撤销其中非公允条款的效力);允许原告从被告或证人处当庭获取部分证据(如证明关联交易不公允的直接证据、支持被告辩称观点的证据等);以列举的形式规定非公允关联交易案件的若干待证事项无须原告提出具体诉请,由被告举证,进而适度增加被告人证明关联交易公允有效的举证责任范围;适度降低上市公司公开发行新股再融资的财务指标门槛;规定在一定期限内可兼任同一公司首席执行官和董事会主席;前移股东大会的通知时间等。用更完善的制度设计进一步督促公司董事履行对公司勤勉尽责的法定义务,便捷中小股东行使诉权的流程,保护中小股东对所投资企业的信赖利益。

综上,唯有不断完善我国资本市场的制度建设,补足我国资本市场中小投资者权益保护的制度"短板",才能更好地适应国际化背景下我国经济发展所面临的新形势,把握经济发展过程中所产生的新机遇,更好地迎接经济发展过程中所面临的新挑战,为国内外中小投资者营造更适宜商业发展的经济投资环境。

I 域外视野

INVESTOR

证券虚假陈述董事勤勉尽责抗辩的适用

章鲁涛*

摘　要:我国证券法律对董事承担虚假陈述责任采过错推定原则,但具体案件中董事应如何提出抗辩证明自身并无过错,相关法律尚付阙如。案例研究发现,我国实践中董事存在几类常见的抗辩理由,但法定抗辩体系及判断标准的缺位致使抗辩制度形同虚设。在《证券法》修改后责任强度大幅增加的情况下,如何精准细致地认定责任,同时保障董事的抗辩权利,显得尤为重要。对此,美国《1933 年证券法》下确立的董事勤勉尽责抗辩体系可资参考。我国亦可确立相应抗辩体系,转变监管思路。

关键词:董事虚假陈述责任　勤勉尽责抗辩　过错推定原则　证券执法

我国《证券法》及《信息披露违法行为行政责任认定规则》(以下简称《认定规则》)分别规定了董事在上市公司信息披露违法违规行为中对上市公司民事责任的连带赔偿责任和其个人的行政责任,同时均规定,董事能够证明自己"没有过错的除外"。此类规定确立了我国董事承担虚假陈述责任的过错推定原则,即董事可以通过提出自身已勤勉尽责的抗辩,证明自身不存在过错,从而免于承担相应责任。但在实践中,董事可以提出哪些抗辩证明其已勤勉尽责,同时,法院及相关监管机关在审查董事是否达到勤勉尽责的标准时又应该考虑哪些因素,仍有待进一步探讨。

---

* 华东政法大学国际金融法律学院法律与金融专业 2018 级硕士研究生。本文受华东政法大学国际金融法律学院肖宇副教授的悉心指导,特此表示衷心感谢。

一、我国实践中董事的抗辩

(一)我国董事的抗辩理由

1.既有规则确立的抗辩理由

2011 年,证监会发布了《认定规则》以指导信息披露违法行为的行政责任认定。依据该规则,董事至少可提出如下两类抗辩理由。

其一,“异议”抗辩。《认定规则》规定,“当事人对认定的信息披露违法事项提出具体异议记载于董事会、监事会、公司办公会会议记录等,并在上述会议中投反对票的”,可以认定为不予行政处罚的考虑情形。①

值得一提的是,2019 年修订的《证券法》亦新增了董事等义务人可以在其书面确认意见中对所披露的信息发表异议并陈述理由的规定,同时明确发行人(或董事可以申请发行人)应对此予以披露。② 对此,有学者指出,该款规定应当理解为对异议抗辩增设了一项法定披露的要求,即如欲援引异议抗辩免责,则董事除依上述《认定规则》所规定的在董事会会议中提出异议并投否定票外,还应当陈述理由并予以披露。③

其二,“举报”抗辩。《认定规则》规定,“对公司信息披露违法行为不负有主要责任的人员在公司信息披露违法行为发生后及时向公司和证券交易所、证券监管机构报告的”,也可认定为不予行政处罚的情形。④

2.实践案例中董事自发提出的抗辩理由

本文检索了 2010 年以来证监会调查处理的 380 例上市公司虚假陈述案件(包括行政处罚决定、市场禁入决定、行政复议决定),总结发现,我国实务中较常见的董事抗辩理由主要包括如下 3 大类。

第一,不知情抗辩。不知情是董事常援引的抗辩,一般辩称其对相关事实并不知情,因而对案涉虚假陈述或重大遗漏并无故意和过失。具体理由包括:违规披露内容

---

① 参见《信息披露违法行为行政责任认定规则》第 21 条第 1 项。

② 《证券法》第 82 条第 4 款规定:“董事、监事和高级管理人员无法保证证券发行文件和定期报告内容的真实性、准确性、完整性或者有异议的,应当在书面确认意见中发表意见并陈述理由,发行人应当披露。发行人不予披露的,董事、监事和高级管理人员可以直接申请披露。”

③ 参见彭冰:《董监高不保证信息披露的真实性?——解读〈证券法〉第 82 条第四款》,载微信公众号“北京大学金融法研究中心”2020 年 4 月 29 日,https://mp.weixin.qq.com/s/_HOb4oATJSEQUzwCW6SSWQ。

④ 参见《信息披露违法行为行政责任认定规则》第 21 条第 3 项。

并非属于其工作范围,无法接触违规信息披露文件;[1]未实际参与公司日常运营,不知悉涉案事实,也不具备知悉可能性;[2]实际控制人、控股股东或其他董事有意隐瞒,虽已尽到审慎注意义务,仍然无法发现违法行为;[3]等等。

第二,信赖抗辩。对他人的信赖也是董事频繁引用的抗辩之一,主要包括两种情形:对已审计财务报告的信赖和对公司其他董事、高管等相关人员的信赖。相较而言,前者比后者更为常见。

第三,调查抗辩。为证明已勤勉尽责,董事也会依据其在任职期间的履职情况提出其已作出某些调查、履行某些勤勉义务。例如,在审议年度报告的董事会上就相关事项进行了关注、询问;[4]在年度报告审计工作中与审计师进行沟通,对某些项目进行了分析性复核;[5]向董事长、董事会秘书发出电子邮件,就信息披露、评估影响等事项提请关注;[6]在年度报告编制过程中多次督促相关人员反馈意见,并就审阅发现的问题要求会计主管人员逐一作出说明;[7]等等。

（二）董事抗辩的思索

综观所有检索案例,可以明显感受到的是,我国实践中董事的抗辩理由被采纳并最终得以免除或减轻责任的情形少之又少,甚至可谓“全军覆灭”。事实上,在检索到的 380 例案件中,约 9% 案件中的相关董事都提出了抗辩,仅有 1 例案件中一位独立董事的抗辩被全部采纳并成功免责,[8]仅有 2 例案件中独立董事的抗辩被部分采纳,在认定其有责的同时减轻处罚。[9]

案例总结发现,导致这一现象的主要原因主要有二:一是客观上董事提出的抗辩理由质量普遍不高,大多数董事仅一味强调其不知情、基于对他方的信赖或已作出了部分调查工作,却未能阐明其此类抗辩的合理性基础;更有甚者声称已勤勉尽责,却无法就此提供任何证明或依据。二是在当前对信息披露从严监管的政策导向下,[10]监管方对董事的抗辩理由更倾向于采取审慎和保守的态度。

---

① 参见《中国证监会市场禁入决定书》〔2020〕9 号、《中国证券监督管理委员会行政复议决定书》〔2020〕5 号。

② 参见《中国证监会行政处罚决定书》〔2020〕17 号。

③ 参见《中国证监会行政处罚决定书》〔2020〕26 号、〔2019〕141 号。

④ 参见《中国证券监督管理委员会行政复议决定书》〔2020〕4 号。

⑤ 参见《中国证监会行政处罚决定书》〔2017〕38 号。

⑥ 参见《中国证监会行政处罚决定书》〔2018〕117 号。

⑦ 参见《中国证监会行政处罚决定书》〔2016〕88 号。

⑧ 参见《中国证监会行政处罚决定书》〔2011〕38 号。

⑨ 参见《中国证监会行政处罚决定书》〔2011〕38 号、《中国证监会行政处罚决定书》〔2018〕39 号。

⑩ 参见徐昭:《证监会:始终保持从严监管高压态势》,载《中国证券报》2017 年 5 月 13 日,A01 版。

深入反思这两方面的原因,不难发现,其根本症结在于我国法定抗辩体系及法定判断标准仍有待完善。目前,我国证券法律仅规定董事能够证明自己没有过错的可不承担相应责任,但并未就董事举证无过错时的抗辩理由及其合理性标准作出进一步规定。一方面,这难以为董事提出有效的抗辩提供规范的指引;另一方面,其也造成了监管上的困难,使监管方难以对董事的抗辩理由作出详细深入的剖析和检视,以致最终对具体案件中董事责任的判断造成影响。

二、域外董事的勤勉尽责抗辩

美国《1933 年证券法案》(以下简称 1933 年法案)是美国联邦层面最重要的证券法律之一,主要规制一级市场的发行行为。在上市公司欺诈发行的责任认定方面,该法案为包括董事在内的可能被告(发行人除外)提供了法定的抗辩理由。其中可普遍援用的是董事的勤勉尽责抗辩(due diligence defense)。

(一)董事勤勉尽责抗辩的法律依据

事实上,"勤勉尽责抗辩"的概念多见于学者和实务人士的论述之中,1933 年法案中并未明确提及此概念,而是分别散落于几个条文之中。总结而言,勤勉尽责抗辩包括三类具体抗辩理由,即合理调查(reasonable investigation)、合理信赖(reasonable reliance)以及合理注意(reasonable care)。其中,前二者的法律依据为 1933 年法案第 11(b)(3)条,后者为同法第 12(a)(2)条。

1. 1993 年法案第 11(b)(3)条

1933 年法案第 11(b)(3)条项下包含两项勤勉尽责抗辩理由,包括合理调查和合理信赖,并可按其表述分为两种抗辩形式:合理调查抗辩为积极式,即"经过合理调查,有合理的理由相信陈述是真实的且不存在重大遗漏";合理信赖抗辩为消极式,即"没有合理的理由相信陈述是不真实的且存在重大遗漏"。两种抗辩的具体适用与责任人是否为专家,以及陈述内容是否为专业内容密切相关,见表 1。

表 1　1933 年法案第 11(b)(3)条项下合理调查、合理信赖抗辩的具体适用

项目	非专家	专家
专业部分	没有合理的理由相信该部分陈述是不真实的且存在重大遗漏(合理信赖;消极式)	经过合理调查,有合理的理由相信该部分陈述是真实的且不存在重大遗漏(合理调查;积极式)

续表

项目	非专家	专家
非专业部分	经过合理调查,有合理的理由相信该部分陈述是真实的且不存在重大遗漏(合理调查;积极式)	
官方机构部分	没有合理的理由相信该部分陈述是不真实的且存在重大遗漏(合理信赖;消极式)	

同时,第11(c)条随后指明,调查和信赖的"合理性"(reasonableness)应当以"一个谨慎的人管理自己财产"(a prudent man in the management of his own property)的标准来衡量。这一解释确立了合理性的"一般理性人"标准。

2. 1933年法案第12(a)(2)条

1933年法案第12(a)(2)条包含一项合理注意抗辩,即如果董事能够证明其对于虚假陈述或重大遗漏并不知情,且即便尽到合理注意也不可能知情,则董事可以免于承担相应责任。

与1933年法案第11(b)(3)条项下的合理调查、合理信赖抗辩不同的是,合理注意抗辩并不对专业或非专业部分作出区分,也未对合理注意的标准作出如前者"一般理性人"的类似解释说明。美国实务中对合理注意的标准是否与第11(b)(3)条的合理调查、合理信赖标准一致曾有所争议,[①]目前美国学界主流意见倾向于认为前者标准应当低于后二者,美国证券交易委员会(United States Securities and Exchange Commission,SEC)也对此作出认可。

(二)美国司法及实务有关董事勤勉尽责抗辩的实践

尽管1933年法案确立了合理性的"一般理性人"标准,但仍属较为模糊化的立法处理,勤勉尽责抗辩中调查、信赖以及注意的合理性到底如何认定,仍然是值得探讨的问题。

1. 司法实践

(1)"艾斯科特诉巴克里斯建筑公司案":剖析勤勉尽责抗辩的先导性案例

1968年"艾斯科特诉巴克里斯建筑公司案"(Escott v. BarChris)[②]是对勤勉尽责抗辩进行深入分析并作出判决的先导性案例。BarChris Construction Corporation(以下简称BarChris)是美国一家从事保龄球道建造及安装的企业,其债券投资者以

① 参见[美]莱瑞·D.索德奎斯特:《美国证券法解读》,胡轩之、张云辉译,法律出版社2004年版,第188~189页。

② Escott v. BarChris Const. Corp., 283 F. Supp. 643, 12 Fed. R. Serv. 2d 588, 2 A. L. R. Fed. 86 (S. D. N. Y. 1968).

BarChris 此前债券发行存在欺诈为由提起集体诉讼,请求损害赔偿。该案被告人数相当庞大,其中包括9位公司董事[5位在公司担任管理职位的内部董事(insider director)及4位外部董事(outsider director)]。法院后认定BarChris所提交的信息披露文件中均存在错误信息。在厘定除发行人BarChris外其他被告的相应责任时,9位被告董事均依1933年法案第11(b)(3)条向法庭提出了勤勉尽责抗辩。法官分析了每一位被告的抗辩内容,最终仅对4位外部董事(非专家)就专业部分内容的合理信赖抗辩作出认可。该案判决在如下几个方面对董事勤勉尽责抗辩的考察提供了具体思路。

第一,合理调查的具体要求。BarChris案的一个重要贡献,在于其对合理调查提出了较细致的要求。

其一,调查应以验证陈述真实性为目的。对于外部董事奥斯兰德(Auslander)、罗斯(Rose)以及柯尔曼(Coleman)对非专业部分存在的虚假陈述提出的合理调查抗辩,法院予以驳斥,指出就时间和目的而言,3位外部董事的大部分调查都是在其成为董事之前作出,目的是调查BarChris的信用和发展前景,以决定BarChris是否是其愿意合作的公司。同时,对于奥斯兰德和罗斯,其在成为董事后所作的"调查"也仅只是询问一两个"概括性"(general)的问题,获得一些模棱两可的信息,法官认为这种概括性的、不够具体的询问远不构成合理的调查。由此,在法官看来,合理调查应当是为核验某些陈述的准确性而作出,且不应流于形式,或仅轻信公司高管等作出的概括保证或陈述。

其二,调查应重质量而非数量。[①] 外部董事格朗(Grant)同时是一位职业律师,其提出合理调查抗辩,举证日记中记录了其为准备注册文件及其他附带文件花费了205小时的工作时间。然而,法官认为其起草的文件中除了某些必要的修改,其余大部分内容均摘取自以前的募债书,故其所作调查仅是简单的"剪切粘贴工作"(scissors and paste-pot job)而已,并未显示其作为一个专业法律顾问应有的职业注意。由此,法官认为,合理调查并不仅止于付出一定工作量,更须具有较高质量,并须符合人们基于调查人的资质、智识而对其赋予的期待。

第二,信赖基础的考察路径。对于合理信赖抗辩,确定信赖是否合理的一个关键问题是,董事有无知晓虚假陈述或重大遗漏的可能?而这种可能性又取决于董事了

---

① See Ernest L. Folk, *Civil Liabilities under the Federal Securities Acts: The Barchris Case: Part I: Section* 11 *of the Securities Act of* 1933, Virginia Law Review, Vol. 55, p. 34(1969).

解和掌握的信息是否充分：董事知道的信息越多，越不可能不知晓文件存在问题，则当其提出合理信赖抗辩时，其予以信赖的基础越不合理。那么，如何考察董事是否获知了相关信息？对此，“BarChris 案”判决提供了可参考的路径。

其一，如果一位董事对公司日常经营参与越多，则其所了解的信息越丰富，就越不可能有合理的理由信赖一项事实上虚假的陈述是真实的。这一原则首先体现在“BarChris 案”判决对内、外部董事的不同态度上。“BarChris 案”被告的 9 位董事中，4 位外部董事（非专家）就专业部分提出的合理信赖抗辩均被法院认可，而仅有一位内部董事的类似抗辩被认可。外部董事相对于内部董事来说，对公司事务参与程度较低，可获知的信息相对较少，故在考察合理信赖抗辩时，法院对内部董事苛加了更严格的合理性标准。此外，即使面对同为内部董事的被告，法院的态度也会因各董事在公司事务参与程度上的差异而有所不同。对于密切参与公司经营的董事，法院对其具有合理信赖理由所设置的证明责任标准相当高；与此相对，有限参与公司经营事务的董事证明责任则相对较低。

其二，由董事的某些特定行为可以推定其已经获知某些信息。例如，若董事出席了详细讨论公司事务的董事会议，则可认定其必然知晓公司各项相关事态的发展情况；若董事曾对他人在某项交易中的处理方式作出过特别评价，亦可推定其对该项交易的相关事实有较深了解。

第三，合理性标准的理解。对于 1933 年法案第 11(c) 条确立的“一般理性人”标准的理解，“BarChris 案”提供的思路是应主客观相结合。

“合理”首先是一个客观的标准。法官预设，一个抽象的一般理性的董事应当然具备支持其处理职业事务的一定能力和素养，至于具体案件中各董事的智识、能力到底如何，则在所不问。例如，公司主席比托洛（Vitolo）及副主席普格利斯（Pugliese）在抗辩中提及自己“智识有限”，因而对虚假陈述并非有意为之。但法官在审理过程中并未将此作为考虑二人的信赖是否合理的因素。由此，即便董事确能证明其能力智识有限，法院也不会因其达不到一般理性人的水平而允许其承担更少的勤勉义务。

相反，如果一个董事具备特殊能力，使其本人对公司日常事务有更好的认知，同时也使人们对其寄予更高的信任和期待，则这种主观上的个体差异将会被法官考虑在内，要求其较一般理性的董事更加勤勉尽责。例如，对于公司董事兼首席财务官基尔舍（Kircher）提出的其对专业部分内容的合理信赖抗辩，法院予以驳斥，并强调其作为一名注册会计师，对公司相关事务理应具有完全的了解。对于此类董事，法官在判决书中特别指出,一个有智识的董事绝不能够袖手旁观,然后把责任全部推脱给其他人。在此意义上而言,此类董事的合理性标准实质上比普通董事更高。

(2)其他司法判例对“BarChris 案”的借鉴和发展

作为先导性判例,“BarChris 案”判决的许多裁判思路,尤其是对内外部董事合理性标准的区分,对此后类似案件的裁判产生了较大的影响。

第一,内部董事的合理性标准较外部董事更高。在1971年“菲特诉利斯科数据处理设备公司案”(Feit v. Leasco Data Processing Equip. Corp.)①中,对于3位内部董事被告就被诉 Leasco 公司的欺诈发行提出的勤勉尽责抗辩,法官重申 BarChris 案的裁判观点,强调内部董事须达到更高的合理性标准。因为内部董事对公司事务和具体交易有更为深入的了解,法律期待他们作出比外部董事更为全面的调查,以使其能够信任或反驳信息披露文件中的结论。

值得一提的是,在美国,通常而言,内部董事被认为是同时属于公司董事会和管理层成员的人,而外部董事则被认为是那些除作为董事会成员之外不以任何其他身份与公司有关联的人;但迄今为止,美国立法及执法机关始终未对二者的概念作出明确的定义和界分。② 这为法院在具体案件中依据案情认定孰为内部董事孰为外部董事,并据此分配责任留下了自由裁量的空间。事实上,在前述“菲特诉利斯科数据处理设备公司案”涉及的3位内部董事中,有1位董事仅是在公司无任何管理职位的外部法律顾问,但鉴于其与公司的密切关系,法官认定其实质上已是内部董事,在地位上与其他2位内部董事无异。这表明,某些看似“外部”的董事并不能当然获得外部董事地位从而主张更低的合理性标准,相反,法院可以根据案件事实作出其认为恰当的认定。

第二,“红旗”信息与外部董事的信赖限制。“世能公司案”(In re WorldCom, Inc. Sec. Litig.)③对外部董事的信赖作出了一定限制,是“BarChris 案”后法院就外部董事责任问题判决思路的一次重要发展。2002年,美国通信巨头 WorldCom Inc.(以下简称 WorldCom)的股东提起集体诉讼,诉称该公司此前的债券发行文件存在虚假陈述。法官在判决中提出“红旗”(red flag)信息的概念,将之解释为:将使一个管理

① Feit v. Leasco Data Processing Equip. Corp., 332 F. Supp. 544, Fed. Sec. L. Rep. (CCH) P 93163 (E. D. N. Y. 1971).

② See William K. Sjostrom, *The Due Diligence Defense under Section* 11 *of the Securities Act of* 1933, Brandeis Law Journal, Vol. 44, p. 572 – 573 (2006).

③ In re WorldCom, Inc. Securities Litigation, Fed. Sec. L. Rep. (CCH) P 93137 (S. D. N. Y. 2005).

自己财产的谨慎的人对注册文件产生疑问的信息。判决随后指出,该案中 WorldCom 的 E/R 比率(费用占收入之比)显著低于同类公司,这一信息足以引起一个管理自己财产的谨慎人的注意,应当被认定为“红旗”。

WorldCom 的一位外部董事辩称,其作为外部董事,勤勉义务相对较少,经其此前对财务报告的定期阅读,并未发现任何值得特别关注的问题,且财务报告已经会计师审计,故其对此可以合理信赖。然而法院对此未予认可,指出该名董事在通信行业有较久的从业历史且是该行业的专家,对其而言,WorldCom 明显低于行业平均水平的 E/R 比率应当能够成为引起其特别注意的“红旗”信息。这一“红旗”的存在足以质疑这位董事信赖的合理性,此时其有义务对相关数据的真实性作出询问和调查。

此一判决表明,外部董事虽然较内部董事更有合理信赖的理由,但这种信赖并非盲目。如果一份文件中出现了“红旗”信息,则即使该份文件经过独立第三方的鉴证或确认,外部董事也应保持合理怀疑,作出进一步调查,直至得到满意结果。

“WorldCom 案”判决尤其是“红旗”概念的提出冲击了“BarChris 案”以来普遍受到认同的外部董事合理性标准更低的观点,在美国法律实务界引起了不小争议。为使“红旗”能够更准确地运用于实践,实务界对“红旗”的概念作出进一步界定:一是某一信息是否构成“红旗”是一个事实问题,故并没有一个统一的认定标准,而须在具体案情中作出判断;二是“红旗”的定义范围不可过于宽泛,应与“一般事件”有显著差异,否则任何事实都能被解释为“红旗”信息,就失去了该概念在认定调查或信赖合理性中的价值,甚至诱发滥诉。①

(3)资产证券化案件中的特别考量

随着资产证券化的发展,近年来证券化过程中的信息披露违规案件逐渐增多。对于此类案件中相关董事的勤勉尽责抗辩,美国法院在前述已有实践基础上形成了一些特殊考虑。

一方面,由于证券公司的业务较为专业,在考虑相关董事是否勤勉尽责时,可将行业标准和惯例作为衡量因素之一。② 另一方面,在认定证券化发行中虚假陈述的责任人时,应当穿透特殊目的载体(Special Purpose Vehicle,SPV),直接追究真正发行人及相关董事的责任。因为大多数证券化实务中 SPV 的设立是为实现发行和破产隔

---

① See Gary M. Lawrence, *In Search of Reasonableness Director and Underwriter Due Diligence in Securities Offerings*, Securities Regulation Law Journal, Vol. 47, p. 239 – 240(2019).

② See Mass. Mut. Life Ins. Co. v. DB Structured Prods. ,110 F. Supp. 3d 288(D. Mass. 2015).

离之目的,SPV 仅是没有独立员工的“消极实体”(passive entities),因此,不可仅因相关证券是由 SPV 发行而将之认定为1933年法案下的发行人。相反,“法定发行人”①(statutory issuers)应当是事实上负责上市发行并获有最多与基础资产相关信息的实体,②而该实体的董事等其他信息披露义务人也不得以 SPV 为“壳”逃避相关责任。

2. SEC 的实践

作为美国证券市场的主要监管者,SEC 发布的文件对判断董事勤勉尽责的合理性具有重要指导意义。

(1)176 规则及其发展:明确影响合理性考量的数种情形

1975年,SEC 组建了公司披露咨询委员会(Advisory Committee on Corporate Disclosure)负责支持公司信息披露相关事项,其中就包括检视董事勤勉尽责之合理性。在1977年发布的报告中,该委员会特别明确了其认为影响合理性考量的数种情形,这些情形后来被 SEC 予以修改和采纳,并规定在 SEC 的176规则(Rule 176)中。目前,176规则指明了在决定除发行人外的其他人的行为是否达到1933年法案第11(c)条项下的标准,从而构成合理调查或合理信赖时,可供考虑的8种相关情形,包括:①发行人的类型;②证券的类型;③该人的类型;④当该人为管理人员时,其承担的管理职责;⑤当该人为董事或提名董事时,是否与发行人存在其他关系;⑥对管理人员、雇员和其他因职责而知悉具体事实的人的合理信赖;⑦当该人为承销人时,承销协议的类型,该人的作用以及对发行人相关的信息的可获得程度;以及⑧如有自他处引证的事实或文件,该人在提交申请时对所援引的事实或文件是否负有责任。③

(2)415 规则及其影响:暂搁注册中对合理性的特别考量

1982年,SEC 在415规则中规定了“暂搁注册”(shelf registration)制度,该制度允许符合条件的公司为其今后两年所有可预期的证券发行预先到 SEC 办理“暂搁注册”手续,对于“暂搁”的证券,公司可以自主选择在最有利的时间发行上市。④ 在此制度下,公司无须为此后的每一次证券发行准备独立的招募书,只需及时更新现有资料即可,发行准备时间和成本均得缩减。

由于公司随时可能决定发行“暂搁”的证券,董事履行义务的时间较一般传统证

---

① 在资产证券化业务中,应当是接收、购买资产池并将之转换或出售给发行实体的“存放人”(the depositor who receives or purchases and transfers or sells the pool assets to the issuing entity)。*See* 17 CFR § § 229.1101,230.193.

② See Fed. Hous. Fin. Agency v. Nomura Holding Am. ,Inc. ,68 F. Supp. 3d 439,(S. D. N. Y. 2014).

③ See 17 CFR § 230.176.

④ 参见秦毅:《美国证券交易委员会415条款及其启示》,载《金融参考》1999年第8期。

券发行大大缩短，这使董事在提出勤勉尽责抗辩时面临重大挑战。对此，许多实务人士纷纷提出，在衡量董事勤勉尽责的合理性时，如有采用暂搁注册方式的，应作出特别考虑：鉴于暂搁注册中履行义务确有时间上的困难，不宜机械地要求相关董事须达到普通证券发行程序中的合理性标准。SEC 也对此作出回应，认可采用暂搁注册方式的发行人的董事在履行义务时可以更为依赖前期已经作出的尽职调查，更为信赖公司的管理人员、雇员和其他因职责而知悉具体事实的人等。

3. ABA 的实践：明确董事在公开发行中的角色定位

除 SEC 外，美国律师协会（American Bar Association，ABA）也是为董事合理履行勤勉尽责义务提供指导的重要组织。ABA 出版的《公司董事指南》（*Corporate Directors Guidebook*）对包括公司董事的勤勉尽责义务在内的多项职责问题作出讨论，并吸纳了许多适用的实践惯例。该书对董事在公开发行中的责任作出了明确定位，指出在此过程中，董事的首要责任是使自己确信，在信息披露方面，公司已经合理设计、制定并应用了适当的内部控制以确保注册文件（或其中引证的其他文件）的真实和完整；[①]而如何具体实施这些内部控制则是公司管理层的责任。因此，基于职责分工，不应期待董事对公司递交给 SEC 的定期报告中的基础事实均作出独立的验证。[②]

4. 小结

综上所述，在董事的勤勉尽责抗辩方面，美国的司法和实务实践有如下几个特点。

第一，有鉴于 ABA 的实践，董事在证券发行过程中的义务是有边界的。理论上，董事（会）在信息披露中的职责主要有两方面：一是建立良好的内部控制，包括建立有效的信息传递机制，从而确保基础信息能够及时传递到董事（会）；二是及时了解传递来的信息，并对引起注意的信息保持关注。[③] 在此意义上，无限度地要求董事对披露的所有信息作出独立验证是不现实也是不合理的。故而，董事对虚假陈述或重大遗

---

① See Section of Business Law American Bar Association, *Corporate Directors' Guidebook*, ABA Publishing, 2011, p. 119.

② See Ibid. at 49.

③ See Melvin A. Eisenberg, *The Duty of Care of Corporate Directors and Officers*, University of Pittsburgh Law Review, Vol. 51, 1990. 另参见张巍：《做一天和尚撞一天钟，董事岂有不担责？》，载微信公众号"比较公司治理"2019年5月15日，https://mp.weixin.qq.com/s/5vcagDZWMC3LDK94Rps2IQ。此外，我国《企业内部控制基本规范》亦有相关规定，例如，第12条规定："董事会负责内部控制的建立健全和有效实施……"第40条第2款规定："重要信息应当及时传递给董事会、监事会和经理层。"

漏承担的责任也应有所限制。

第二,有鉴于"BarChris案",在判断董事调查、信赖的合理性时所使用的"一般理性人"标准,应是一个主客观相结合的标准。这一标准与普通法上对董事勤勉义务的履行标准①如出一辙。事实上,从另一个角度来说,对注册文件的合理调查本质上也是董事的勤勉义务之一,因此,对这一标准的理解可以参照普通法上考察董事勤勉义务时所遵循的主客观相结合的思路。

第三,有鉴于各司法案例及SEC的415规则带来的特别考量,在考虑董事勤勉尽责抗辩的合理性时,尤为重要的是"情境化"(context)的思考方式。所谓情境化的思考方式,是指应将对合理性的探讨置于具体的案情之中,根据案件事实以"弹性的阶梯式(sliding scale)标准"②作出判断,而不是削足适履,以一个机械不变的标准衡量所有情形。具体而言,一个"情境"包括四个构成要素:(1)交易情境(transactional context),指交易性质,如传统的IPO注册发行或是速报式的暂搁注册发行;(2)职位情况(positional context),指被告在发行过程中承担的角色,如内部董事或外部董事;(3)环境情况(situational context),指发行人及其业务的规模和复杂程度、相关人员的经验和技能,以及尽职调查后已获知的基本信息;(4)时间情境(temporal context),指进行尽职调查的时间流程,以及在该段时间内既存的行业惯例或实践。③ 由此,每一次证券发行的情境在这些要素方面均有独特性,判断是否合理的标准也应灵活多变。目前,情境化思考的重要价值已得到美国绝大多数组织机构和实务人士的普遍认同。

(三)域外经验的参考

可以看出,我国实践中董事自发提出的不知情抗辩、信赖抗辩及调查抗辩,与美国1933年法案下的合理注意抗辩、合理信赖抗辩和合理调查抗辩有相似之处。但其根本区别在于,合理注意抗辩强调经过合理注意后仍然不知情,合理信赖抗辩强调没

---

① 英国早期判例法采用一种主观的判断标准来判断董事是否尽到"一般勤勉义务",考虑董事的个体差异,认为董事勤勉义务履行与否应根据董事个人实际拥有的技能和智识进行判断。此后英国又出现了与主观性标准相对应的客观性标准,要求董事均须具备他的职位所要求的必要的技能和知识水平。在此之后,英国在主客观标准的基础上逐步形成一种主客观兼顾的双重标准。在英国2006年《公司法》中,对董事的勤勉义务作出如下规定:"(董事应该)行使合理谨慎、技能和勤勉的义务。(1)公司董事必须行使合理的谨慎、技能和勤勉;(2)这是指具备以下内容的合理勤勉人将行使的谨慎、技能和勤勉——(a)从一个履行与公司相关之董事所履行的职责的人处可以合理期望的一般知识、技能和经验,并且(b)董事具有的一般知识、技能和经验。"参见葛伟军译:《英国2006年公司法》,法律出版社2008年版,第106页。

② 参见汤欣:《美国证券法上针对虚假陈述的民事赔偿机制——兼论一般性反欺诈条款制度的确立》,载徐明等主编:《证券法苑》第2卷,法律出版社2010年版,第196页。

③ See Gary M. Lawrence, *In Search of Reasonableness Director and Underwriter Due Diligence in Securities Offerings*, Securities Regulation Law Journal, Vol. 47, p. 196(2019).

有合理的理由相信不真实,合理调查抗辩则强调董事须经过合理的调查。换言之,美国实践中的勤勉尽责抗辩,其最终的落脚点并非在于董事是否知情、能否信赖或有否调查,而在于董事的这些理由是否"合理",也即董事应是在善尽其义务之后仍然不能知情或仍然决定信赖,或其所作的调查已确实足够、充分。

事实上,在此方面,我国证监会也持类似观点,并已作出了许多有益探索。例如,对于不知情抗辩,证监会就曾指出,"作为董事、监事和高级管理人员,应当了解并持续关注上市公司的生产经营情况、财务状况和已经发生或者即将发生的重大事件及其影响,应当主动调查、获取决策所需要的资料,积极问询,提出质疑,提供建议,不知情、不了解、未参与不能成为免责事由。相反,在正常履职的情况下,不知情、不了解、未参与恰恰是其未勤勉尽责的证明"。[①] 对于信赖抗辩,证监会则强调,作为上市公司董事,"即使借鉴其他机构或者个人的专业意见,也要独立承担责任。不能以其他机构或者个人未发现、未指出为由,请求免除其主动调查、了解并持续关注公司情况、确保公司所披露信息真实、准确、完整的义务"。[②] 对于调查抗辩,证监会也认为仅简单质询而无实质监督措施,或在询问后未作进一步核实或采取其他有效调查措施而直接接受管理层或审计机构的解释,或发现问题后未能持续关注督促完成整改等,都未能达到勤勉尽责的合理标准。[③]

遗憾的是,证监会虽然已就此形成了一定的监管方向和考察思路,但未能将之上升为体系化的规范要求。对此,我国至少在如下两个方面可进一步完善。

1. 建立法定抗辩体系,明确合理性标准

一方面,可以将目前实践中董事自发提出的不知情、信赖及调查抗辩规范化,另辅之以《认定规则》中确立的"举报"抗辩以及"异议"抗辩,建立我国的法定抗辩体系。同时,明确建立"一般理性人"的合理性标准,并参照主客观相结合的考察思路将其应用于具体案件。

另一方面,在立法方式上,结合我国法律环境,可通过出台相关司法解释对《证券法》第 85 条的具体适用予以补充,或在下位法规中另行增设相关规定,列举抗辩理由。此外,也可通过由最高人民法院或证监会发布指导案例的方式,将具体案例中董事自发提出的抗辩理由予以归纳总结,分类公布。

---

① 《中国证监会行政处罚决定书》〔2017〕97 号。

② 《中国证券监督管理委员会行政复议决定书》〔2018〕49 号。

③ 参见《中国证监会市场禁入决定书》〔2020〕9 号、《中国证券监督管理委员会行政复议决定书》〔2019〕3 号、《中国证监会行政处罚决定书》〔2011〕38 号。

2. 转变监管思路,树立"情境化"思维

若勤勉尽责抗辩在我国予以设立,则法院及证监会等监管机关在调查处理相关案件时,其裁判理念和审理方法都须随之跟进。尤其是,在《证券法》修改后责任强度已有所增加的情形下,执法实践如仍一味强调严厉打击、严格处罚,对已善尽义务的董事来说恐失之过严。作为证券信息披露制度的一个重要组成部分,责任制度旨在促进而不是阻碍信息披露。过严的责任不仅难以落实,而且会挫伤董事信息披露的积极性,甚至导致宁愿选择沉默而不予披露,最终对投资者乃至整个证券市场的发展造成影响。

对此,有必要转变监管思路:一方面,应"坚持公正原则,保障董事的申辩权";[①] 另一方面,更应树立情境化的思维,以案发当时的信息为基础来判断某一案件中董事是否已经勤勉尽责,避免"唯结果论"。

三、结　语

应当看到,证券法上的责任制度必须达到这样一种平衡:既要让受到侵害的投资者得到合理赔偿,又要避免给被告的正常商业活动带来不必要的负担。[②] 责任制度建立的目标具有多元性,作为"老虎之牙",保护和赔偿投资者固然是责任设置的基本目的,但其追求并不仅止于此。合理认定和分配董事的责任,一方面,能够维护董事的主动性,鼓励其更为积极地履行信息披露义务,披露更多有价值的信息,提高市场效率;另一方面,亦得以吸引更多优秀管理人士从事董事职位,提升上市公司内部治理,最终提高整个市场的价值。

---

① 杨未未:《论我国上市公司虚假陈述的董事责任》,载《市场周刊(理论研究)》2016 年第 3 期。

② 参见翁晓健:《证券市场虚假陈述民事责任研究——美国证券法经验的反思与借鉴》,上海社会科学院出版社 2011 年版,第 86 页。

征稿启事

中证中小投资者服务中心(以下简称投服中心)是由中国证监会批准设立并直接管理的证券金融类全国性公益机构。《投资者》是投服中心主办、拟向社会公开连续出版的综合性出版物。宗旨是维护投资者权益,为投资者提供保护与服务。

《投资者》以法学领域探究为侧重点,展现国内外投资者权益保护的最新理论与实务动态,内容以境内为主,境外为辅;以实践为主,理论为辅。分为“政策解读”“理论探究”“公司治理”“市场实务”“投教园地”“案例探析”“域外视野”等部分,每辑根据实际情况作适当调整。

《投资者》拟每季度出版1辑,全年出版4辑。

一、征稿范围

涉及法学、经济学及其他领域,与投资者尤其是中小投资者及其权益保护相关的理论和实践性作品。要求未曾公开发表或主体部分未曾公开发表。

二、投稿须知

1. 文章应当论点鲜明、逻辑严谨、可读性强、贴近市场,具有学术深度和实践应用价值,字数在8000~10,000字为宜,特别优秀的理论文章字数不限。

2.《投资者》编委会保留对来稿进行文字性和技术性修改的权利。除作者特别说明外,其文章均为个人观点,与其所在单位、职务无关;不代表投服中心观点,文责由作者自负。

3. 来稿请附上作者的姓名、单位或学校、职称或职务、通信地址、邮编、电话、电子邮箱。

4. 请将Word文件发送至电子邮箱:tzzbjb@isc.com.cn。文章应符合国家著作权规定、学术规范及《投资者》编辑体例要求。

5. 来稿一经录用,编委会将及时通知作者;选用后将根据文章质量及字数从优支付稿酬,并奉送样书。北大法宝法学期刊数据库全文收入本书。

6. 联系人:汤沸　　电话:021-60290620

地址:上海市浦东新区世纪大道1701号钻石大厦B座11楼中证中小投资者服务中心《投资者》编委会,邮编:200122。

投服中心

《投资者》编委会

2021年2月

编 辑 体 例

一、标题:宋体四号字,加粗,居中。

二、作者:宋体小四号字,居中,并用上标星号(*)作为介绍作者脚注的标志,在脚注中注明作者工作单位、职务、职称。如有两名作者,第二名作者用两枚上标星号(* *),以此类推。

三、摘要、关键词:中文摘要 200 字以内、关键词 3 ~5 个。

四、正文:宋体小四号字,首行缩进,行距 1.5 倍。区分标题和要点,标题层级依次为“一、……”“(一)……”“1. ……”“(1)……”要点层级依次为“1. ……”“(1)……”“①……”一级标题采用小四号字体加粗;二级标题采用黑体小四号字不加粗;三级标题宋体小四号字,不加粗。引用具体法律文件应加书名号,如《证券法》《上市公司重大资产重组管理办法》。法条序号(第 × 条、第 × 款、第 × 项)、时间(世纪、年代、年月日等)、数量金额等用阿拉伯数字,但直接引用原文的从原文。

五、注释:一律采用脚注,全文每页重新编号,注码放标点之后,注码符号为“①②③……”非引用原文者,注释前加“参见”;引用资料非原始出处者,注明“转引自”;宋体五号字。

常见注释示例如下:

1. 著作类

(独著作品)费孝通:《乡土中国》,人民出版社 2015 年版,第 134 ~135 页。

(合著作品)范健、王建文:《商法的价值、源流及本体》,中国人民大学出版社 2007 年版,第 10 页。

(多人合著作品)左卫民等:《中国基层司法财政变迁实证研究(1949—2008)》,北京大学出版社 2015 年版,第 88 页。

(编辑作品)何勤华编:《律学考》,商务印书局 2004 年版,第 65 ~67 页。

(中文译著作品)[英]洛克:《政府论》(上篇),瞿菊农、叶启芳译,商务印书局1982年版,第15~16页。

(台港澳作品)王泽鉴:《人格权法》,台北,三民书局2012年版,第15页。

(间接引用文献)参见王泽鉴:《民法学说与判例研究》,北京大学出版社2009年版,第108页。

2. 期刊论文类

(期刊)闫召华:《概率原理在犯罪嫌疑人摸排中的应用》,载《中国人民公安大学学报(社会科学版)》2013年第5期。

(论文集)尹田:《法国合同责任的理论与实践》,载梁慧星主编:《民商法论丛》第3卷,法律出版社1995年版。

(学位论文)雷丽清:《中美内幕交易罪比较研究》,华东政法大学2012年博士学位论文,第12页。

3. 报纸类

陈甦、陈洁:《投服中心持股行权:理念创新与制度集成》,载《上海证券报》2017年1月4日,第7版。

4. 古籍类

《清实录》卷一四六。

5. 辞书类

《牛津法律大词典》,光明日报出版社1988年版,第99页。

6. 网络类

汪波:《哈尔滨市政法机关正对"宝马案"认真调查复查》,载人民网2004年1月10日,http://www.people.com.cn/GB/shehui/1062/2289764.html。

单素华:《证券纠纷特别代表人诉讼相关程序性法律问题分析》,载新华网,http://www.xinhuanet.com/finance/2020-09/04/c_1126452998.htm。

7. 裁判文书

北京市海淀区人民法院民事判决书,(2018)京0108号民初142号。

8. 英文著作类

Richard H. Thaler, *Misbehaving: The Making of Behavioral Economics*, W. W. Norton & Company, 2015, p. 6.

9. 英文期刊类

Forrest Briscoe and Katherine C. Kellogg, *The Initial Assignment Effect: Local Employer Practices and Positive Career Outcomes for Work-Family Program Users*, 76 American Sociological Review 292(2011).

10. 外文案例类

Greebel v. FTP software, Inc., 194 F. 3d 185(1st Cir., 1999).

11. 外文网站类

Stephen McDonell, *When China Began Streaming Trials Online*, BBC News(Sept. 30, 2016), https://www.bbc.com/news/blogs-china-blog-37515399.

图书在版编目(CIP)数据

投资者. 第13辑 / 郭文英主编. -- 北京 : 法律出版社, 2021

ISBN 978-7-5197-5709-0

Ⅰ. ①投… Ⅱ. ①郭… Ⅲ. ①投资-研究-中国 ②投资-金融法-研究-中国 Ⅳ. ①F832.48 ②D922.280.4

中国版本图书馆CIP数据核字(2021)第117017号

投资者(第13辑)
TOUZIZHE (DI-13 JI)

郭文英 主编

策划编辑 陈 妮
责任编辑 陈 妮 黄 筝
装帧设计 李 瞻

出版发行 法律出版社
编辑统筹 法治与经济出版分社
责任校对 周合芝
责任印制 吕亚莉
经　　销 新华书店

开本 787毫米×1092毫米 1/16
印张 13.75 **字数** 258千
版本 2021年2月第1版
印次 2021年2月第1次印刷
印刷 固安华明印业有限公司

地址:北京市丰台区莲花池西里7号(100073)
网址:www.lawpress.com.cn
投稿邮箱:info@lawpress.com.cn
举报盗版邮箱:jbwq@lawpress.com.cn
销售电话:010-83938349
客服电话:010-83938350
咨询电话:010-63939796

书号:ISBN 978-7-5197-5709-0
定价:70.00元